通达信

股票交易公式编写

让你成为实战高手

炒股小诸葛◎著

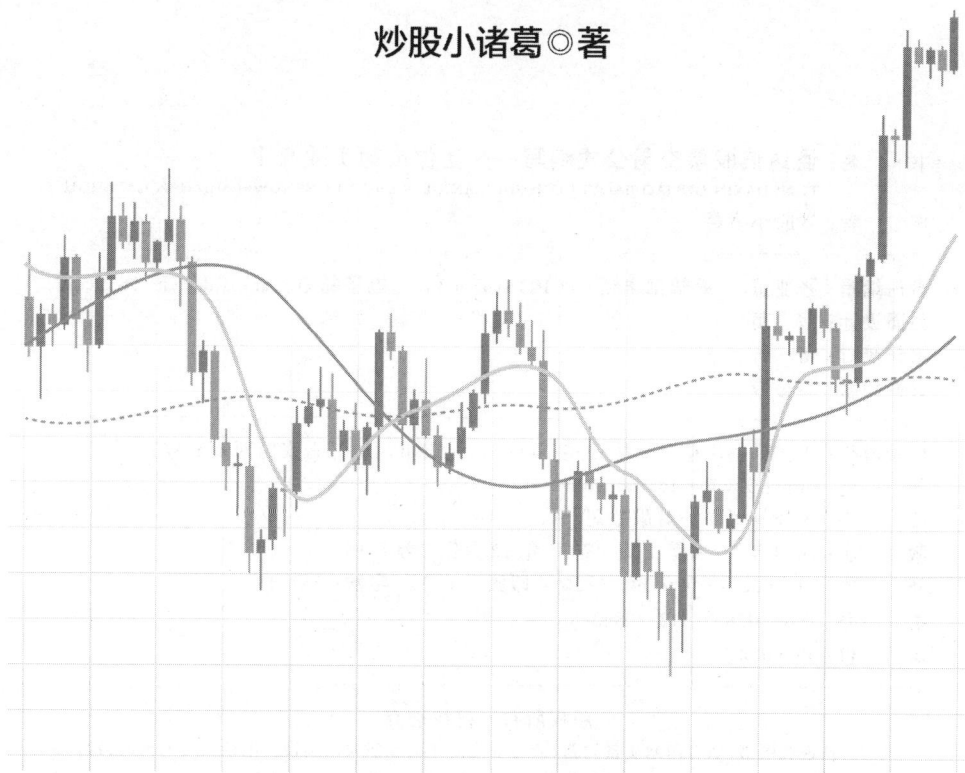

中国铁道出版社有限公司

CHINA RAILWAY PUBLISHING HOUSE CO., LTD.

图书在版编目(CIP)数据

通达信股票交易公式编写：让你成为实战高手／炒
股小诸葛著. -- 北京：中国铁道出版社有限公司，
2024. 10(2024. 12 重印). -- ISBN 978-7-113-30843-8

Ⅰ. F830.91

中国国家版本馆 CIP 数据核字第 2024TR9848 号

书　　名：通达信股票交易公式编写——让你成为实战高手
　　　　　TONGDAXIN GUPIAO JIAOYI GONGSHI BIANXIE：RANG NI CHENGWEI SHIZHAN GAOSHOU
作　　者：炒股小诸葛

责任编辑：张亚慧　　编辑部电话：(010)51873035　　电子邮箱：lampard@vip.163.com
封面设计：宿　萌
责任校对：苗　丹
责任印制：赵星辰

出版发行：中国铁道出版社有限公司(100054,北京市西城区右安门西街 8 号)
网　　址：https://www.tdpress.com
印　　刷：天津嘉恒印务有限公司
版　　次：2024 年 10 月第 1 版　2024 年 12 月第 2 次印刷
开　　本：710 mm ×1 000 mm 1/16　印张：16.5　字数：237 千
书　　号：ISBN 978-7-113-30843-8
定　　价：79.00 元

前　言

　　在 A 股投资做交易，股民使用的"某某证券"软件，内核大多是通达信。事实上，大部分投资主体都离不开通达信，因为通达信为行情报价和交易系统提供了软件内核。

　　通达信提供了强大、系统的公式编写功能。工欲善其事，必先利其器。股市高手的"器"就是炒股工具包，实战中特指用通达信软件编写的交易公式。股市实战高手的工具包有三大"法宝"：定制的看盘界面、选股公式和指标公式。

　　炒股赚钱的第一个秘诀是"站在市场的正确面"。问题在于，在几千只股票涨涨跌跌的市场环境中，投资者如何快速判断"市场的正确面"？股市实战高手解决的方法大多采用通达信软件，定制个性化的看盘界面，去伪存真，及时、准确地识别出当下"市场的正确面"。

　　炒股赚钱的第二个秘诀是"只做强势股"。"只做强势股"的前提是要有能力、有方法、有工具选出强势股。股市实战高手一般都有自己编写的选股公式，能够根据自己的交易风格，发掘适合自己的强势股。

　　炒股赚钱的第三个秘诀是"精准找好买卖点"。所有的买卖点都与特定技术分析理论下的交易逻辑有关。通达信软件的自编指标公式，能够把特定的买卖规则量化、图形化，直接辅助实盘交易。

　　本书从实战出发，阐述了如何使用通达信公式编写这个高效的炒股工具，帮助投资者知其然更知其所以然。本书的自编公式均已通过通达信软件实测，读者可以根据自己的交易风格，直接构建炒股工具包，并在实际使用中逐步优化。

　　作为一本通达信公式编写的工具书，介绍了从新手到实战高手必须掌握的知识点和具体的编写方法，帮助读者打造属于自己的交易工具包。投资者学习通达信公式编写的过程，既梳理了日常交易习惯，也提供了实战的交易策略。

祝愿读者学好、用好通达信公式编写这一炒股工具，早日成为股市实战高手，也请牢记，股市有风险，投资需谨慎。

作　者

2024 年 7 月

目 录

第 1 章

通达信看盘界面设置

1.1 从炒股新手界面到个性化看盘界面

炒股软件是日常交易使用的工具，专业性很强，其基本功能包括提供行情资讯、交易下单和行情分析等。

1.1.1 炒股新手常用界面功能

新手在刚安装炒股软件后，看着满屏幕的数据在眼前跳动，常常无从下手。但投资者的目的是明确的——炒股赚钱，也就是不断地下买单和卖单。因此，交易下单界面是新手最容易上手的，简单来说就是提前设定在何时何价买多少股，或者在何时何价卖多少股。从商业的目的来说，炒股软件最优先的也是保证下单功能必须顺畅。

除了下单界面之外，以下几个界面也是炒股新手最常用的功能界面。

1. 行情资讯列表界面

投资者在炒股软件中，大部分时间使用的是行情资讯和行情分析两大功能，根据炒股软件提供的市场行情资讯，先分析再下单交易。新安装的炒股软件通常会显示所有市场的行情资讯列表界面，即初始界面，如图 1-1 所示。

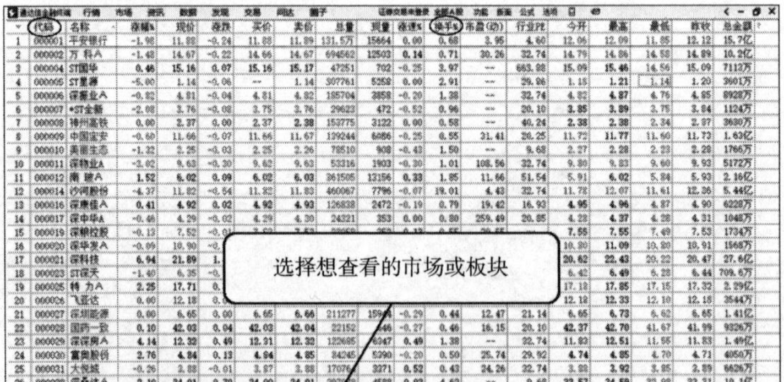

图 1-1　通达信所有市场的行情资讯列表界面

选择下方的市场标签，上方的列表将展示指定市场内的交易品种行情，默认按照栏目"代码"从小到大的顺序排列，也可以单击任意表头栏目，自定义排序。

图 1-1 中的市场标签为"A 股"，说明当前列表展示了所有 A 股的交易品种。若单击表头栏目中的"换手%"，则列表自动按照换手率从大到小排序，且表头栏目的"换手%"后面自动出现一个向下的红色箭头。此时，若再次单击表头栏目中的"换手%"，则向下的红色箭头变为向上的绿色箭头，列表排序方式变为按照换手率从小到大。

该界面还类似于计算机操作系统的桌面功能。当使用计算机同时打开多个软件窗口，屏幕同时摆放了多个软件时，如果感觉屏幕混乱，希望回归至刚开机时的干净计算机桌面，只需按快捷键 HOME，或者 WIN + D，或者 WIN + M 即可。

同样地，在炒股软件中新手若切换至某个陌生界面，希望返回至图 1-1 的初始列表界面，按快捷键 Esc 即可。

图 1-2 所示为同花顺软件的沪深京 A 股行情资讯列表界面。图 1-3 所示为招商证券软件的行情资讯列表界面。

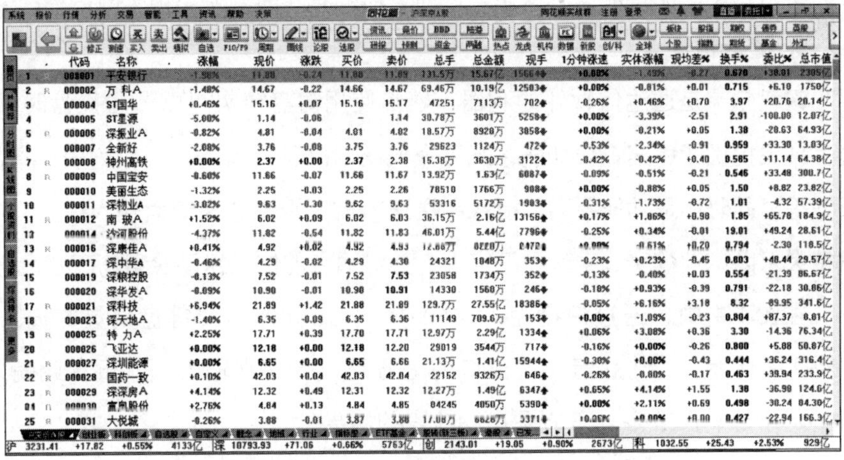

图 1-2 同花顺软件的沪深京 A 股行情资讯列表界面

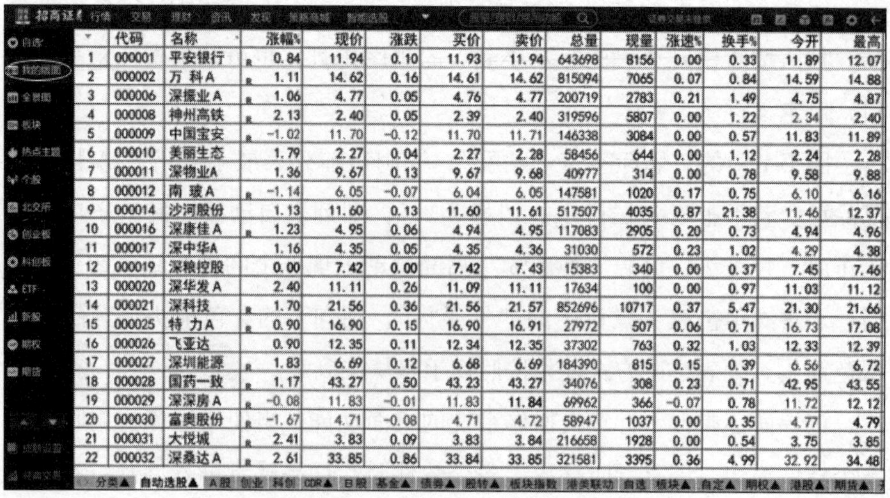

	代码	名称	涨幅%	现价	涨跌	买价	卖价	总量	现量	涨速%	换手%	今开	最高
1	000001	平安银行	0.84	11.94	0.10	11.93	11.94	643698	8156	0.00	0.33	11.89	12.07
2	000002	万 科A	1.11	14.62	0.16	14.61	14.62	815094	7065	0.07	0.84	14.59	14.88
3	000006	深振业A	1.06	4.77	0.05	4.76	4.77	200719	2783	0.21	1.49	4.75	4.87
4	000008	神州高铁	2.13	2.40	0.05	2.39	2.40	319596	5807	0.00	1.22	2.34	2.40
5	000009	中国宝安	-1.02	11.70	-0.12	11.70	11.71	146338	3084	0.00	0.57	11.83	11.89
6	000010	美丽生态	1.79	2.27	0.04	2.27	2.28	58456	644	0.00	1.12	2.24	2.28
7	000011	深物业A	1.36	9.67	0.13	9.67	9.68	40977	314	0.00	0.78	9.58	9.88
8	000012	南 玻A	-1.14	6.05	-0.07	6.04	6.05	147581	1020	0.17	0.75	6.10	6.16
9	000014	沙河股份	1.13	11.60	0.13	11.60	11.61	517507	4035	0.87	21.38	11.46	12.37
10	000016	深康佳A	1.23	4.95	0.06	4.94	4.95	117083	2905	0.20	0.73	4.94	4.96
11	000017	深中华A	1.16	4.35	0.05	4.35	4.36	31030	572	0.23	1.02	4.29	4.38
12	000019	深粮控股	0.00	7.42	0.00	7.42	7.43	15383	340	0.00	0.37	7.45	7.46
13	000020	深华发A	2.40	11.11	0.26	11.09	11.11	17634	100	0.00	0.97	11.03	11.12
14	000021	深科技	1.70	21.56	0.36	21.56	21.57	852696	10717	0.37	5.47	21.30	21.66
15	000025	特 力A	0.90	16.90	0.15	16.90	16.91	27972	507	0.06	0.71	16.73	17.08
16	000026	飞亚达	0.90	12.35	0.11	12.34	12.35	37302	763	0.32	1.03	12.33	12.39
17	000027	深圳能源	1.83	6.69	0.12	6.68	6.69	184390	815	0.15	0.39	6.56	6.72
18	000028	国药一致	1.17	43.27	0.50	43.23	43.27	34076	308	0.23	0.71	42.95	43.55
19	000029	深深房A	-0.08	11.83	-0.01	11.83	11.84	69962	366	-0.07	0.78	11.72	12.12
20	000030	富奥股份	-1.67	4.71	-0.08	4.71	4.72	58947	1037	0.00	0.35	4.77	4.79
21	000031	大悦城	2.41	3.83	0.09	3.83	3.84	216658	1928	0.00	0.54	3.75	3.85
22	000032	深桑达A	2.61	33.85	0.86	33.84	33.85	321581	3395	0.36	4.99	32.92	34.48

图 1-3　招商证券软件的行情资讯列表界面

由于各种炒股软件的内核大多是通达信，对于炒股新手来说，先掌握通达信软件的原理，再使用其他炒股软件时往往会事半功倍。图 1-2 和图 1-3 分别在图 1-1 列表界面的基础上增加了特殊功能菜单，左侧增加了软件特有的功能栏。单击上方的任意一个功能菜单，下方整个区域会显示对应的内容。单击左侧功能栏的任意按钮，行情资讯列表界面会显示相应的信息。

2. 键盘精灵

键盘精灵是通达信软件的利器，熟练使用键盘精灵可以节省操盘时间。键盘精灵提供了快速查找功能，既可查找交易品种、市场、板块列表、指数行情等，同时还是功能界面的检索和快速入口。投资者在键盘输入信息，键盘精灵可以识别数字、字母、汉字等，并对输入的信息自动检索。

在图 1-1 中，通过键盘输入“60316”，自动弹出“键盘精灵”窗口，如图 1-4 所示。“键盘精灵”窗口的上方是一个文本输入框，可在此输入数字、字母、汉字等，下方是自动检索的结果。

键盘精灵自动查找后，显示了与“60316”相关的所有交易品种代码，如 603160 汇顶科技、603161 科华控股、603162 海通发展等。最后的两行提示还可以在"资讯"中搜索"60316"或者在"问达"中问一下"60316"。

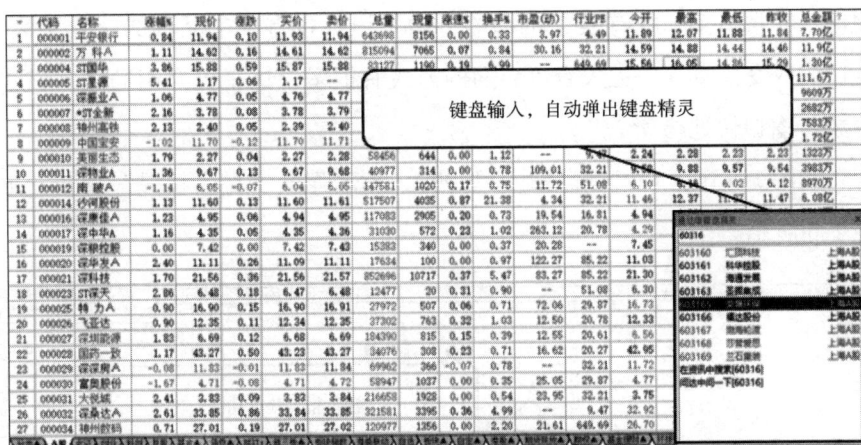

图 1-4　键盘精灵检索交易品种

在图 1-4 选中个股"603165 荣晟环保",双击或按 Enter 键,进入该股票的详情界面,如图 1-5 所示。该界面可以查看交易品种的技术分析图表,如 K 线图或者分时图,并可在图表上使用画线工具或设定技术指标。还能在界面右侧查看盘口信息、常用基本面数据、分时成交信息、分价表、VWAP 均量图、筹码分布等。

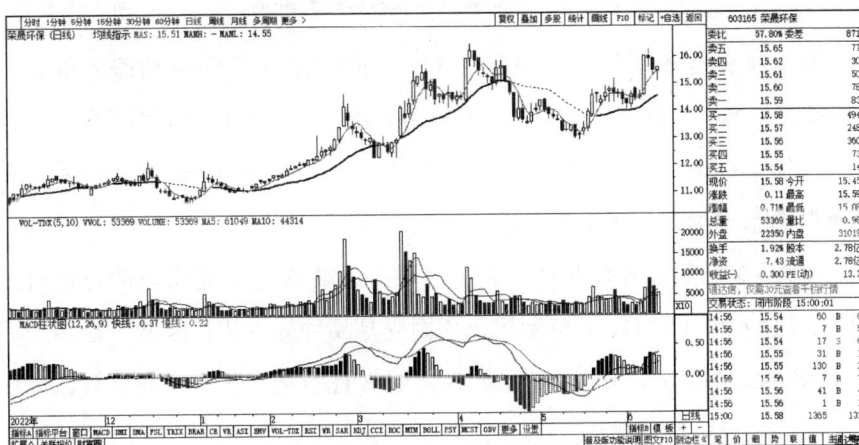

图 1-5　个股详情界面

3. 软件自带的看盘界面

看盘界面是专业投资者打开炒股软件后最常用的界面之一，界面包含的信息非常丰富，既有某个市场的行情资讯，也有某个品种的分析图表、盘口、成交信息等。进入看盘界面的方式有很多，这里先介绍通过"键盘精灵"窗口快速检索。

在图1-5中，通过键盘输入".00"，自动弹出"键盘精灵"窗口，如图1-6所示。

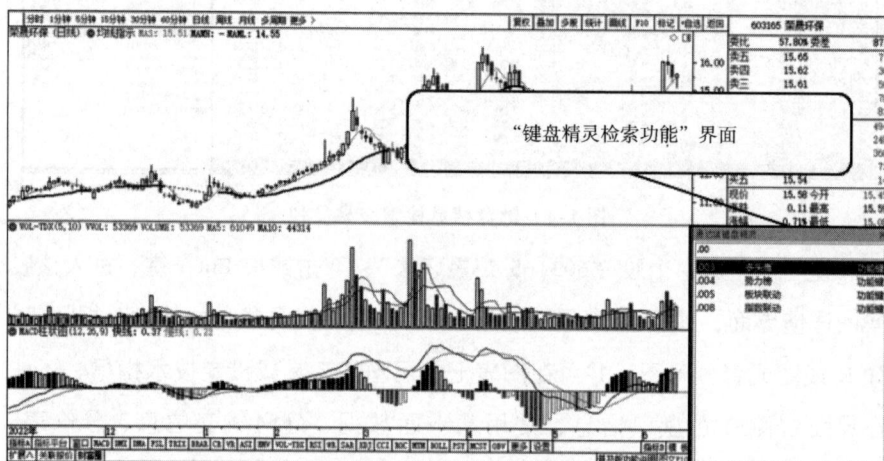

图1-6 "键盘精灵检索功能"界面

键盘精灵自动查找后，显示了与".00"相关的所有功能界面，如".002 多头鹰"".004 势力榜"".005 板块联动"".008 指数联动"。

在图1-6选中功能界面".002 多头鹰"，双击或按 Enter 键，进入"多头鹰"看盘界面，如图1-7所示。

"多头鹰"看盘界面共分为六个区域，区域 A 是所有市场的行情资讯列表，区域 B、C、D、E 分别显示不同交易品种的走势，区域 F 显示与区域 B 相同品种的盘口和成交信息。在区域 A 任意选中一个交易品种，区域 B 和 F 的内容会自动变化。

将图1-7的"多头鹰"看盘界面，与图1-1的初始行情资讯列表界面和图 1-5 的个股详情界面进行对比，图 1-7 的区域 A 对应了图 1-1 的行情资讯列表，图 1-7 的区域 B 和区域 F 合起来对应了图 1-5 的个股详情。

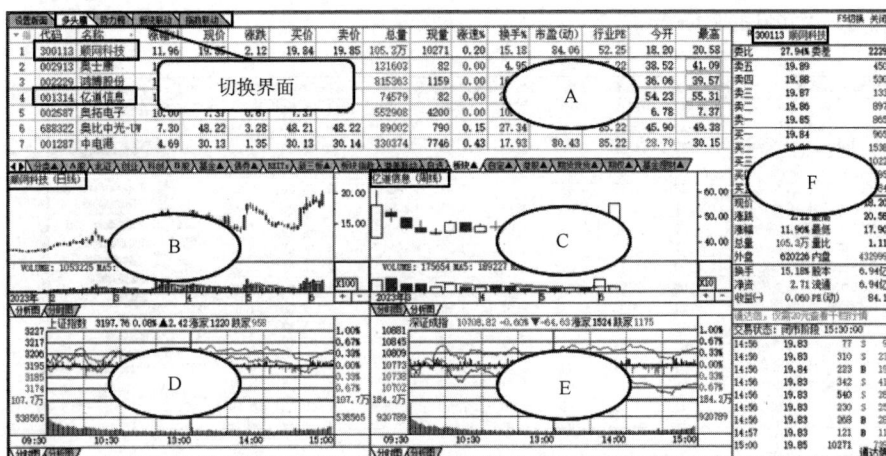

图 1-7　"多头鹰"看盘界面

分别设置区域 C、D 和 E 的交易品种，操作流程为：先选中某个区域，再利用键盘精灵输入代码或者名称，双击或按 Enter 键即可。

不同炒股软件自带的看盘界面大致相同，有的软件会多几个界面。由于看盘界面的快捷键以 ".0" 开头，图 1-6 显示笔者当前通达信软件自带了四个看盘界面：多头鹰、势力榜、板块联动、指数联动。对应地，在图 1-7 的多头鹰看盘界面上方有四个标签：多头鹰、势力榜、板块联动、指数联动。单击任意标签，可以切换至相应看盘界面。

1.1.2　如何设置个性化看盘界面

不同炒股软件对"看盘界面"的称呼不大一样，如同花顺软件将其称为"页面"，图 1-3 的招商证券软件称为"我的版面"，通达信软件称为"版面"。尽管名字不同，但"版面"的功能是一样的，都是为专业投资者提供看盘时的个性化定制界面。本节以创建"指数个股行情"看盘界面为例，主要介绍如何新建定制版面。

7

第一步，打开"版面"菜单。

方法①：在通达信的初始列表界面单击上方的"版面"，弹出"版面"菜单，如图1-8所示。

图1-8　"版面"菜单1

方法②：在"多头鹰"看盘界面单击最左侧的"设置版面"选项卡，弹出"版面"菜单，如图1-9所示。相比方法①，方法②在不同炒股软件中更常见。

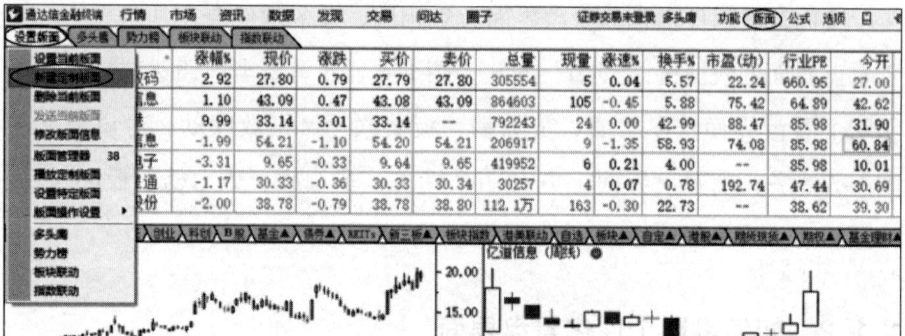

图1-9　"版面"菜单2

对比图1-8和图1-9的两个菜单，由于图1-9是"多头鹰"看盘界面，因此，仅有"发送当前版面"菜单是灰色的，不可用。图1-8中"设置当前版面""删除当前版面""修改版面信息"这三个菜单均不可用，只有"新建定制版面"可用。

第二步，新建定制版面。

单击图 1-8 或者图 1-9 中的"新建定制版面"菜单，弹出"版面设置"提示框，如图 1-10 所示。

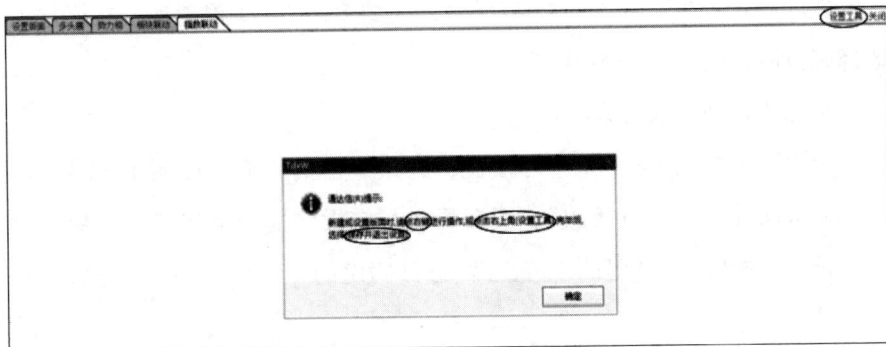

图 1-10　"版面设置"提示框

注意提示框中的信息：①在进行版面设置时，既可使用鼠标右键，也可使用页面右上角的"设置工具"；②版面设置完成后，一定要保存。本例主要采用鼠标右键的方式来完成设置新版面。

第三步，设计版面布局及联动方式。

参考炒股软件自带的"板块联动"界面的布局，以及"指数联动"界面的关联逻辑。本例的"指数个股行情"看盘界面，可分为四个区域，如图 1-11 所示。左右划分时，左列比右列更宽。上下对半儿划分，高度差不多。

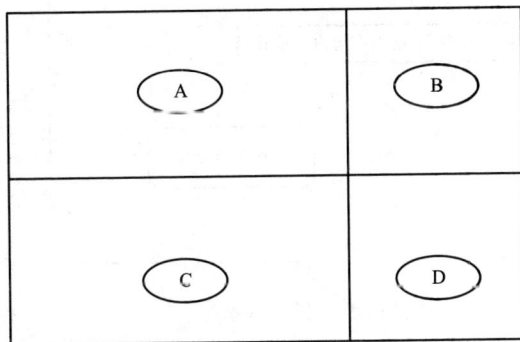

图 1-11　版面布局设计

版面布局：左上区域 A 放置板块指数的行情资讯，右上区域 B 放置板块指数分时图和 K 线图，左下区域 C 放置个股的行情资讯列表，右下区域 D 放置个股的分时图和 K 线图。

联动方式：在区域 A 选择某行时，区域 B、C、D 跟着变。在区域 C 选择某行时，区域 D 跟着变。

第四步，进行版面分区。

单击图 1-10 中的"确定"按钮，进入空白的版面，如图 1-12 所示。此时，版面处于"设置状态"，版面的中心有操作提示文字"空白单元请点右键进行操作"。这里的"单元"与我们说的"区域"，即划分成的小块儿是一个意思。

在图 1-12 中右击，弹出版面设置快捷菜单，如图 1-13 所示。在进行版面的布局设计时，主要使用"左插入""右插入""上插入""下插入"和"删除本区域"等几个菜单。

在图 1-13 中，选择"左插入"或者"右插入"选项，空白的版面一分为二，左侧区域和右侧区域，如图 1-14 所示。

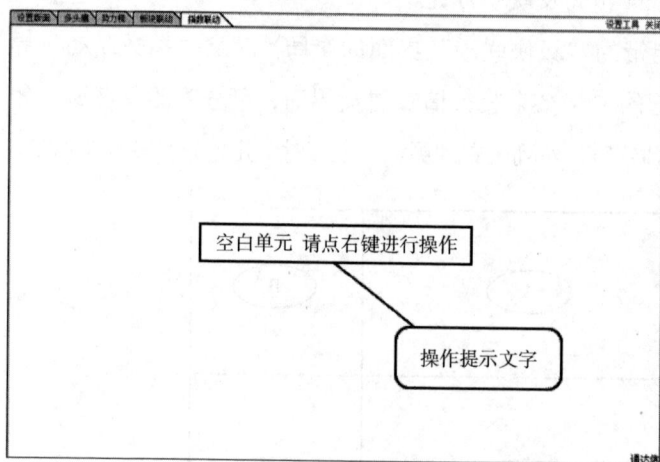

图 1-12　空白的版面（设置状态）

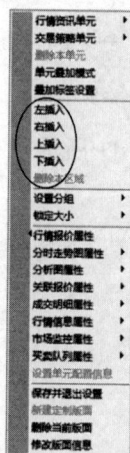

图 1-13　"版面设置"快捷菜单

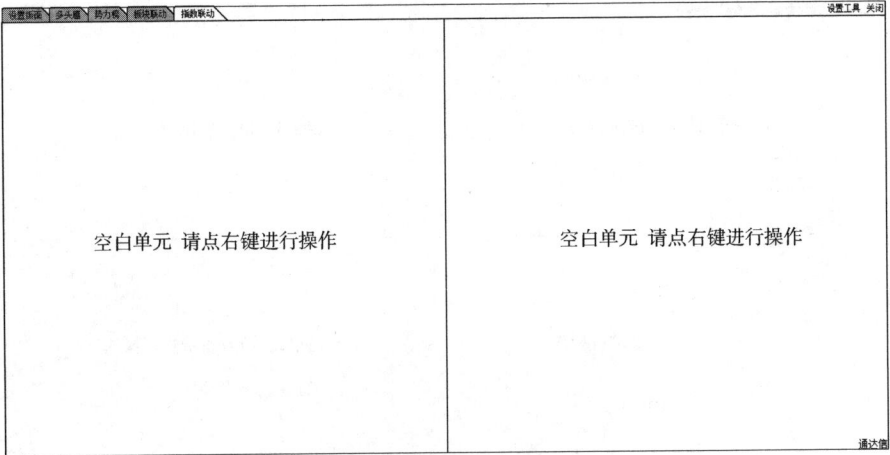

图 1-14　版面一分为二

在左侧区域右击，在弹出的"版面设置"快捷菜单中，选择"上插入"或者"下插入"选项，左侧区域被分为上下两个区域，如图 1-15 所示。

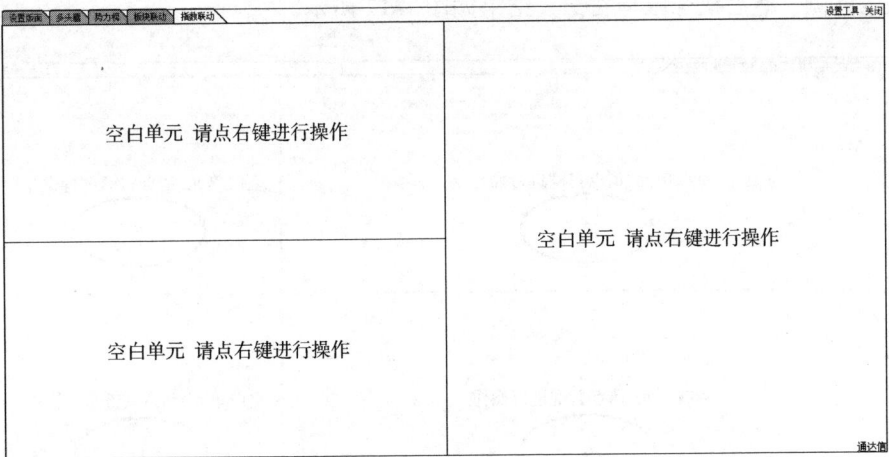

图 1-15　版面分成三块

在右侧区域右击，同样地，也在弹出的"版面设置"快捷菜单中，选择"下插入"或者"上插入"选项，如图 1-16 所示。

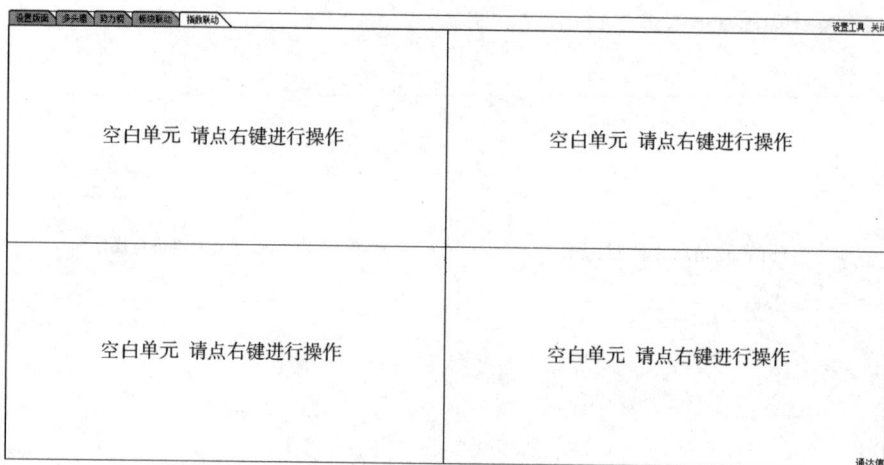

图 1-16　版面四等分

对比图 1-16 和图 1-11，图 1-11 的布局设计要求右侧区域比左侧更窄，但是图 1-16 的四个区域是四等分，面积一样大。将鼠标放在图 1-16 的中线上，待鼠标变为具有左右小箭头的横线状态，按住鼠标左键，拖动中线至右侧，然后松开鼠标左键，结果如图 1-17 所示。

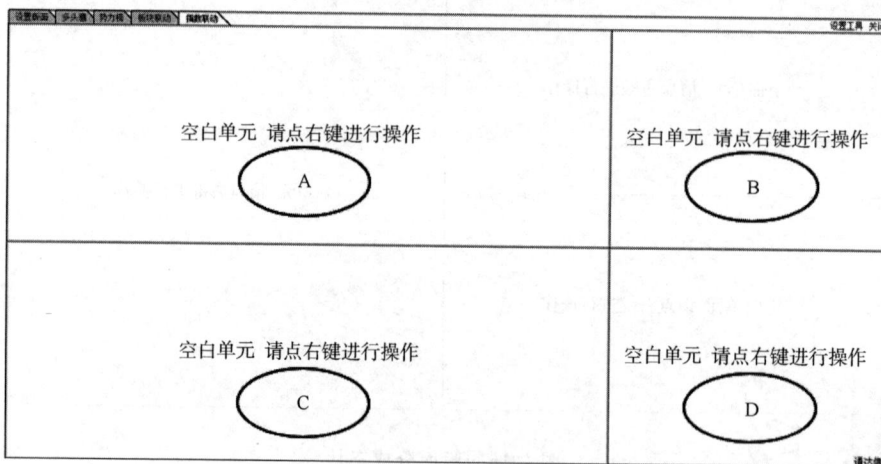

图 1-17　符合布局设计的版面（版面未保存）

第五步，保存新建版面。

如果说图 1-11 是我们在白纸上手绘的布局设计草图，那么图 1-17 就是在通达信软件中绘制的版面布局框架图。此时可以先保存图 1-17 的版面布局框架图，便于继续设置或修改。

如图 1-18 所示，单击"设置版面"选项卡，弹出"版面"菜单，此时的"版面"菜单与图 1-9 在第一个选项上不同。图 1-9 是"设置当前版面"，用于选中某个版面标签，将要对其进行设置修改。图 1-18 是"保存并退出设置"，用于新建或修改版面后，保存设置并退出设置状态。

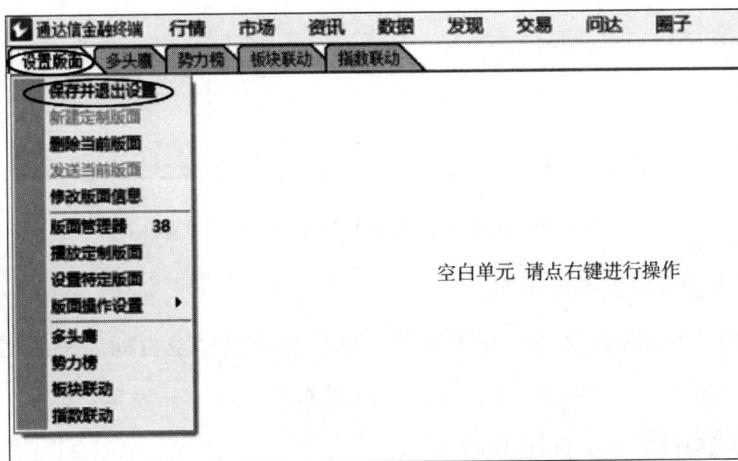

图 1-18　"版面"菜单 3

　　选择"保存并退出设置"选项，弹出"修改版面信息"对话框，如图 1-19 所示。在"版面名称"文本框中输入"指数个股行情"，单击"确定"按钮，保存新建的版面。注意，在保存新建版面时，对话框的标题也是"修改版面信息"。

图 1-19　"修改版面信息"对话框

　　新建的版面成功保存后，在"设置版面"与"多头鹰"之间多了一个"指数个股行情"选项卡，如图 1-20 所示。由于当前新版面处于不可设置状态，因此每个区域都是空白的，均无提示文字"空白单元　请点右键进行操作"。

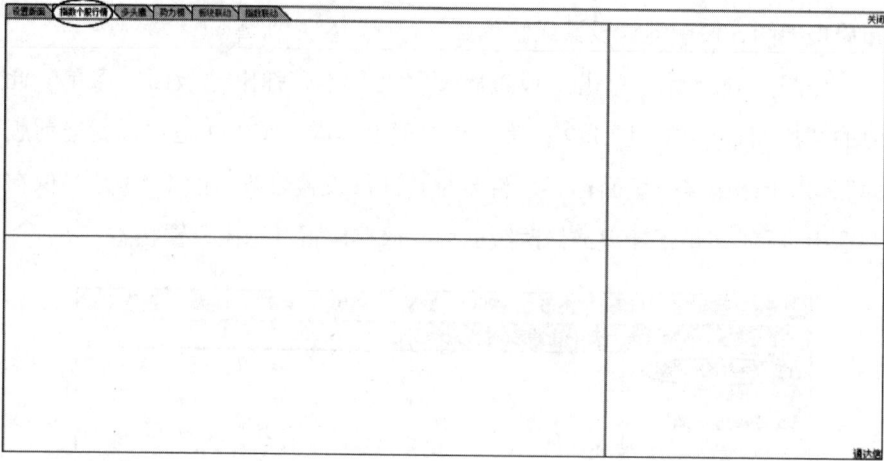

图 1-20 成功保存的新版面（不可设置状态）

第六步，填充版面内容。

图 1-20 的版面仅是做好了布局，每个区域都是空白的。按照图 1-11 设计的版面布局，要把所有区域的内容都填充完整，并设置关联后，才能算作完成最终版面，如图 1-21 所示。

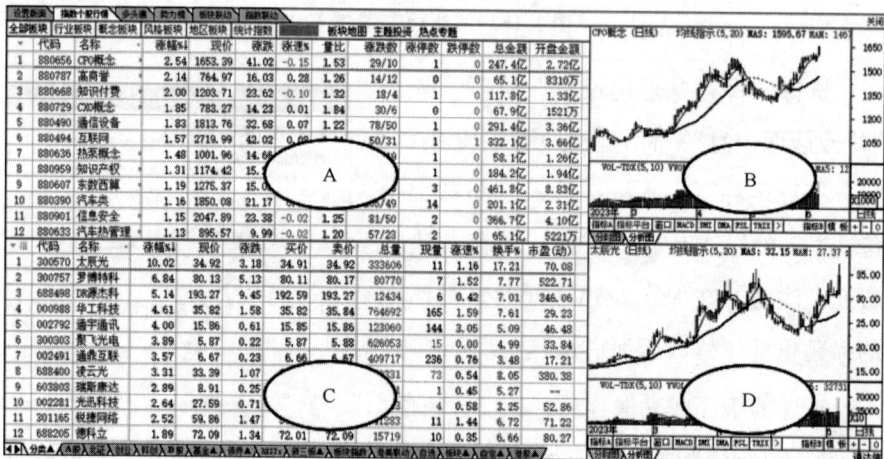

图 1-21 "指数个股行情"看盘界面的最终版面

　　左上区域 A 可显示全部板块、行业板块、概念板块、风格板块、地区板块、统计指数的行情资讯，选中任意一个，列表跟着变动。

　　在区域 A 的列表中选择任意一个指数，如"CPO 概念"板块，右上区域 B 自动显示"CPO 概念"板块的走势。

　　可在区域 B 左下角切换分时图或者分析图。分析图即 K 线图，当选中区域 B 时，使用键盘精灵还可将 K 线图切换为 5 分钟线、30 分钟线、小时线、周线、月线等。

　　当选中区域 A 的"CPO 概念"板块后，左下区域 C 自动显示"CPO 概念"板块的个股行情资讯列表，并按照涨幅自动排名，选中表里的第一个品种。

　　当选中区域 C 的任意个股时，如"太辰光"，右下区域 D 自动显示个股"太辰光"的走势。区域 D 的操作与区域 B 类似。

1.1.3　如何设置版面区域中的内容

　　将图 1-20 的布局框架图设置成图 1-21 的最终版面，主要有以下几个步骤。

　　第一步，进入版面设置状态。

　　在图 1-20 单击"设置版面"选项卡，弹出如图 1-9 所示的"版面"菜单，选中"设置当前版面"。此时弹出如图 1-10 所示的"版面设置"提示框，单击"确定"按钮，进入"指数个股行情"版面的设置状态，如图 1-22 所示，区域 A、B、C、D 这四个区域都出现了操作提示文字。

　　第二步，设置区域 A。

　　在图 1-22 的区域 A 右击，弹出版面设置快捷菜单，如图 1-23 所示，选择"行情资讯单元"→"固定市场"选项。

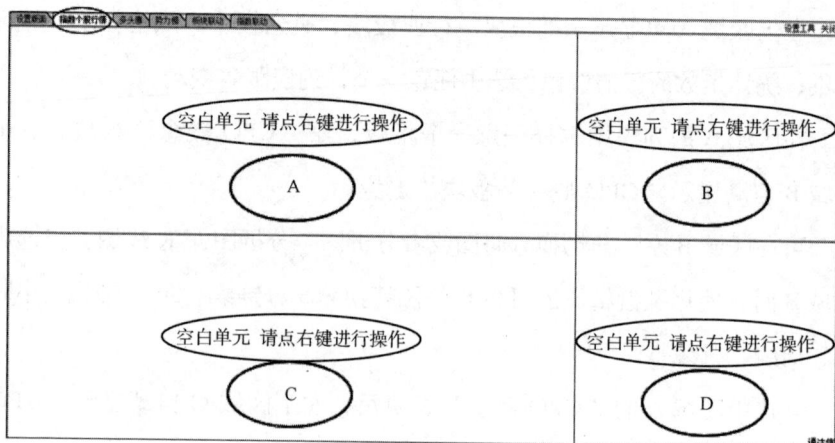

图 1-22 进入版面设置状态

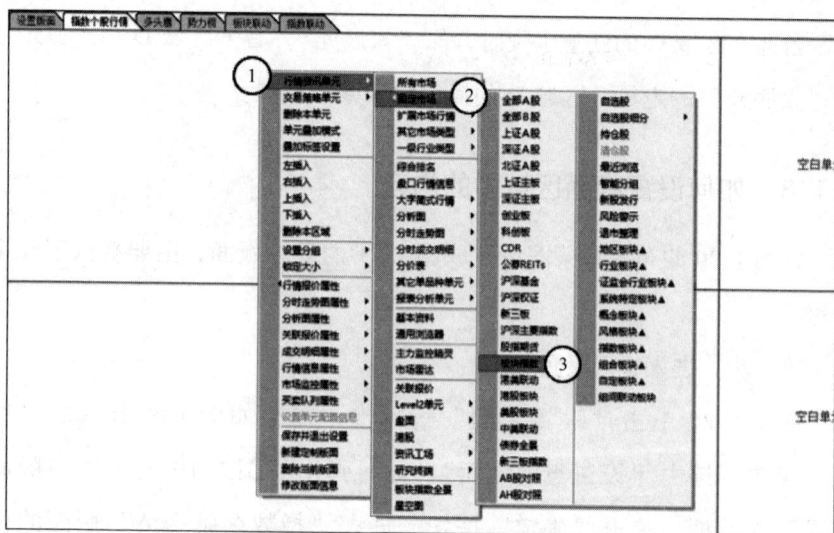

图 1-23 "行情资讯单元"快捷菜单 1

选择"固定市场"→"板块指数"选项后，快捷菜单被自动关闭，可以看到区域 A 填充了板块指数行情列表，如图 1-24 所示。

第三步，设置区域 B。

在图 1-22 的区域 B 右击，弹出"版面设置"快捷菜单，如图 1-25 所示，选择"行情资讯单元"→"分时走势图"选项。

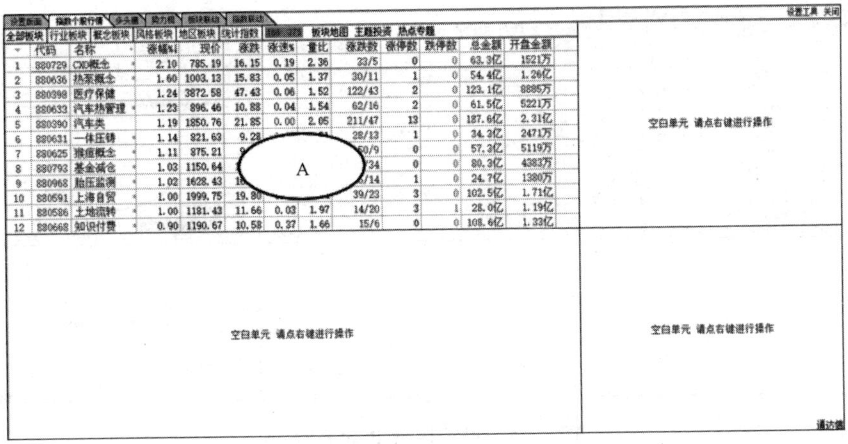

图 1-24 设置区域 A

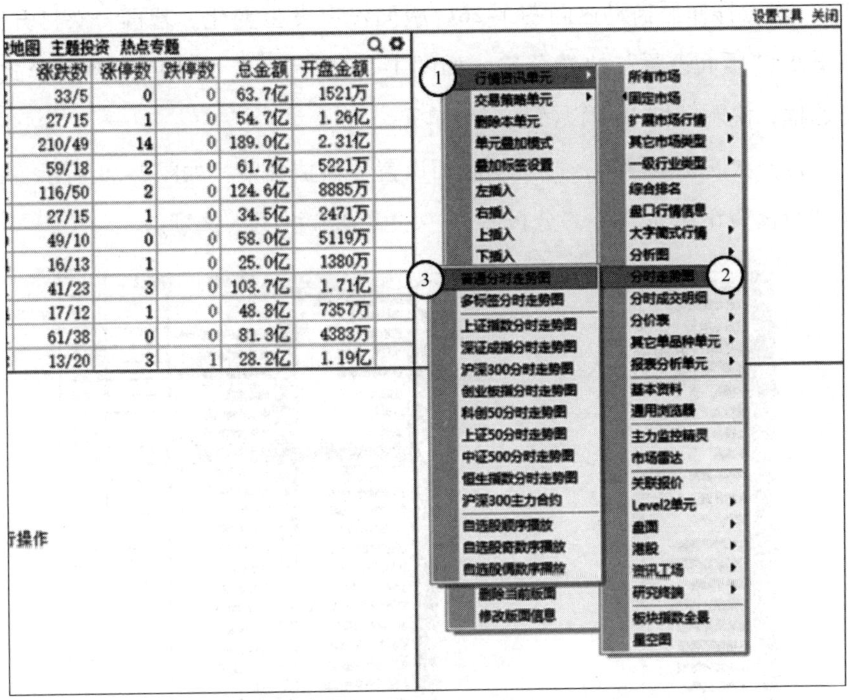

图 1-25 "行情资讯单元"快捷菜单 2

然后选择"普通分时走势图"选项。自动关闭快捷菜单，并在区域 B
填充分时图，如图 1-26 所示。

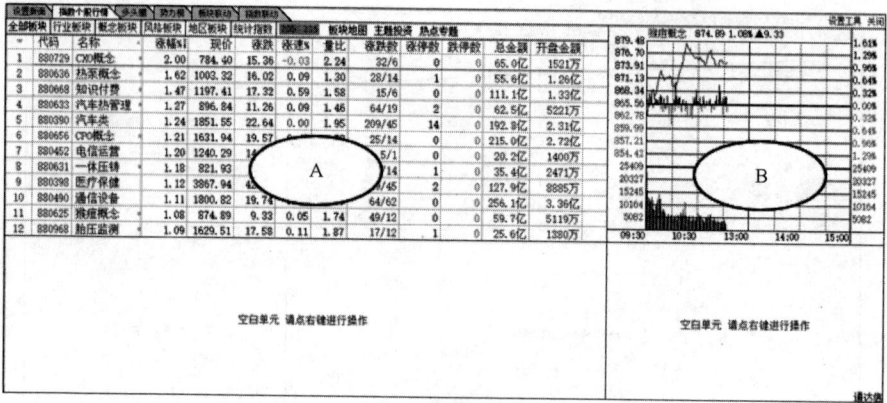

图 1-26　设置区域 B 的分时图

再次右击区域 B，弹出"版面设置"快捷菜单，选中"单元叠加模式"。本次操作后自动返回图 1-26，版面没有发生变化。若再一次打开区域 B 的"版面设置"快捷菜单，如图 1-27 所示，选中"单元叠加模式"复选框，说明区域 B 可以添加多个单元。

再一次右击区域 B，打开"版面设置"快捷菜单，如图 1-28 所示，选择"行情资讯单元"→"分析图"→"普通分析图"选项。

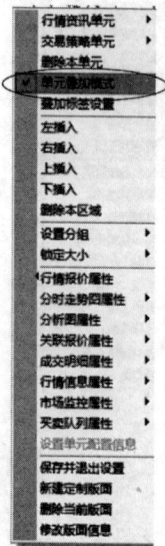

图 1-27　单元叠加模式　　　图 1-28　"行情资讯单元"快捷菜单 3

选择"普通分析图"选项后,自动关闭快捷菜单,并在区域 B 填充分
析图,如图 1-29 所示。区域 B 的左下角出现"分时图"和"分析图"两
个标签。

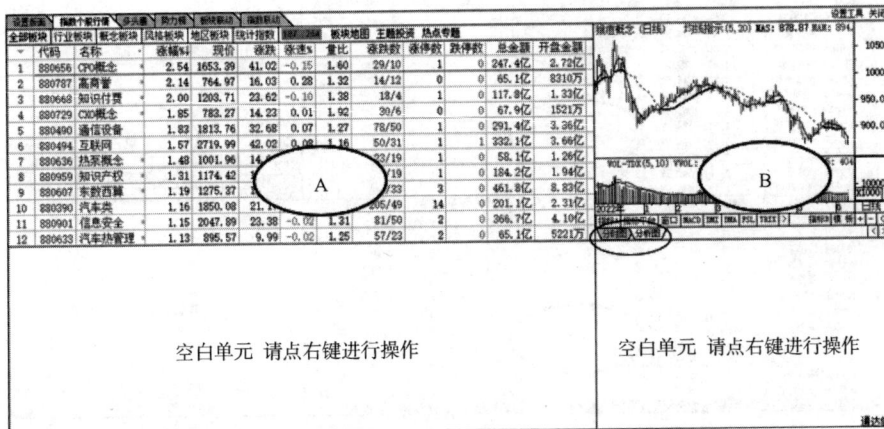

图 1-29 设置区域 B 的分析图

第四步,设置区域 C。

在图 1-22 的区域 C 右击,弹出"版面设置"快捷菜单,如图 1-30 所
示,选择"行情资讯单元"→"所有市场"选项。

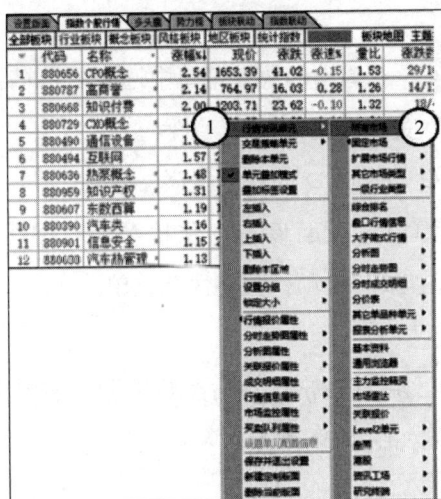

图 1-30 "行情资讯单元"快捷菜单 4

选择"所有市场"选项后，自动关闭快捷菜单，并在区域 C 填充市场资讯列表，如图 1-31 所示。

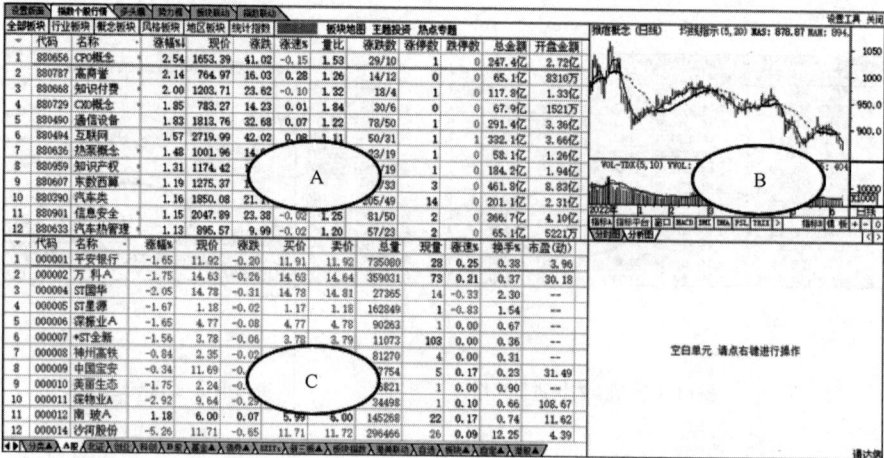

图 1-31　设置区域 C

区域 C 的显示内容设置完成后，设置区域 C 与区域 A 的自动关联。

右击区域 C，弹出"版面设置"快捷菜单，选择"行情报价属性"选项，如图 1-32 所示。在子菜单中选中"按涨幅排名"，自动关闭"版面设置"快捷菜单。

再次右击区域 C，在弹出的快捷菜单中选择"行情报价属性"→"选择行并联动"选项，关闭快捷菜单。

最后设置区域 C 与区域 D 的自动关联。

右击区域 C，弹出"版面设置"快捷菜单，如图 1-33 所示，选择"设置分组"→"分组 2"选项，关闭快捷菜单。

第五步，设置区域 D。

在图 1-22 中的区域 D 右击，然后按照设置区域 B 的流程完成对区域 D 的单元设置，结果如图 1-34 所示。

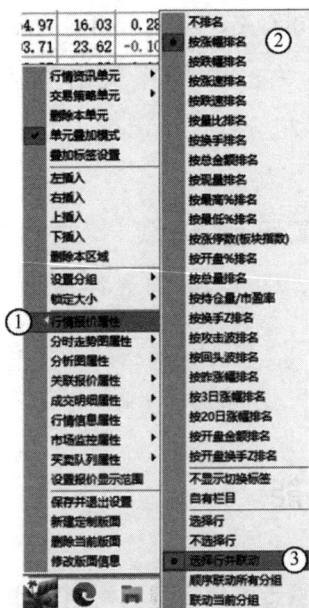

图 1-32　"行情资讯单元"快捷菜单 5　　　　图 1-33　"行情资讯单元"快捷菜单 6

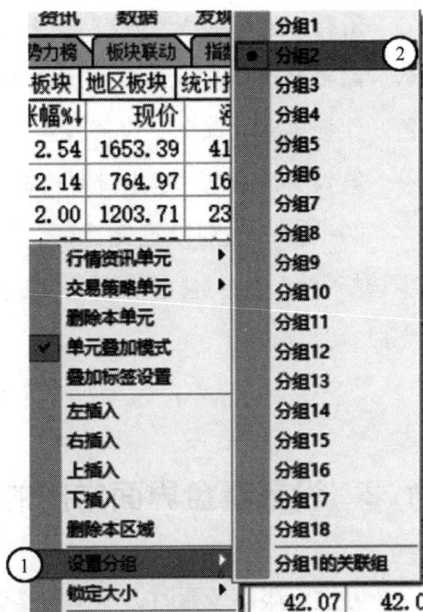

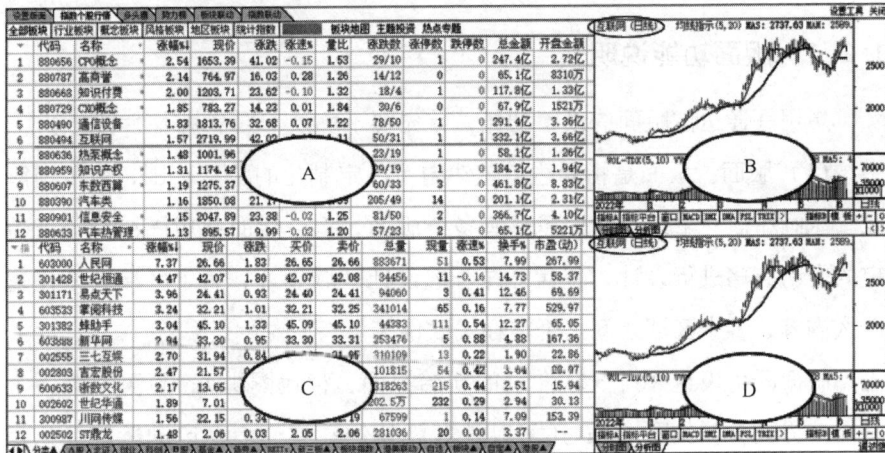

图 1-34　设置区域 D

在图 1-34 中，区域 B 和区域 D 显示的是同一个品种"互联网"的图表，下面建立区域 D 与区域 C 的自动关联。

所有分组都默认为分组 1，此时区域 B 和区域 D 会显示相同的品种走势。需要手动设置区域 C 和区域 D 的关联。右击区域 D，弹出"版面设置"快捷菜单，选择"设置分组"→"分组 2"选项。

第六步，保存并退出设置状态。

四个区域分别设置完成后，单击"设置版面"选项卡，在图 1-18 中选择"保存并退出设置"选项。至此，图 1-21 的最终版面设置完成。

1.2 设置看盘界面常用的版面功能

在进行版面设置时，不少初学者需要先熟悉版面设置的常用功能。避免在看到很多区域中填充进各种内容后，忘记了自己最初设置个性化版面的初衷。

1.2.1 版面功能说明

想用好通达信版面的设置功能，首先要了解以下三个基本术语。

（1）版面。版面是指通达信软件内可以定制化的整个范围，也可理解成一张画布。一个炒股软件可以有多个版面，每个版面都应围绕投资者特定的交易策略进行设计，包括怎样合理设计区域划分、每个区域应该设置什么内容、各个区域之间是否存在关联性等。

版面既可设置为打开软件后的初始界面，替代图 1-1；也可设置为个股详情界面，替代图 1-5；还可以让炒股软件动态切换，自动播放好几个版面；等等。

（2）区域。区域是指版面内的小块分区。一个版面可以划分为多个区域，只有当版面处于设置状态时，才能变更区域的划分。

划分区域主要是对画布中指定区域左右分或者上下分。分区后还可以手动调整区域大小，调整时注意区域边界线的范围。

当一个版面的多个区域之间存在复杂关联时，需特别留意关联性的设置。

（3）单元。单元是指区域中放置的内容。一个区域可以放置一个单元，也可放置多个单元。只有当版面处于设置状态时，才能变更单元的内容。

单元主要分为行情资讯单元和交易策略单元两类。每种类型都包含丰富的小模块，不同模块还可以设置属性，用多了自然就熟悉了。

此外，还要注意版面在当下是否处于设置状态。如果处于设置状态，要清楚针对哪个版面在设置单元。

对比图 1-17 和图 1-20，当区域中没有填充单元时，可以直接通过界面上的操作提示文字判断。如果有操作提示文字，则版面处于设置状态；如果无提示文字，则版面未处于设置状态。

当版面的所有区域都填充单元后，有以下几种快速判断的方法。

第一种，单击"设置版面"选项卡，弹出"版面"菜单，若第一个菜单是图 1-18 所示的"保存并退出设置"，则版面处于设置状态；若第一个菜单是"设置当前版面"，则版面未处于设置状态。

第二种，在任意区域右击，查看快捷菜单，若此时的快捷菜单如图 1-13 所示，则版面处于设置状态；若非版面设置快捷菜单，则版面未处于设置状态，例如图 1-35 中的几种常见快捷菜单。

第三种，观察版面的右上角是否存在"设置工具"按钮，如图 1-10 所示。若有，则处于设置状态；若无，则未处于设置状态。

最后，确认修改后的版面是否保存成功。如果仅对已有版面修改设置，即使没有在"版面"菜单选择"保存并退出设置"选项，若切换到其他界面后再返回，系统会自动保存新的设置。但若是新建的版面，则必须手动在"版面"菜单选择"保存并退出设置"选项。

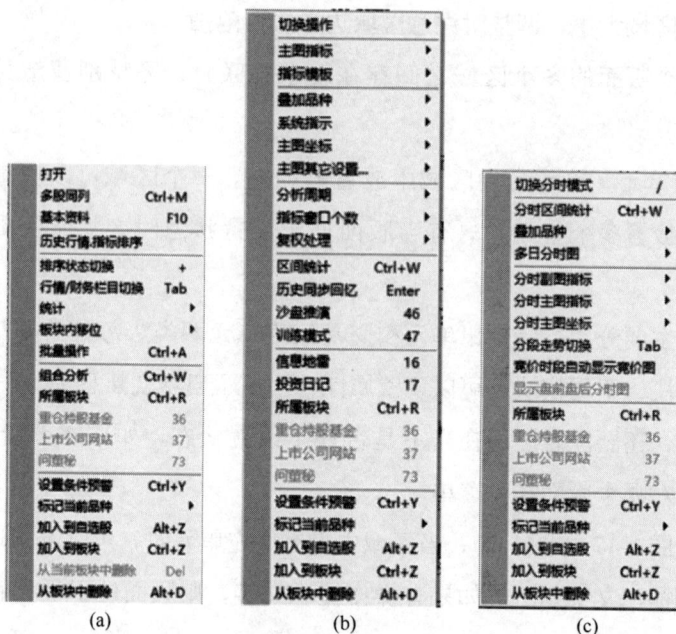

图 1-35　非设置状态的常见快捷菜单

1.2.2　版面的基本操作

投资者能够对版面进行的基本操作主要集中在"版面"菜单。"版面"菜单中只有"版面操作设置"包含子菜单，选择图 1-9 中的"版面操作设置"菜单，如图 1-36 所示。

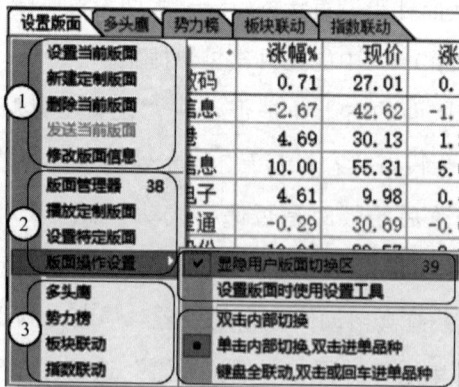

图 1-36　版面操作设置

"版面操作设置"的五个子菜单分为上下两组。第一组的两个子菜单主要设置版面上方的功能，如选中"显隐用户版面切换区"，即可显示切换版面的标签栏（快捷键 39）。第二组的三个子菜单主要设置版面内部的切换方式，如选中"单击内部切换，双击进单品种"，表示在版面中只能通过双击才能进入个股详情界面。

"版面"菜单包含了三组功能：第一组，即图 1-36 中的组①，用于操作单个版面；第二组，即图 1-36 中的组②，用于操作全部版面；第三组，即图 1-36 中的组③，用于快速进入某个版面，与单击上方某个版面标签的效果相同。

若在图 1-20 成功保存新版面"指数个股行情"后，则图 1-36 中的组③便相应增加"指数个股行情"菜单，如图 1-37 所示。

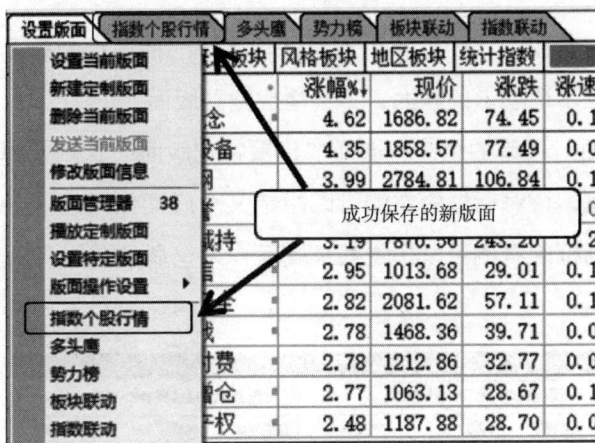

图 1-37　版面的快捷入口

需要注意的是，图 1-36 中的组③与标签栏的数量不一定相等。所有版面都在"版面"菜单的组③有快捷入口，但是只有未被隐藏的版面才会显示在标签栏上。假如隐藏"指数联动"版面，则"指数联动"版面只会在"版面"菜单的组③有快捷入口，不会出现"指数联动"选项卡，如图 1-38所示。

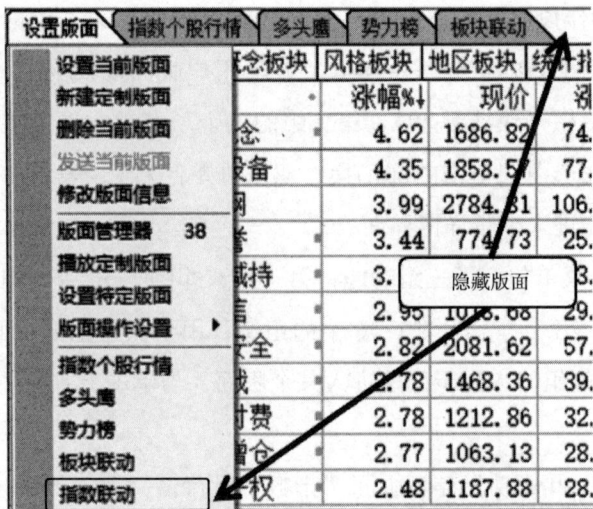

图 1-38 对比版面快捷入口与隐藏版面

相应地，若在"版面"菜单的组②，选择"播放定制版面"选项，只会轮流播放显示选项卡的版面，不会播放隐藏版面。

在"版面"菜单的组②，选择"设置特定版面"选项，弹出如图 1-39 所示的对话框。该对话框的左侧可以指定某个版面作为进入炒股软件的初始界面。对话框的右侧可以指定某个版面作为全局的单品种关联版面（个股详情界面）。

图 1-39 "设置特定版面"对话框

选中"设置定制版面为初始进入版面"复选框，弹出如图 1-40 所示的提示框。提醒投资者设置的初始版面下次系统进入后才能生效。

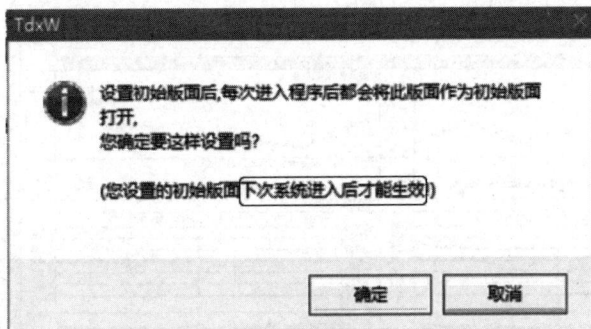

图 1-40　"设置特定版面"提示框

单击"确定"按钮，在弹出的对话框中"设置定制版面为初始进入版面"被选中，并且鼠标可以在对话框左侧的版面中进行选择，如图 1-41 所示。

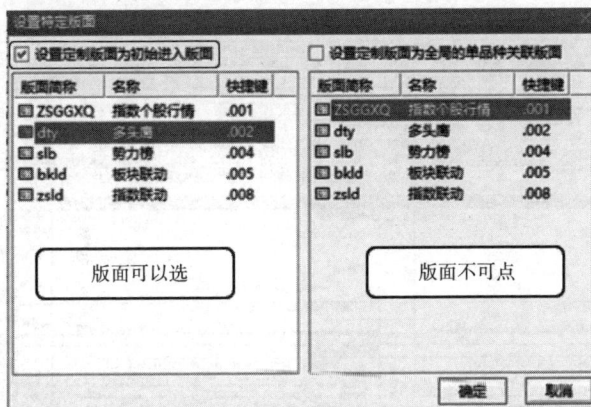

图 1-41　设置初始界面

例如，选中"多头鹰"，再单击"确定"按钮。关闭炒股软件后，重新打开，如图 1-42 所示，初始界面不再是图 1-1 的"行情资讯列表"界面，而是"多头鹰"界面。

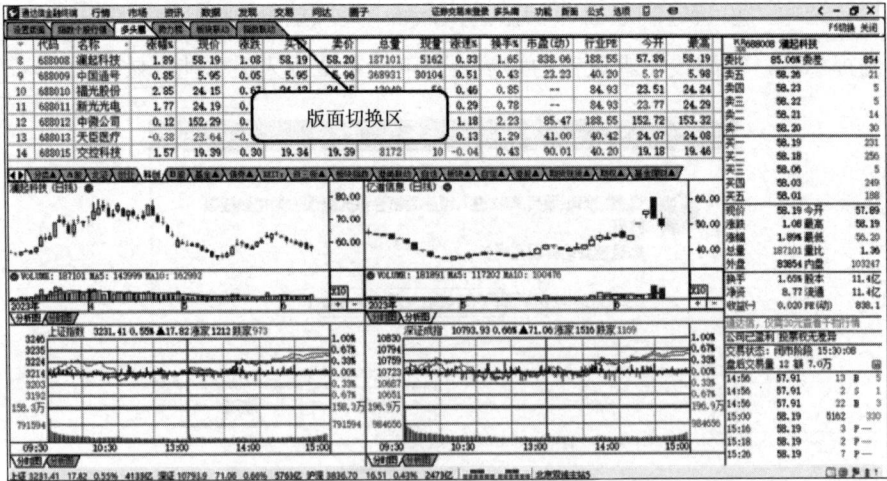

图 1-42　检查设置初始界面的效果

在图 1-42 中打开如图 1-36 所示的"版面"菜单，选择"显隐用户版面切换区"选项（或按快捷键 39），如图 1-43 所示，版面切换区被隐藏。再次重启炒股软件，初始界面也不会显示版面切换区。

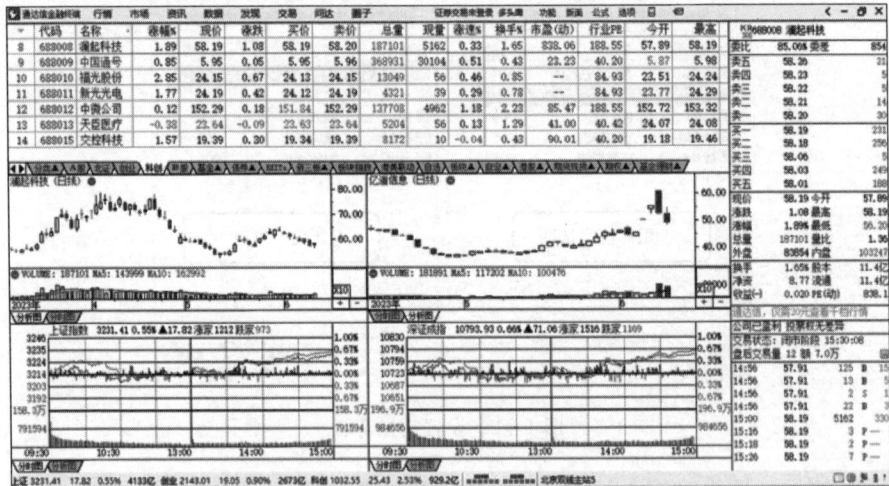

图 1-43　干净的初始界面（无版面切换区）

1.2.3　区域和单元的基本操作及设置工具

对区域和单元进行操作，首先要求版面处于设置状态。设置时，除了使用鼠标右键，还可以利用"设置工具"窗口。在 1.1 的案例中，利用鼠标右键通过版面设置快捷菜单，完成了版面的设置。本节将结合版面设置快捷菜单，对比介绍"设置工具"窗口。

当版面处于设置状态时，打开"设置工具"窗口的方法有以下两种：

第一种，单击图 1-10 右上角的"设置工具"。

第二种，选择图 1-36 中的"版面操作设置"→"设置版面时使用设置工具"选项。

"设置工具"窗口可以理解成漂浮在版面上，能够被上下左右拖动。而"版面设置"快捷菜单通常在右击的位置出现，不能拖动。

图 1-44（a）所示为"设置工具"窗口，分为"单元区""操作区""属性区"三组功能。

图 1-44（b）所示为"版面设置"快捷菜单，它将功能分为五组。

A 组对应"设置工具"窗口的①"单元区"和②"操作区"里的④；

B 组对应"设置工具"窗口的②"操作区"；

C 组和 E 组的部分功能对应"设置工具"窗口的②"操作区"里的⑤；

D 组对应"设置工具"窗口的③"属性区"。

下面举例如何利用"设置工具"窗口，在图 1-21 的最终版面基础上增加一个上证指数的分时图。

第一步，设定"指数个股行情"版面进入设置状态。

选中右上角的区域 B，打开"设置工具"窗口，如图 1-45 所示。被选中的区域与其他区域在第一行的背景色明显不同。

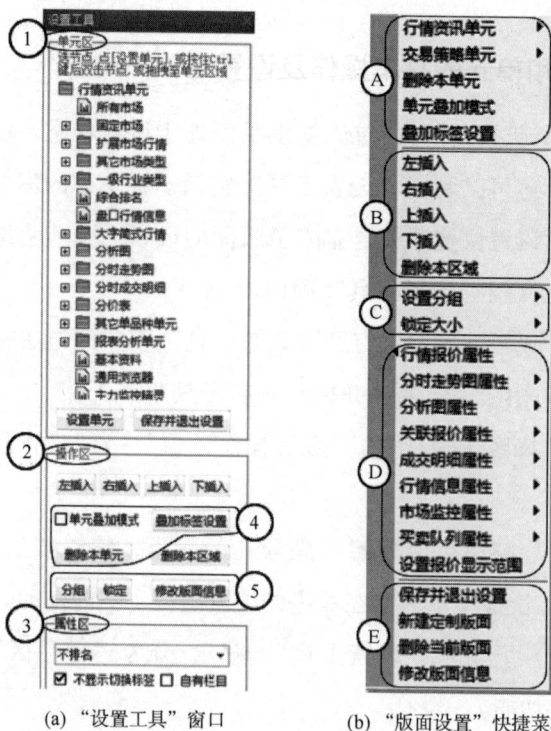

(a)"设置工具"窗口　　　　(b)"版面设置"快捷菜单

图 1-44　对比"设置工具"窗口与"版面设置"快捷菜单

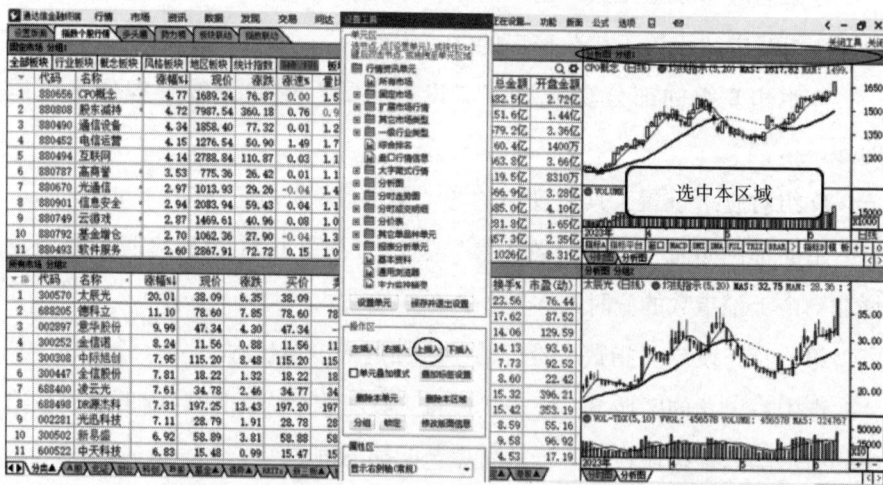

图 1-45　"设置工具"窗口的使用 1

第二步，增加新的区域。

单击图 1-45 中"操作区"中的"上插入"按钮，如图 1-46 所示，在图 1-45 的选中区域上方增加了一个空白区域，且该区域被自动选中。

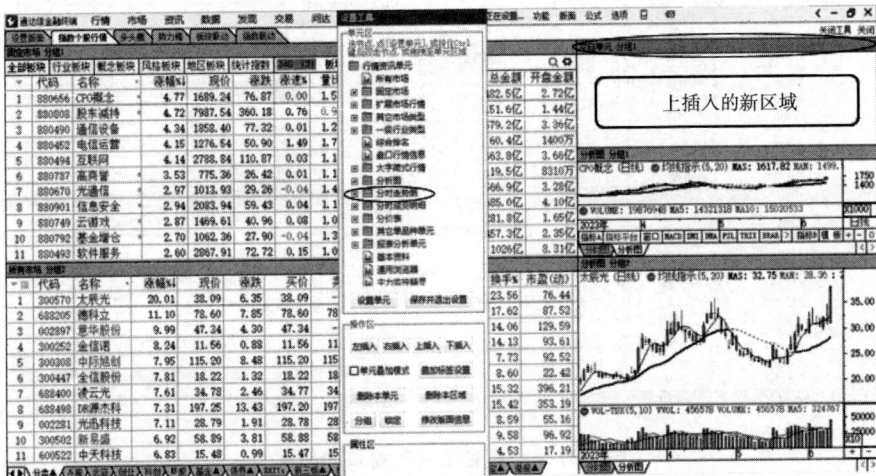

图 1-46　"设置工具"窗口的使用 2

第三步，在新的区域中设置上证指数的分时图。

单击图 1-46 中单元树的"分时走势图"前面的"＋"，在展开的选项中，找到节点"上证指数分时走势图"。

注意，"单元区"中的说明文字，介绍了以下三种将单元填充至区域的方式。

第一种，选中节点后，单击"单元区"左下角的"设置单元"按钮；

第二种，在按住 Ctrl 键的同时双击节点；

第三种，按住鼠标左键选中节点，并将其拖动到区域里。

使用三种方式的任意一种，将"上证指数分时走势图"填充至新区域，如图 1-47 所示，"空白单元"变为"上证指数"。

第四步，调整区域的大小。操作方法类似于从图 1-16 调整到图 1-17。

将鼠标放在图 1-47 的"分析图分组 2"的上边界线，待鼠标变为具有上下小箭头的竖线状态，按住鼠标左键，向下拖动。然后在目测合适的位置松开鼠标左键，如图1-48所示，"上证指数""分析图分组1""分析图分组2"这三个区域的高度视觉上差不多即可。

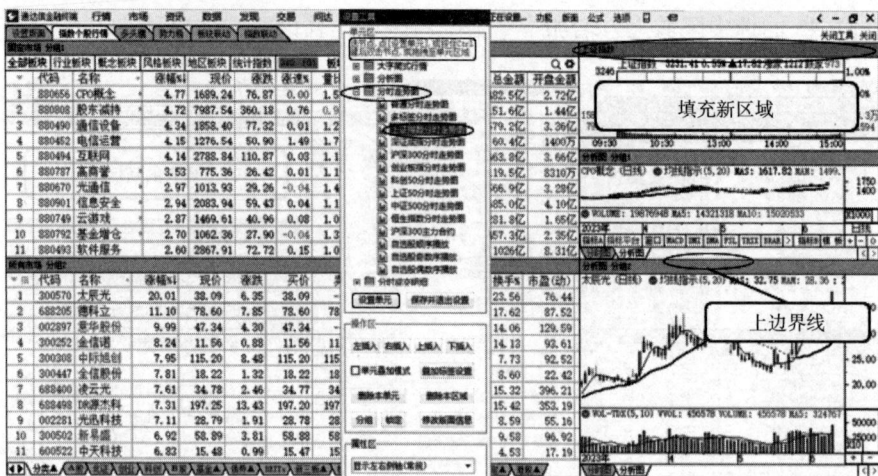

图1-47 "设置工具"窗口的使用3

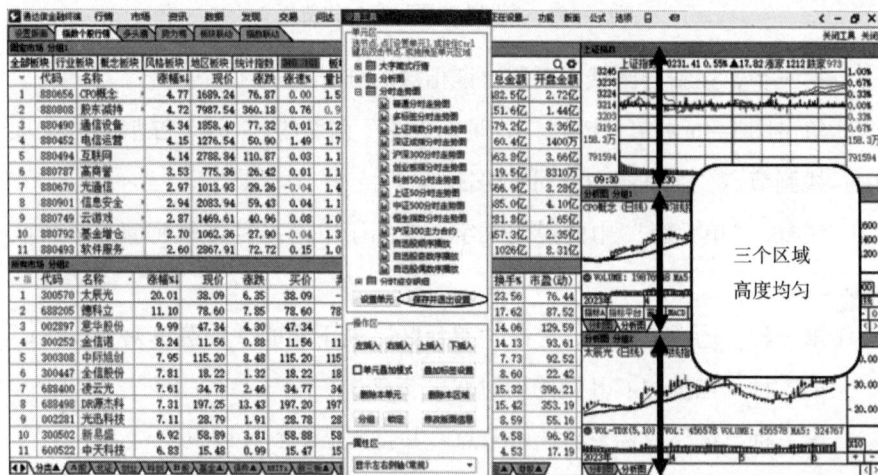

图1-48 "设置工具"窗口的使用4

第五步，保存修改的版面。单击图1-48"单元区"右下角的"保存并退出设置"按钮，关闭"设置工具"窗口，退出版面的设置状态，设置完成。

1.2.4 版面管理器

版面管理器是从宏观视角对炒股软件中的所有版面进行管理的工具，类似于后台管理，如图 1-49 所示。

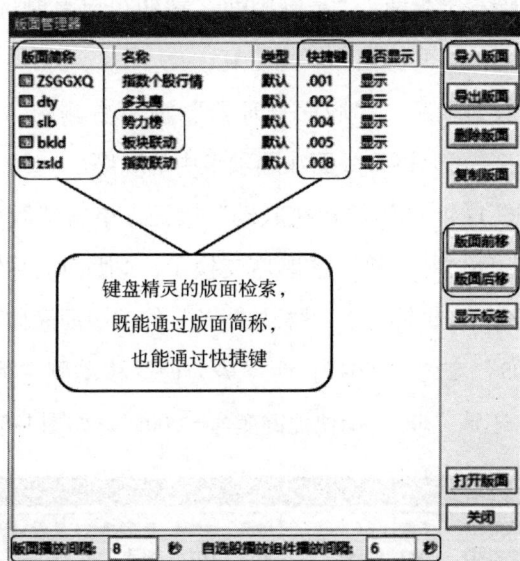

图 1-49 "版面管理器"窗口

打开"版面管理器"窗口的方法有以下两种：

第一种，在图 1-8 或图 1-9 的"版面"菜单中，选择"版面管理器"选项。

第二种，键盘输入"38"，利用键盘精灵的检索功能，快速打开"版面管理器"窗口。

版面管理器主要具有以下几大功能：

第一，展示炒股软件中的所有版面。"版面管理器"窗口的列表中包含了炒股软件中的所有版面及基本信息。其中，键盘精灵可以通过"版面简称"和"快捷键"快速检索版面；版面是否在选项卡显示，也可在表中直观看到结果。

第二，设置自动播放的参数。"版面管理器"窗口最下方有两个文本框，可以设定自动播放的时间间隔。

第三，快速新建和删除版面。"版面管理器"窗口右侧的"导入版面"和"导出版面"按钮，可以将版面安装在不同的炒股软件中。"删除版面"按钮可以快速删除指定版面。"复制版面"按钮可以复制选中的版面，但需要给新版面命名。版面的名称不能重复。

第四，调整版面顺序。"版面管理器"窗口右侧的"版面前移"和"版面后移"按钮，可以调整版面在选项卡中的顺序。

例如，选中图 1-49 中的"板块联动"版面，单击"版面前移"按钮，该版面与前一个版面"势力榜"的顺序交换了，"版面简称"也跟着移动，但快捷键的顺序不变。也就是说，"板块联动"的"版面简称"还是"bkld"，但快捷键从".005"变为".004"；而"势力榜"移动到"板块联动"的下方，"版面简称"还是"slb"，但快捷键变为".005"，如图 1-50 所示。

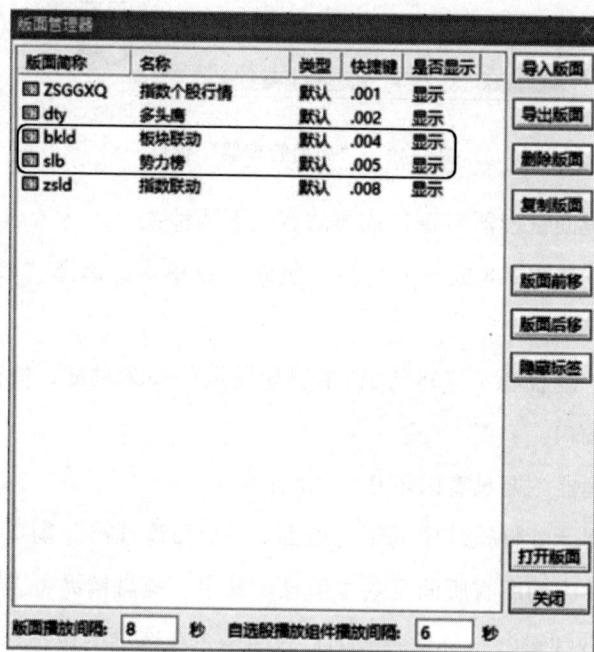

图 1-50 调整版面顺序

第五，设置版面标签是否显示。"显示标签"和"隐藏标签"按钮是一个按钮两个状态。选中某个版面后，若该版面是显示，则该按钮为"隐藏标签"；若该版面是隐藏，则该按钮为"显示标签"。

第六，快速打开版面。选中某个版面后，单击"打开版面"按钮，可以关闭"版面管理器"对话框，打开指定版面。

1.2.5 如何将版面安装至新的炒股软件中

当投资者与新券商合作，或是安装了新的炒股软件时，如果希望把用惯了的看盘界面安装至新的炒股软件中，可以使用版面管理器中的导入版面和导出版面功能。下面举例将招商证券软件中的"沪深京综合"版面安装至通达信软件中。

第一步，打开招商证券软件的"版面管理器"窗口，如图 1-51 所示。

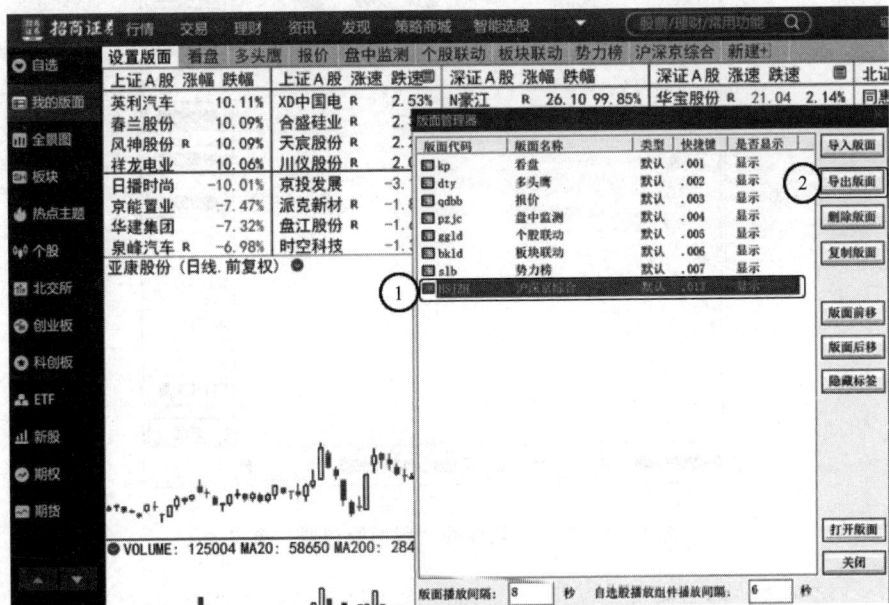

图 1-51 第一个软件的"版面管理器"窗口

第二步，导出版面。在图 1-51 的版面列表中选中"沪深京综合"版面，单击右侧的"导出版面"按钮，在弹出的对话框中设置版面文件的保存位置，如保存至计算机桌面。此时可以在计算机桌面找到文件：HSJZH. sp。注意，同花顺的定制页面文件扩展名是 . pcp，与通达信软件不通用。

第三步，在通达信软件的"版面管理器"窗口导入版面。先单击图 1-50 右侧的"导入版面"按钮，在弹出的对话框中通过前一步存放版面文件的位置，在计算机桌面找到文件 HSJZH. sp。然后双击文件，关闭对话框。如图 1-52 所示，"沪深京综合"版面自动导入到通达信软件中。

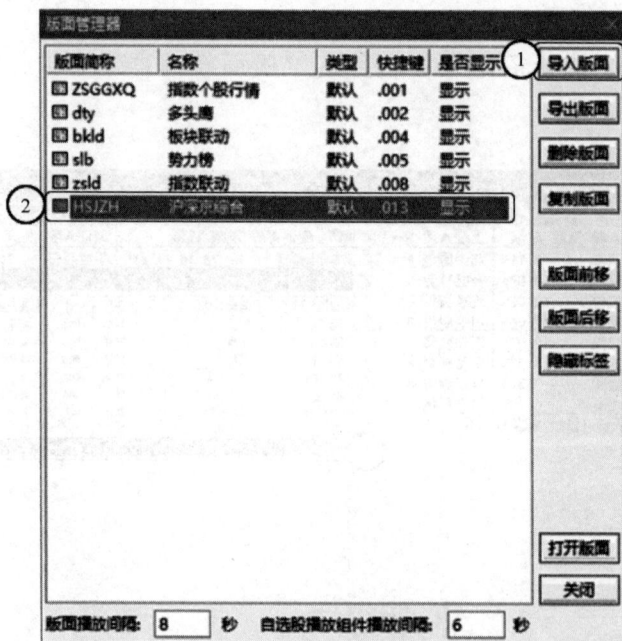

图 1-52　第二个软件的"版面管理器"窗口

第四步，检查版面导入是否正确。选中图 1-52 的"沪深京综合"版面，然后单击右侧的"打开版面"按钮，关闭"版面管理器"对话框。

可以看到，成功导入的"沪深京综合"版面位于版面选项卡的最后一个，如图 1-53 所示。

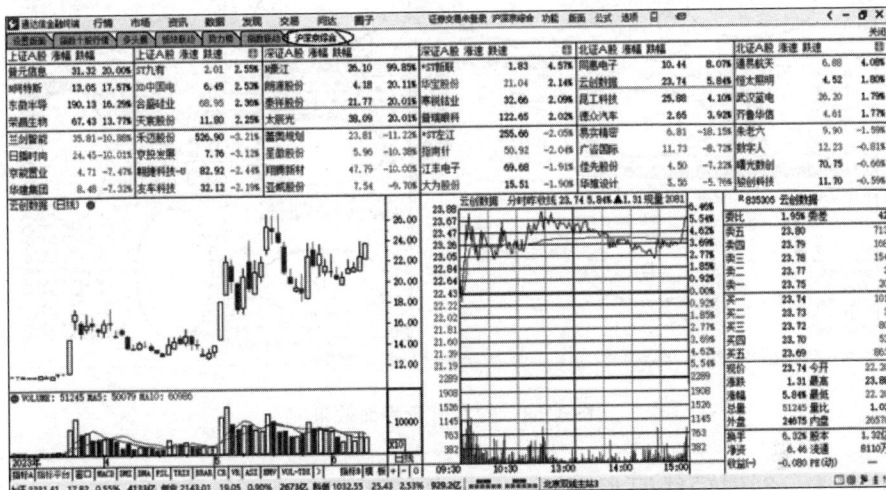

图 1-53　第二个软件检查导入的结果

1.3　案例一：　设置短线盯盘界面

实战用的盯盘界面通常与投资者交易策略有关。以短线盯盘为例，散户做短线主要用来打板、抓龙头股等，需要及时感知市场热点板块、主力动向等。

短线盯盘界面包括市场排名、热点板块、龙头股信息、个股涨停分析、大盘和个股的分时图、个股盘口、成交信息和主力监控等，如图 1-54 所示。

下面按照先设计布局，再填充单元的步骤，完成短线盯盘界面的设置。

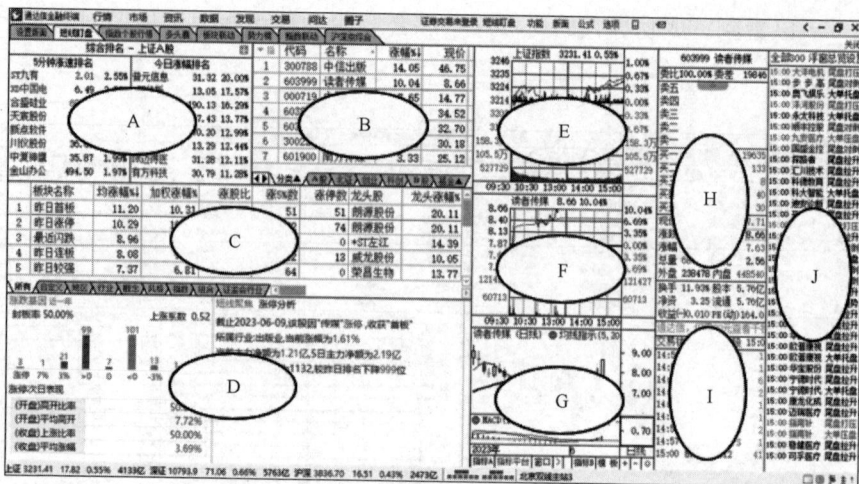

图 1-54　短线盯盘界面效果

1.3.1　创建短线盯盘版面，完成布局设计

首先，忽略图 1-54 中每个区域中设置的单元内容，只关注区域划分情况。它包括区域 A、B、C、D、E、F、G、H、I、J，共 10 个区域。

其次，在白纸上绘制版面布局设计图，如图 1-55 所示。

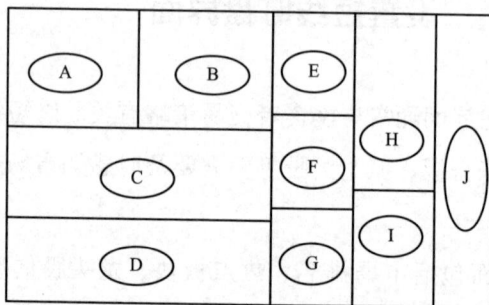

图 1-55　短线盯盘界面的版面布局设计图

分析图 1-55 的区域划分，由于区域很多，很难一次划分完成。按照先纵，再横，最后再纵的顺序来实现。

假定有一张空白的画布，第一步，先把画布分成纵向的四块，如图 1-56 所示。

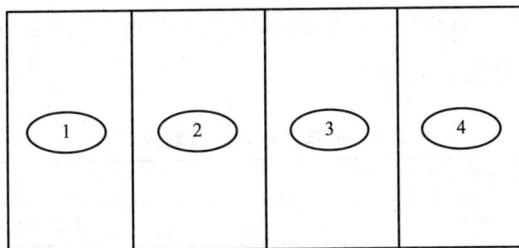

图 1-56　短线盯盘界面的版面布局实现思路 1

第二步，分别把图 1-56 中的区域 1、2、3 横向划分，如图 1-57 所示。

图 1-56 中的区域 1 划分为区域 1-1、1-2、1-3。

图 1-56 中的区域 2 划分为区域 2-1、2-2、2-3。

图 1-56 中的区域 3 划分为区域 3-1、3-2。

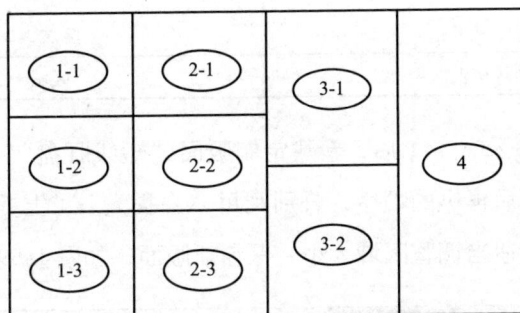

图 1-57　短线盯盘界面的版面布局实现思路 2

第三步，把图 1-57 中的区域 1-1 纵向划分，如图 1-58 所示。

图 1-57 中的区域 1-1 划分为区域 1-1-1、1-1-2。

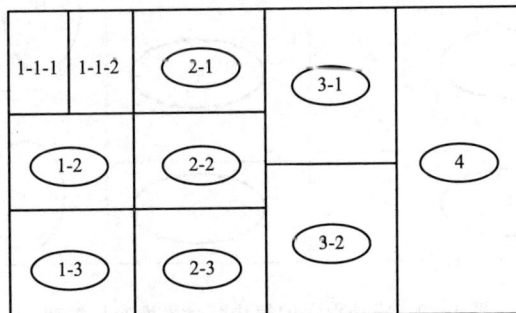

图 1-58　短线盯盘界面的版面布局实现思路 3

对比图 1-58 和图 1-55，尽管区域的大小不同，但区域的数量和区域的位置是相同的，见表 1-1。

表 1-1　布局设计与区域划分对照

版面布局设计图（图 1-55）	布局划分结果（图 1-58）
区域 A	区域 1-1-1
区域 B	区域 1-1-2
区域 C	区域 1-2
区域 D	区域 1-3
区域 E	区域 2-1
区域 F	区域 2-2
区域 G	区域 2-3
区域 H	区域 3-1
区域 I	区域 3-2
区域 J	区域 4

完成图 1-58 和表 1-1 后，新建定制版面"短线盯盘"。按照区域划分先纵，再横，最后再纵的顺序，分别利用"左插入""上插入"等功能完成布局框架图。适当调整区域大小，保存新版面，如图 1-59 所示。

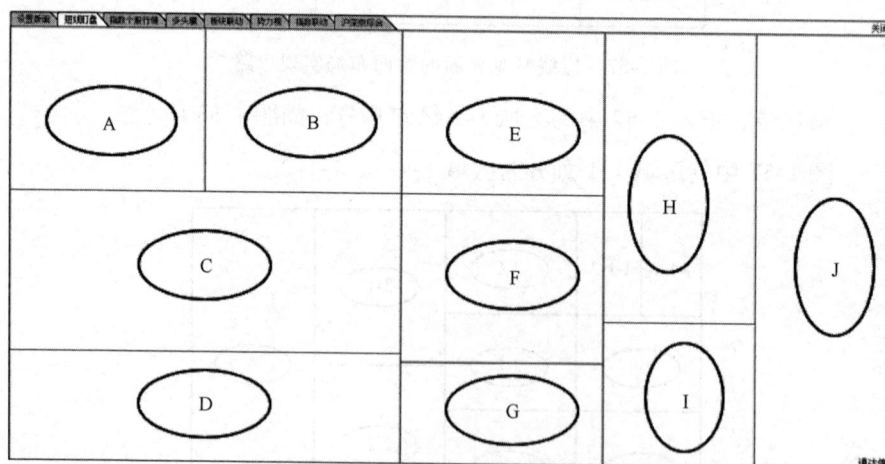

图 1-59　成功保存的短线盯盘界面布局框架

1.3.2 按顺序设置版面单元 1

单元设置是一个熟能生巧的过程，新手刚开始应模仿表 1-2，记录常用单元的设置顺序，仔细分析图 1-54 中每个区域中设置的单元内容。

表 1-2 区域单元设置 1

界面效果图（图 1-54）	单元内容设置顺序
区域 A	行情资讯单元—综合排名
区域 B	行情资讯单元—所有市场； 行情报价属性—按涨幅排名； 行情报价属性—选择行并联动
区域 C	行情资讯单元—报表分析单元—板块分析
区域 D	行情资讯单元—盘面—短线基因
区域 E	行情资讯单元—分时走势图—上证指数分时走势图
区域 F	行情资讯单元—分时走势图—普通分时走势图
区域 G	行情资讯单元—分析图—普通分析图
区域 H	行情资讯单元—盘口行情信息
区域 I	行情资讯单元—分时成交明细—分时成交明细（单列）
区域 J	行情资讯单元—主力监控精灵

先设定图 1-59 的"短线盯盘"界面进入设置状态，并打开"设置工具"窗口，参照表 1-2 的顺序逐个区域填充。设置完成后保存版面，如图 1-60 所示。

可以看到，图 1-60 中的区域 A 是个九宫格，由于空间太小，无法展示数据。本应显示的信息是"综合排名"窗口，它包含多种个股排名信息。

按快捷键 81，可以查看"综合排名上证 A 股"窗口，如图 1-61 所示。（综合排名的快捷键除 81 外，还有快捷键 80 和 87 对应全部 A 股，快捷键 82 对应上证 B 股，快捷键 83 对应深证 A 股，快捷键 84 对应深证 B 股，快捷键 85 对应上证债券，快捷键 86 对应深证债券，快捷键 88 对应全部 B 股，快捷键 89 对应北证 A 股等。）

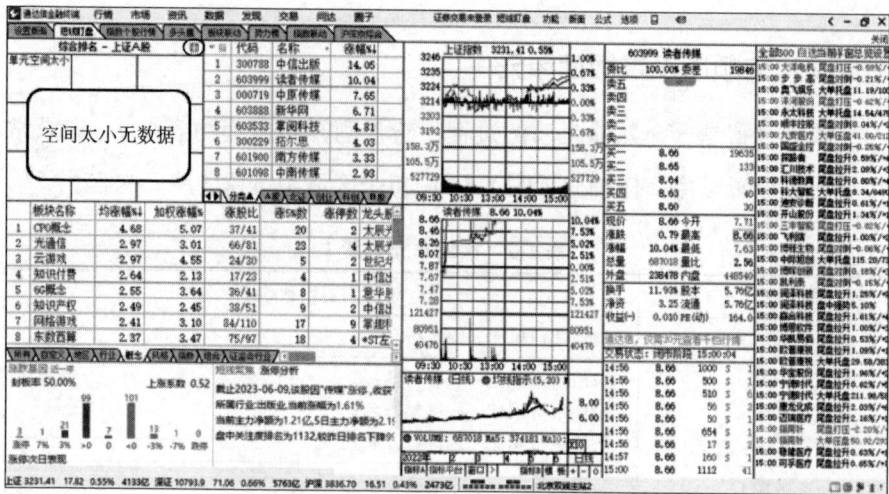

图 1-60　短线盯盘界面的区域设置完成

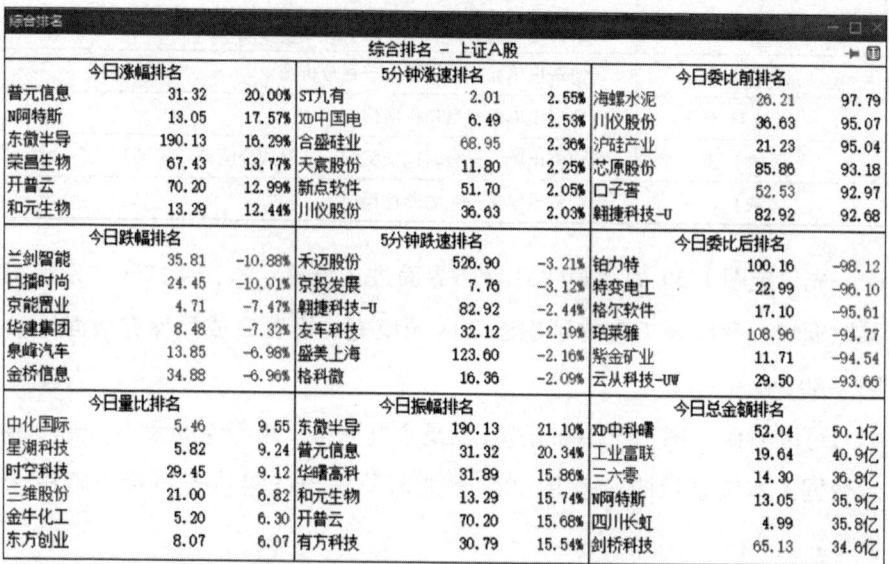

图 1-61　"综合排名-上证 A 股"窗口

　　调整图 1-60 的区域 A，既要把区域空间调整宽一点儿，还应减少区域内显示的排名信息。考虑大部分普通投资者单向做多，以及参考图 1-53 "沪深京综合"版面，可以设置为只显示涨速和涨幅两个排名。

单击图 1-60 的区域 A 右上角的小图标，弹出如图 1-62 所示的快捷菜单。

图 1-62　"综合排名"快捷菜单

选择"排名设置"选项，弹出"综合排名设置"对话框，如图 1-63 所示。

按照图 1-64 设置综合排名，先将"排名数设置"为"1 行 2 列"，然后分别指定第一列为"5 分钟涨速排名"，第二列为"今日涨幅排名"。

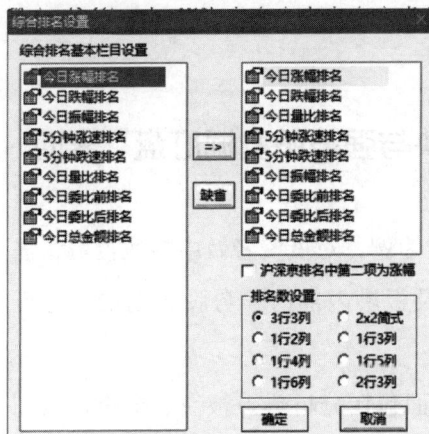

图 1-63　"综合排名设置"对话框

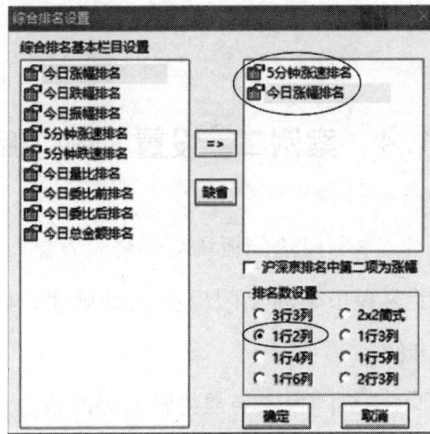

图 1-64　设置综合排名

设置完成后，单击"确定"按钮，关闭对话框，返回"短线盯盘"版面，如图 1-65 所示。

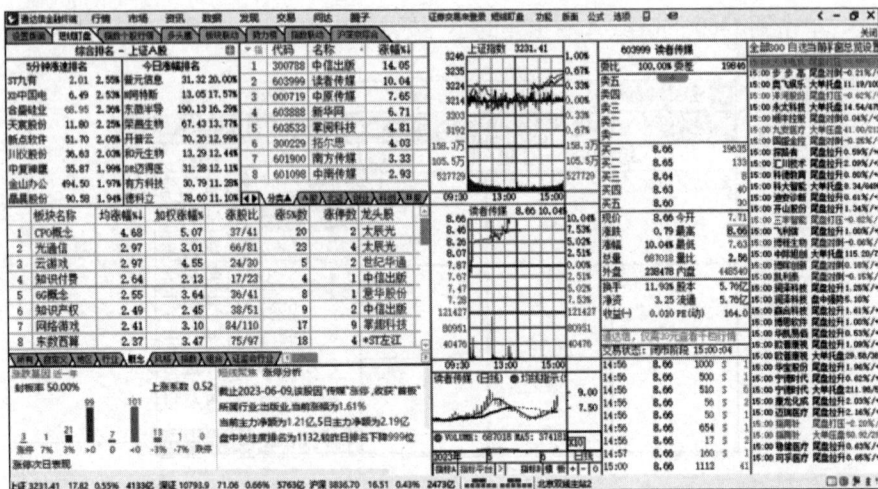

图 1-65 返回"短线盯盘"版面

最后适当调整区域大小，保存版面，完成设置。感兴趣的读者还可在图 1-62 的快捷菜单中选择"市场"选项，然后在子菜单中找到符合个人投资偏好的市场。

1.4 案例二：设置"热门板块与强势股发掘盯盘"界面

本节以热门板块与强势股发掘盯盘为例，对投资者做中短线投资，需要掌握市场的热门板块轮动规律，以及板块内部的强势股运动情况进行介绍。

"热门板块与强势股发掘盯盘"界面包括分析热点板块、个股行情列表、个股的分时图、日线图和周线图等，如图 1-66 所示。

下面按照先设计布局，再填充单元的步骤，完成"热门板块与强势股发掘盯盘"界面（以下简称"强势股发掘盯盘"界面）的设置。

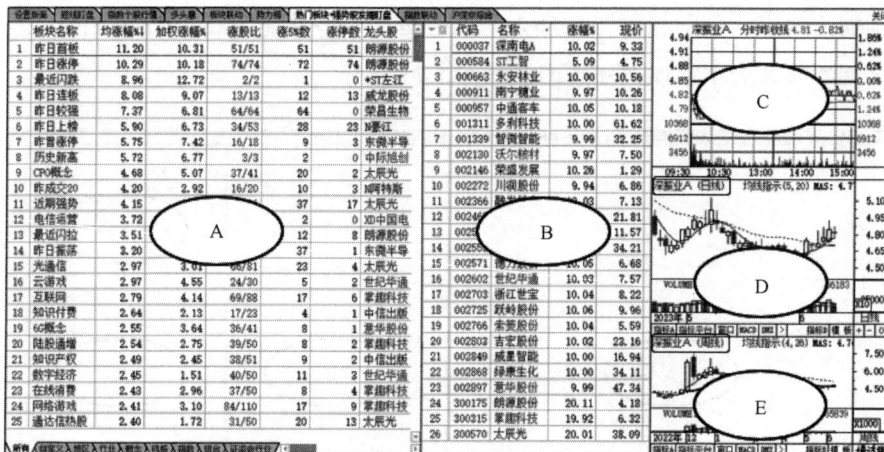

图 1-66　热门板块与强势股发掘盯盘界面效果

1.4.1　创建 "强势股发掘盯盘" 版面， 完成布局设计

首先，分析图 1-66 的区域划分情况。它包括区域 A、B、C、D、E，共五个区域。

其次，在白纸上绘制版面布局设计图，如图 1-67 所示。

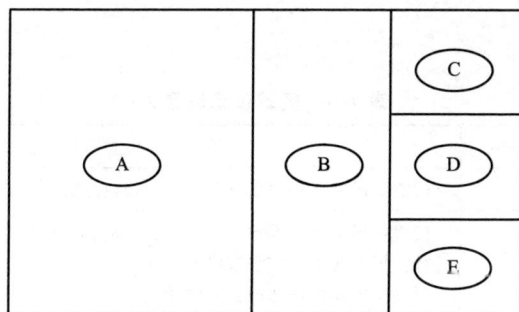

图 1-67　"强势股发掘盯盘" 界面的版面布局设计图

分析图 1-67 的区域划分，由于只有五个区域，相比图 1-55 实现起来更简单。

新建定制版面 "热门板块 + 强势股发掘盯盘"。按照区域划分先纵，再横的顺序，分别利用"左插入""上插入"等功能完成布局框架图。适当调整区域大小，保存新版面，如图1-68所示。

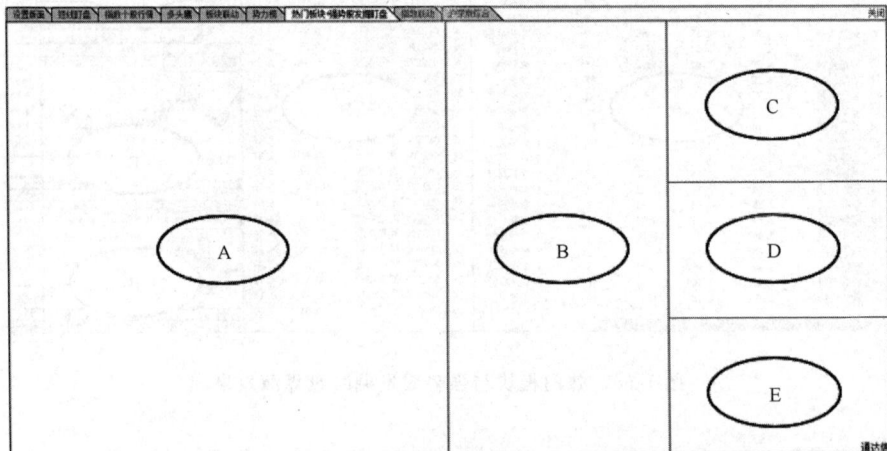

图1-68　成功保存的"强势股发掘盯盘"界面布局框架

1.4.2　按顺序设置版面单元2

仔细分析图1-66中每个区域中设置的单元内容，完成表1-3，记录各单元的设置顺序。

表1-3　区域单元设置2

界面效果图（图1-66）	单元内容设置顺序
区域A	行情资讯单元—报表分析单元—板块分析
区域B	行情资讯单元—固定市场—组间联动板块； 行情报价属性—按涨幅排名； 行情报价属性—选择行并联动
区域C	行情资讯单元—分时走势图—普通分时走势图
区域D	行情资讯单元—分析图—普通分析图
区域E	行情资讯单元—分析图—普通分析图

设定图1-68的"强势股发掘盯盘"界面进入设置状态，并打开"设置工具"窗口，参照表1-3的顺序逐个区域填充，如图1-69所示。

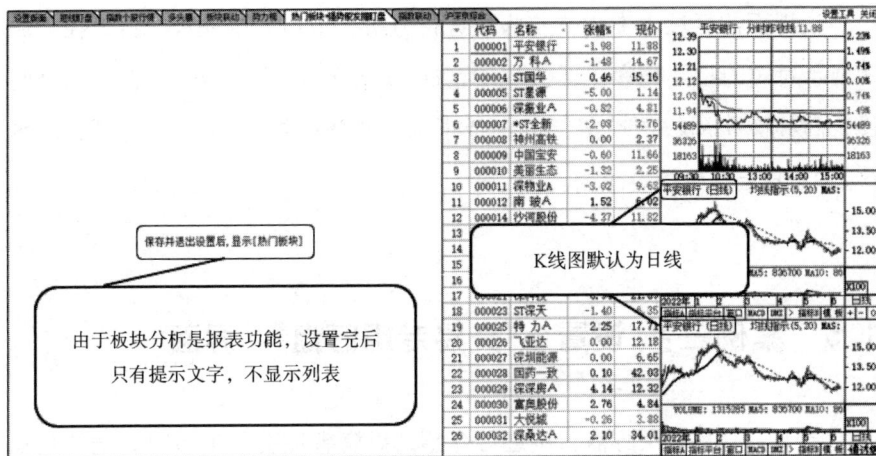

图 1-69 "强势股发掘盯盘"界面的区域设置

可以看到，图 1-69 中的区域 A 并不像区域 B 一样展示列表。这是由于区域 A 使用了报表功能，而非简单的列表展示。在版面处于设置状态时，仅显示提示文字；退出设置状态后，区域 A 将展示图 1-66 中的列表。

图 1-69 中的区域 D 和 E 在初始状态都是日线图。而图 1-66 中的区域 E 是周线图，设置方式为选中区域 E，使用键盘精灵输入"97"，按 Enter 键即可。

各区域微调后，保存版面，完成设置，如图 1-70 所示。

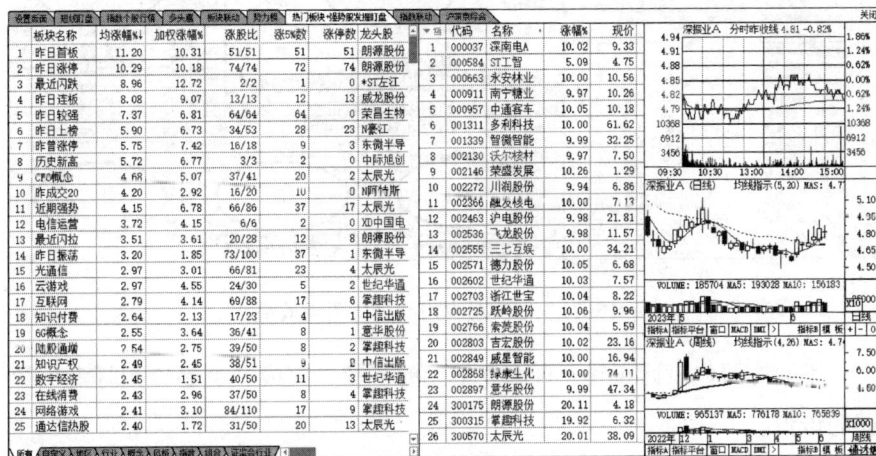

图 1-70 "强势股发掘盯盘"界面设置完成

该界面的区域 A 是对热点板块进行分析，单击其中任意一行，在区域 B 展示对应的股票列表。而区域 C、D、E 分别展示了同一只股票的分时图、日线图和周线图，便于投资者研判。选择区域 B 的任意个股，区域 C、D、E 会发生相应改变。

1.5 案例三： 设置 "交易专用盯盘" 界面

本节以交易专用盯盘为例进行介绍，投资者在交易下单时，通常是从自选股中选择要交易的个股，因此，需关注自选股的情况，掌握个股与大盘的相对强弱，以及个股的盘口和成交信息等。

"交易专用盯盘" 界面包括自选股行情列表、大盘的分时图、个股的日线图、分时图、盘口和成交信息等，如图 1-71 所示。

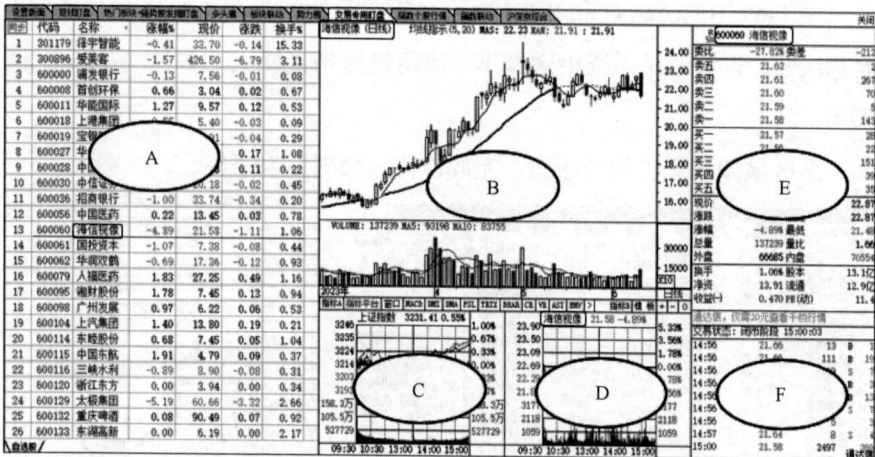

图 1-71 "交易专用盯盘" 界面效果

下面按照先设计布局，再填充单元的步骤，完成 "交易专用盯盘" 界面的设置。

1.5.1　创建 "交易专用盯盘" 版面，完成布局设计

首先，分析图 1-71 的区域划分情况。它包括区域 A、B、C、D、E、F，共 6 个区域。

其次，在白纸上绘制版面布局设计图，如图 1-72 所示。

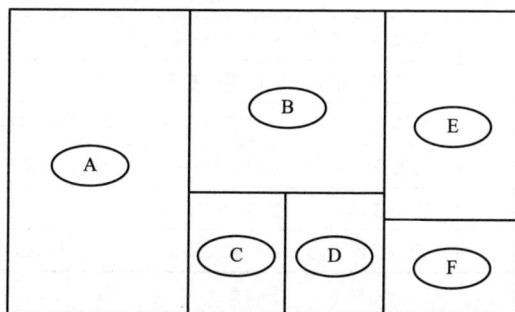

图 1-72　"交易专用盯盘"界面的版面布局设计图

分析图 1-72 的区域划分，尽管只有六个区域，分区的顺序与图 1-55 类似，也要先纵，再横，最后再纵。

新建定制版面"交易专用盯盘"，分别利用"左插入""上插入"等功能完成布局框架图。适当调整区域大小，保存新版面，如图 1-73 所示。

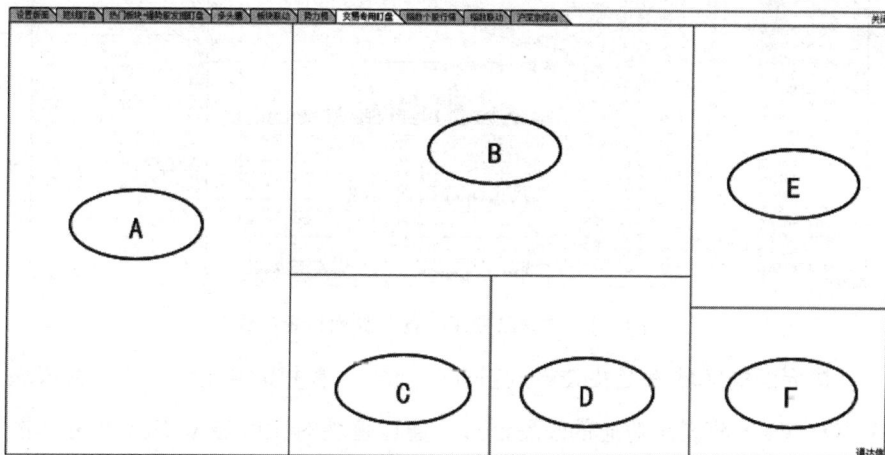

图 1-73　成功保存的"交易专用盯盘"界面布局框架

1.5.2 按顺序设置版面单元3

仔细分析图1-71中每个区域中设置的单元内容，完成表1-4，记录各单元的设置顺序。

表1-4 区域单元设置3

界面效果图（图1-71）	单元内容设置顺序
区域 A	行情资讯单元—固定市场—自选股
区域 B	行情资讯单元—分析图—普通分析图
区域 C	行情资讯单元—分时走势图—上证指数分时走势图
区域 D	行情资讯单元—分时走势图—普通分时走势图
区域 E	行情资讯单元—盘口行情信息
区域 F	行情资讯单元—分时成交明细—分时成交明细（单列）

设定图1-73的"交易专用盯盘"界面进入设置状态，并打开"设置工具"窗口，参照表1-5的顺序逐个区域填充，设置完成后保存版面，如图1-74所示。

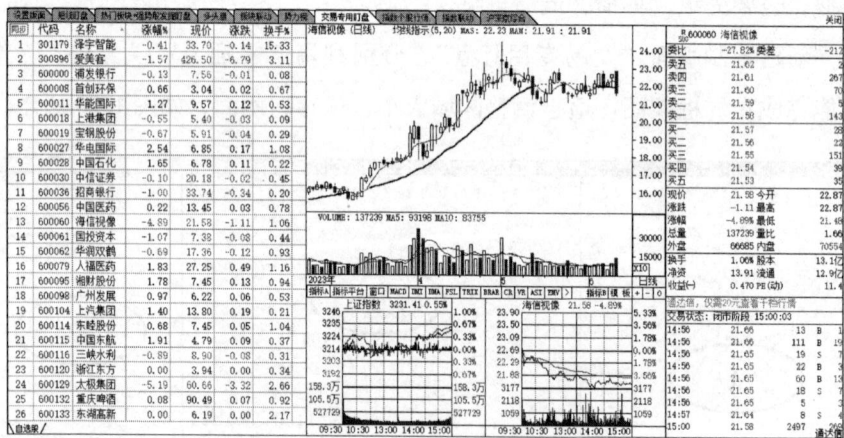

图1-74 "交易专用盯盘"界面设置完成

该界面的区域A是投资者的自选股列表，单击其中任意一行，在区域B、D、E、F将显示对应的股票信息。通过直观对比区域C的大盘分时图与区域D的个股分时图，便于找准日内下单的时点。

第 2 章

通达信公式编写的
基本知识

2.1　打造适合编写公式的软件和测试环境

投资者使用通达信炒股软件，除了可以定制个性化的盯盘界面，还可以借助公式系统，通过"股票列表"页面和"个股详情"页面，定制适合个人交易策略的指标公式和选股公式，打造属于自己的量化交易系统。

2.1.1　编写公式前安装一个不交易的炒股软件

编写公式不像计算机编程那么复杂，但仍需遵循计算机编程的一些基本知识，从而更好地利用通达信自带的公式系统量化工具。

首先应将日常交易的炒股软件与编写公式的炒股软件分开。保证投资者日常能够顺利交易——这不仅是炒股软件的首要任务，同时也是投资者个人最关心的问题。不能因为公式没有编好，无法投入交易实战，或者调试公式时把界面设置得十分混乱，会影响日常交易。最好的解决方法就是安装一个不交易的炒股软件，专门用于编写公式。

由于同一家券商的炒股软件大都不支持在一台计算机上同时运行两个账户，要实现一台计算机安装两套炒股软件，解决方案是下载与交易券商不同的炒股软件用于学习公式编写，也可去通达信官网下载普通版 PC 客户端。

参照计算机软件或者手机 App 的生产流程，投资者利用通达信炒股软件编写交易实战用的公式时，可以按照图 2-1 的流程操作。

安装好用来编写公式的新炒股软件后，投资者可以按照个人交易想法在新软件中创建公式、修改公式、调试公式的运行结果、删除公式等。本书后面介绍的公式操作，建议读者在编写公式的炒股软件中进行试验，不要影响日常交易的软件环境。

如果试验得出令投资者满意的公式，可通过公式导出和公式导入的方式，将其安装在日常交易的炒股软件中。操作流程类似于 1.2.5 介绍的版面导出与版面导入。

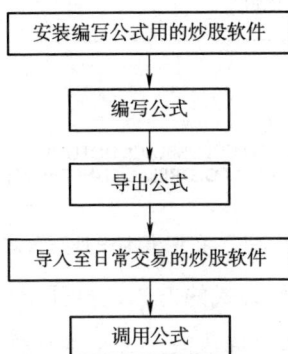

图 2-1　安全的公式编写生产流程

需要注意的是，不能删除或修改系统自带的公式。要想在系统公式的基础上进行个性化改造，变成令投资者满意的公式，需要先把系统公式"另存为"用户公式，然后再进行修改，且公式名称不能与系统公式重复。

2.1.2　如何将公式源代码安装到炒股软件及调用公式

在图 1-5 的个股详情界面使用的主图指标公式"均线指示"，是在系统公式"MA 均线"的基础上修改而成的。该公式只有下面四行语句，公式的语句也可称为公式源代码。下面分步骤把公式源代码安装到炒股软件中，并在主图调用公式。

```
MAS:MA(CLOSE,5),COLORGRAY;
MAM:=MA(CLOSE,20);
MAMH:IF(MAM>MAS,MAM,DRAWNULL),COLORBLACK,DOTLINE;
MAML:IF(MAM<=MAS,MAM,DRAWNULL),COLORBLACK,LINETHICK2;
```

第一步，在记事本中抄写公式。

在计算机中打开"记事本"软件，在编辑区抄写这四行语句，不要使用 Word 或者 WPS 等文字处理专用软件，如图 2-2 所示。注意，字母、数字和标点符号都不要抄错了，英文都用大写字母，标点符号也是英文输入状态的。此时的公式语句以文本格式临时存入"记事本"软件中，读者也可在个人计算机中保存该文件。

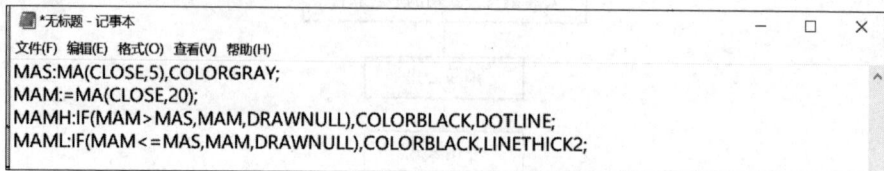

图 2-2　在记事本中抄写公式

第二步，通过新建指标公式的方式，打开指标公式编辑器。

打开任何一个股票软件（通达信、××证券都可以），按快捷键 Ctrl + F，打开"公式管理器"窗口，在左侧的公式树中选中"技术指标公式"，如图 2-3 所示。

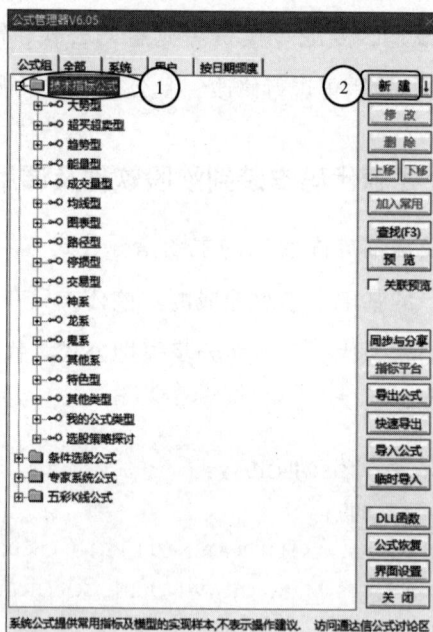

图 2-3　通过公式管理器，新建指标公式

单击右侧的"新建"按钮，打开"指标公式编辑器"窗口，如图 2-4

所示。这是一个空白的指标公式编辑器，后续将按图中所示的顺序安装公
式源代码。

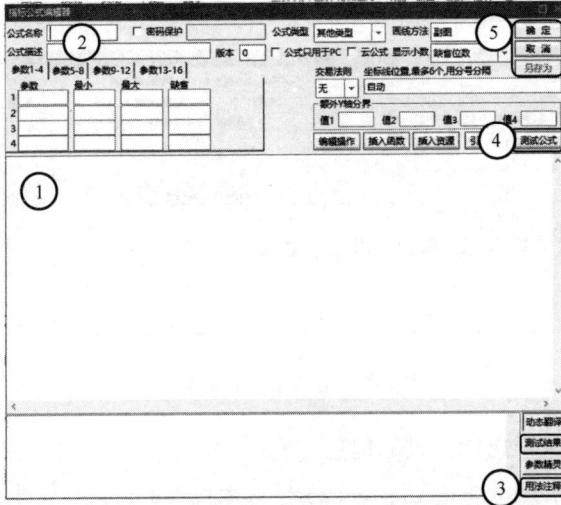

图 2-4　空白的指标公式编辑器（新建公式）

第三步，从记事本中复制公式，粘贴至公式编辑器。

返回记事本，如图 2-5 所示，按快捷键 Ctrl + A 全选编辑区中的文本，
然后按快捷键 Ctrl + C，将选中的文本复制。

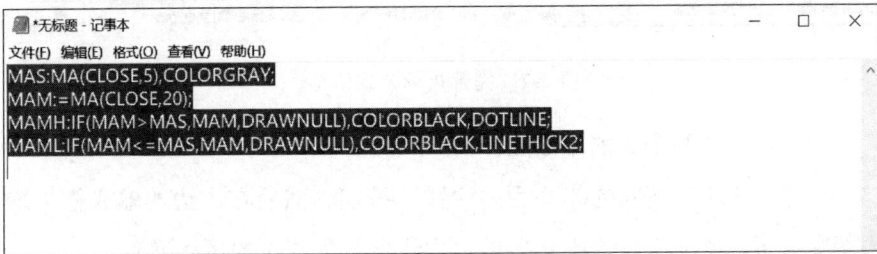

图 2-5　选中记事本中的文本并复制

返回"指标公式编辑器"界面，在图 2-4 中公式编辑区的中间空白处
①单击，此时光标在编辑区闪烁。然后按快捷键 Ctrl + V，将先前复制好
的记事本中的公式粘贴至图 2-6 中的空白编辑区。

对比图 2-6 中的公式编辑器与图 2-2 中的记事本，同样的公式源代码显示在不同的软件中，效果却不一样。公式编辑器对公式源代码具有自动检测识别功能，针对函数、变量和数字等类型的文本采用了不同颜色进行标识。

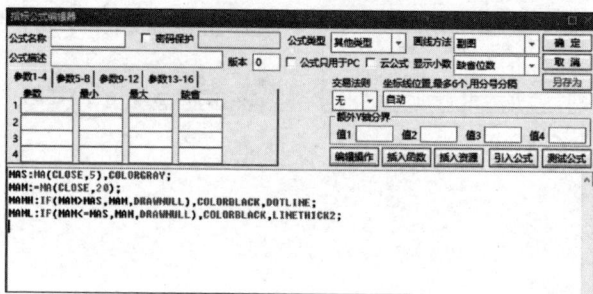

图 2-6　粘贴至公式编辑器

第四步，完善指标公式的信息。

参照图 2-7 将公式信息补充完整。分别在图 2-4 中的②"公式名称"输入框中输入"均线指示"，在"公式描述"输入框中输入"中期均线分段显示，大于短期画虚线，小于短期 2 号粗"。并将"画线方法"从默认的"副图"改为"主图叠加"。

图 2-7　完善指标公式信息

第五步，填写公式的用法注释。

单击图 2-4 右下角的③"用法注释"按钮，然后在左边的输入框中输入图 2-8 所示的文字。这段文字是"均线指示"公式的用法说明。

图 2-8　用法注释的输入框

"1．短期均线为 5 均，灰色。

2．中期均线为 20 均，黑色。若炒股软件选用黑色背景，可将中期均线改为白色。

修改方式为：将最后两行语句中的 COLORBLACK 改为 COLORWHITE 。

3．分段显示中期均线。

当中期均线大于短期均线时，中期均线为虚线。

当中期均线小于短期均线时，中期均线 2 号粗。"

第六步，测试公式无误后，保存公式。

单击图 2-4 中间的右侧④"测试公式"按钮，查看测试结果。此时，指标公式编辑器下方自动选中"测试结果"按钮，左侧文本框自动显示"测试通过！"。说明当前的公式源代码没有语法错误，且公式信息也没有填错。

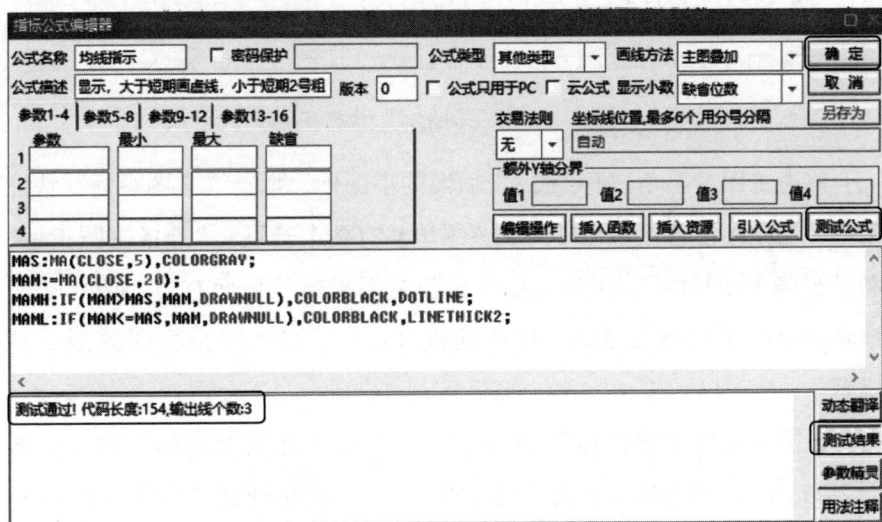

图 2-9 测试通过可以保存

最后，单击图 2-4 右上角的⑤"确定"按钮，保存公式。只需通过以上六个步骤即可把无参数的公式源代码安装到炒股软件中。

第七步，调用公式。

安装在炒股软件中的指标公式，需要通过专门的入口进行调用，也就是把指标在图表中画出来。下面介绍如何通过主图指标快捷菜单调用公式。任意打开一只股票的个股详情页，如图 2-10 所示的 603165 荣晟环保，图中只保留了主图的 K 线图，并且没有显示任何主图指标。

图 2-10　"主图指标"快捷菜单

单击主图左上角"（日线）"后面的小图标，弹出"主图指标"快捷菜单。当主图没有显示指标时，该菜单只有两个选项："选择主图指标"和"显隐主图指标"。另外，在"显隐主图指标"后面有"Tab"，表示该功能对应了快捷键 Tab。按快捷键 Tab，可将主图指标快速显示或隐藏。

选择"选择主图指标"选项，打开"请选择主图指标"窗口，如图 2-11 所示。找到刚才安装好的公式，在公式树中选择"均线指示……"选项，此时右侧上方提示该公式"无参数需要设置"，下方显示了在第五步设置好的用法注释。

最后，单击"确定"按钮，返回该股 K 线图的界面，如图 2-12 所示。

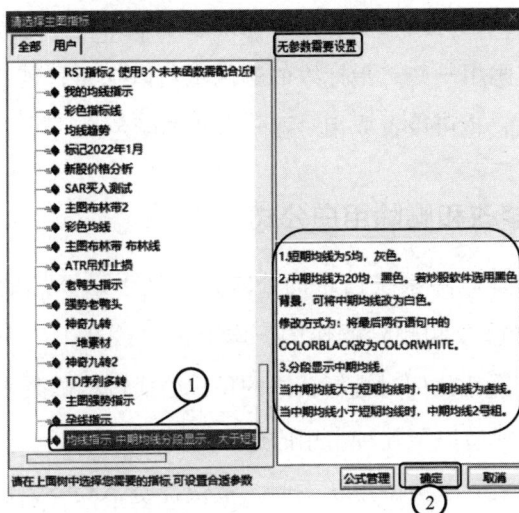

图 2-11   "请选择主图指标"窗口

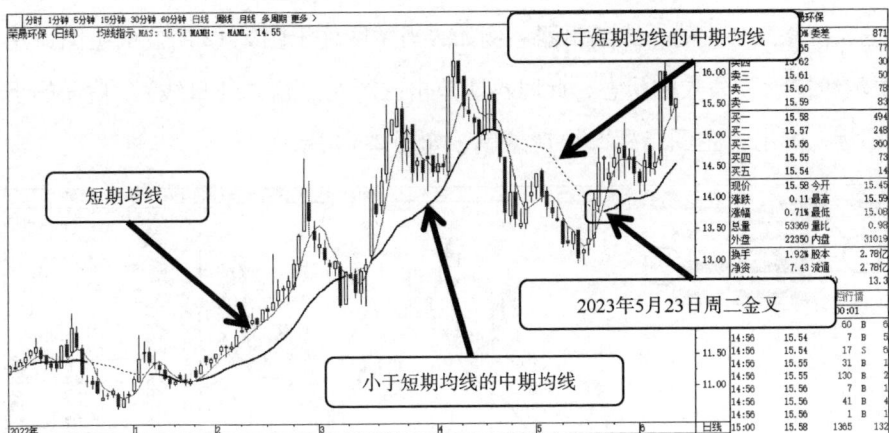

图 2-12   主图调用了"均线指示"公式的 K 线图

　　在图 2-12 中，灰色细线是短期的 5 日均线。当中期均线大于短期均线时，中期 20 日均线用细的灰色虚线表示。当中期均线小于等于短期均线时，中期 20 日均线用粗的黑色实线画出。

　　由于系统公式的"MA 均线"有八个参数，且颜色是自动分配的，日常使用时，通常是够用但又似乎感觉用不顺手的状态。通过公式编写，既可控制指标线的数量，还可修改指标线的显示效果，令投资者针对希望强调的指标线能够画粗一些，指标线的颜色也可以加重；需要弱化的指标线能够画细一点儿，也可设置成相对弱一点儿的颜色。

2.1.3 如何修改和删除用户公式

尽管我们不能删除系统自带的公式，但是手动添加的公式（用户公式）是可以进行修改和删除操作的。本节以修改 2.1.2 安装的"均线指示"公式为例，介绍如何对指标公式的用户公式进行修改和删除。

修改指标公式有以下几种常用的进入方法：

方法①：公式处于被调用状态时，按快捷键 Alt + S，快速进入待修改公式的公式编辑器。

方法②：公式处于被调用状态时，利用"主图指标"快捷菜单，快速进入待修改公式的公式编辑器。例如，当主图处于图 2-12 所示的主图调用"均线指示"公式的状态，此时再次单击主图左上角"（日线）"后面的小图标，弹出"主图指标"快捷菜单，如图 2-13 所示。

图 2-13 "主图指标"的快捷菜单 2

当主图调用了公式时，只有第一个菜单"选择主图指标"与图 2-10 的菜单选项相同，此外还有五个选项："指标用法注释""调整指标参数"

"修改当前指标公式""分析当前公式"和"删除当前指标"。图 2-10 的"主图指标"快捷菜单是主图没有调用指标的状态；而图 2-13 的主图指标快捷菜单是主图调用了某个指标公式时的状态。

选择"修改当前指标公式"选项，打开"修改公式编辑器"窗口，如图 2-14 所示。此时，公式编辑器中自动填入了"均线指示"公式的信息和源代码，并且处于可以修改的状态。

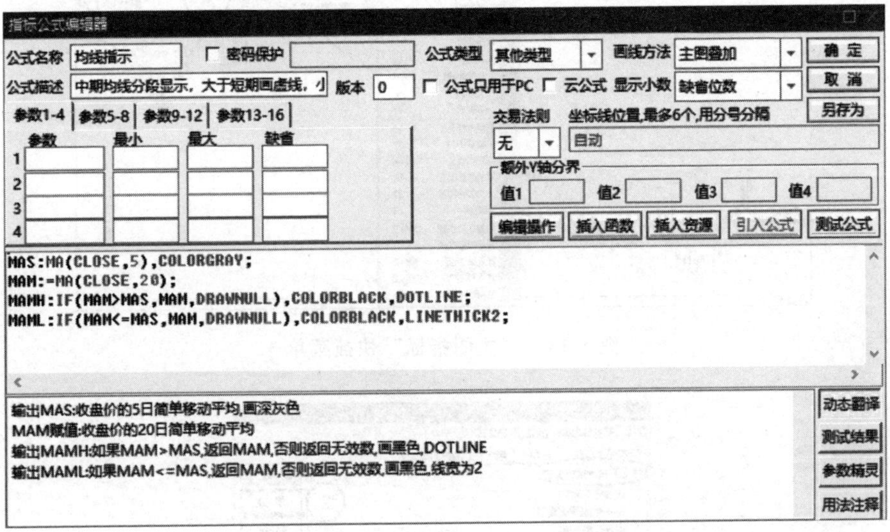

图 2-14　填有公式源代码等信息的指标公式编辑器（修改公式）

方法③：公式处于被调用状态时，在主图右击，弹出"主图"快捷菜单，如图 2-15 所示，选择"主图指标"→"修改当前指标公式"选项，也可打开图 2-14 所示的修改公式的公式编辑器。

在图 2-15 中，主图指标的子菜单既包含图 2-10 的菜单选项，还包含图 2-13 的菜单选项，此外还有一个"临时叠加其他指标"选项。使用此功能可在主图叠加多个指标公式，既可选择图 2-11 中的主图指标公式，还可叠加副图指标公式。

方法④：通用入口——无论指标公式是否被调用，利用公式管理器中的"修改"按钮。按快捷键 Ctrl + F，打开"公式管理器"窗口，在左侧的公式树中，选择"技术指标公式"→"其他类型"→"均线指示……"，如图 2-16 所示。单击右侧的"修改"按钮，同样可打开图 2-14 所示的修改公式的公式编辑器。

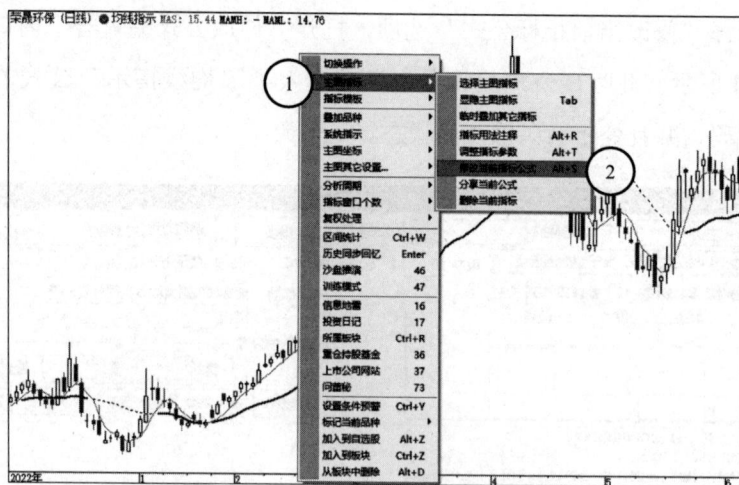

图 2-15　"主图指标"快捷菜单 3

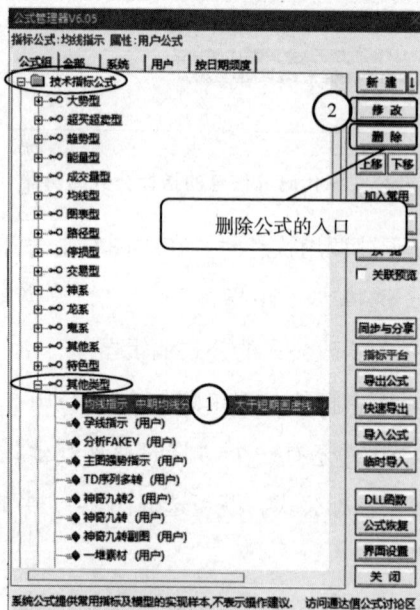

图 2-16　公式管理器（修改公式）

通过介绍四种进入修改公式的方法，说明通达信的公式系统是一个开放的系统，投资者可以灵活地修改用户公式。无论采用哪种方法，进入的修改公式界面都是相同的。

若要删除用户公式，只能采用方法④的通用入口。操作流程为：在图 2-16 所示的公式管理器中，选择"技术指标公式"→"其他类型"→"均线指示……"，单击右侧的"删除"按钮，弹出如图 2-17 所示的对话框，提示信息为"是否删除公式均线指示"。

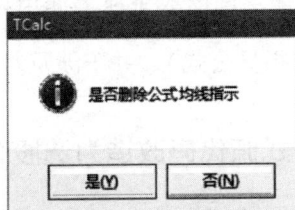

图 2-17　删除公式的提示信息

单击"是"按钮，在弹出的"公式管理器"窗口的上方出现提示文字"指标公式：均线指示属性：用户公式已删除"，并且公式树中保留了"均线指示"公式，但前面的小图标变为感叹号，如图 2-18 所示。

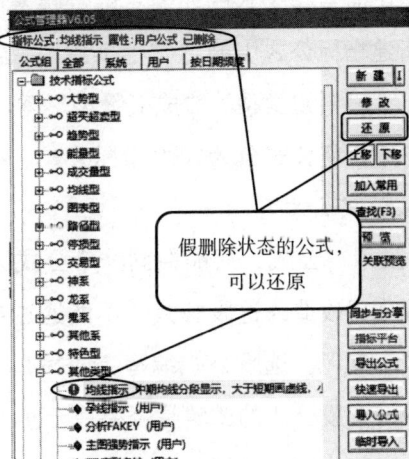

图 2-18　公式管理器（假删除状态的公式）

这时被删除的公式处于"假删除"状态，类似计算机操作系统中的回收站功能。单击右侧的"还原"按钮，可将公式恢复到正常状态。假删除状态的公式只有在重启炒股软件后才算删除成功，不再出现在公式管理器的公式树中。这样设计的好处是防止投资者对自编公式的误操作，第一次删除仅做提示，并没有真的在软件中删除。

需要注意的是，"删除公式"与"删除当前指标"是完全不同的两个功能。删除公式是在公式系统中删除某个公式，不再保留该公式的源代码。"删除当前指标"是针对指标公式处于调用状态时，将其改为不调用的状态（不在图表中使用指标公式），并不涉及对公式源代码的处置。

2.1.4　如何将指标公式源代码改造为选股公式

公式源代码是公式编写的核心部分，看上去像是计算机编程的语句，实际上比计算机编程容易多了。公式编写不需要掌握某种编程语言的开发架构与实现原理，只需掌握基本的数学公式和逻辑，利用公式编辑器的"插入函数""引入公式""测试公式""动态翻译"等功能，便能把交易想法编写成公式。

编写公式源代码还需与"公式的大类"结合起来理解。这里说的"大类"不是指图 2-4 新建指标公式中的"其他类型"，也不是图 2-18 公式编辑器中的"大势型""超买超卖型""成交量型"等。而是特指公式管理器依据公式的使用场景，将公式分为技术指标公式、条件选股公式、专家系统公式和五彩 K 线公式四大类。

2.1.3 提到的修改用户公式，只能在同一个公式大类中进行。如果想把一个指标公式的源代码改造为选股公式，不能通过修改公式的路径，只能采取新建选股公式来实现。选股公式编写完成后，一定要执行选股，通过分析选股结果，验证选股公式的逻辑是否编写无误。

例如，将 2.1.2 安装的"均线指示"指标公式源代码，改造为 5 均线上穿 20 均线的金叉选股公式，操作步骤如下。

第一步，通过新建选股公式的方式，打开条件选股公式编辑器。

按快捷键 Ctrl + F，打开"公式管理器"窗口，在左侧的公式树中选择"条件选股公式"选项，如图 2-19 所示。

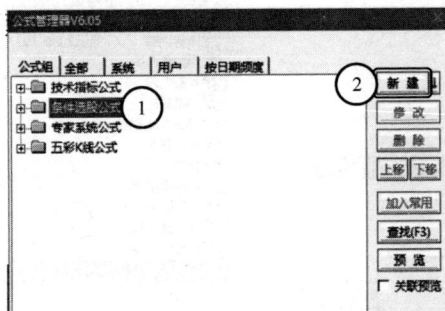

图 2-19　"公式管理器"窗口（新建选股公式）

单击右侧的"新建"按钮，打开"条件选股公式编辑器"窗口，如图 2-20 所示。这是一个空白的条件选股公式编辑器，布局与图 2-4 类似，但没有显示设置功能。

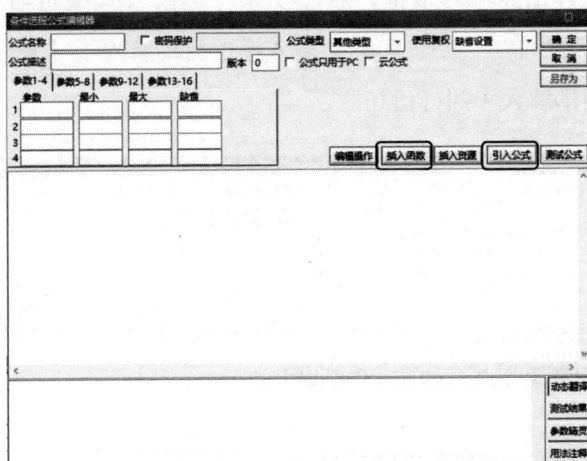

图 2-20　空白的条件选股公式编辑器（新建公式）

第二步，通过引入公式，自动填写指标公式源代码。

单击图 2-20 中间的"引入公式"按钮，弹出如图 2-21 所示的提示框，提示"是否覆盖现有公式名称"。

单击"是"按钮，弹出"选择指标"对话框，如图2-22所示。

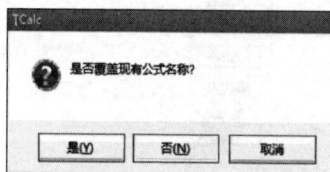

图2-21 是否覆盖公式名称的提示信息　　　图2-22 "选择指标"对话框

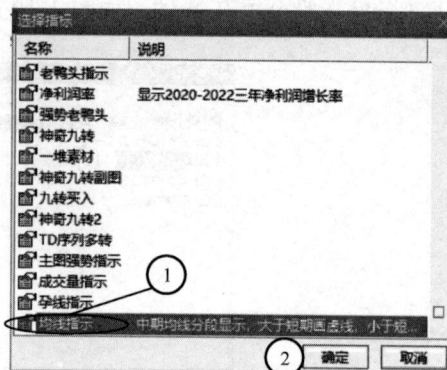

由于"均线指示"指标公式是新创建的用户公式，将选择框右侧的滑块拖动至最下方，找到"均线指示"，选中后单击"确定"按钮。

关闭"选择指标"对话框，返回"条件选股公式编辑器"窗口，如图2-23所示。此时在"公式名称"输入框中自动填入了"均线指示"，公式源代码也自动填入了四行语句。

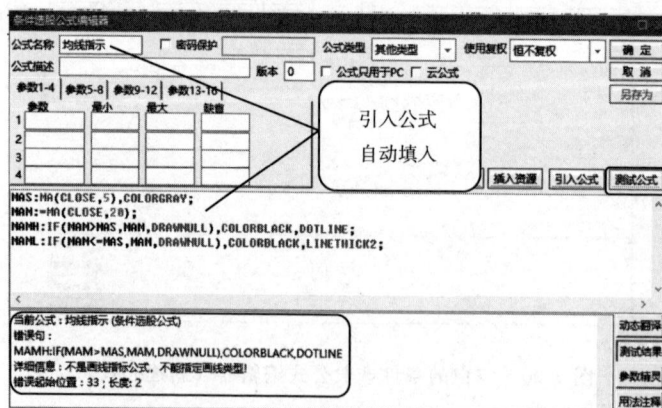

图2-23 自动填入公式源代码

第三步，改造公式源代码。

由于引入的公式源代码是指标公式，而当前的公式编辑器是选股公式编辑器，单击图 2-23 中的"测试公式"按钮，在测试结果中可以看到错误提示"不是画线指标公式，不能指定画线类型！"。

本例中要编写的是金叉选股公式，只需保留语句中的 MA（CLOSE，5）和 MA（CLOSE，20）这两段，将其他部分都删除。

然后增加判断是否为金叉的函数 CROSS。单击图 2-20 中的"插入函数"按钮，弹出"插入函数"窗口，如图 2-24 所示。

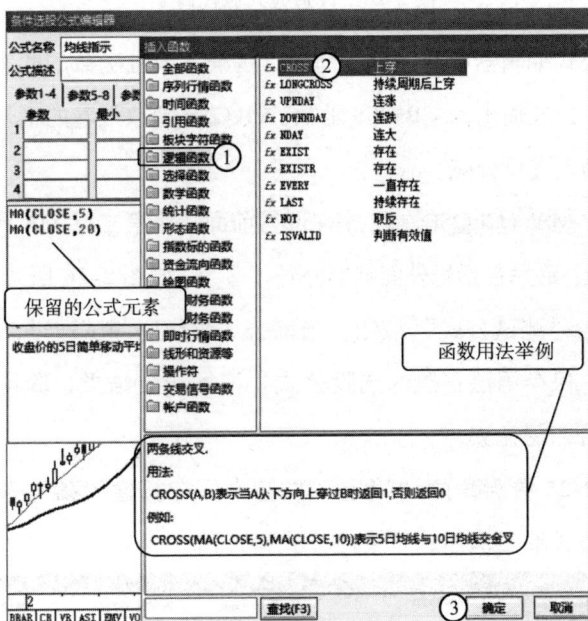

图 2-24　改造公式源代码 1

在"插入函数"窗口中选择"逻辑函数"选项，右侧为该类型下的所有函数，选择第一个"CROSS 上穿"函数，可以看到该函数的用法举例。

CROSS 函数有两个输入 A 和 B，分别表示不同的指标线。它的输出值是当第一根指标线 A 从下方穿过第二根指标线 B 时，输出值为 1，否则为 0。即技术分析中，当指标线 A 与指标线 B 形成金叉时，输出 1。

在图 2-24 中选中第一个函数"CROSS 上穿"后，单击"确定"按钮，返回图 2-25 所示的"条件选股公式编辑器"窗口。

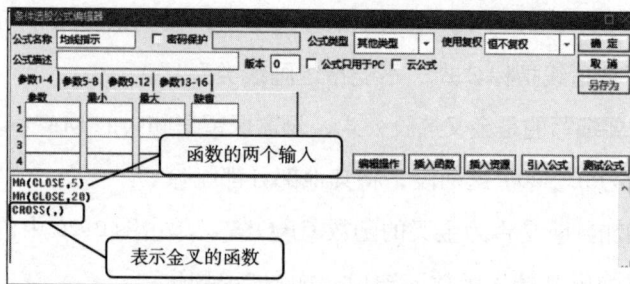

图 2-25　改造公式源代码 2

此时的公式编辑器中有三行：前两行是准备放进函数的两个输入，第三行是准备作为公式输出的 CROSS 函数。CROSS 函数跟着的括号中，有个逗号，用于对输入进行分隔。

将第一行 MA（CLOSE，5）放在逗号前面，将第二行 MA（CLOSE，20）放在逗号后面，最后在括号外面补上分号"；"，如图 2-26 所示。

再次单击"测试公式"按钮，当前公式源代码测试通过，可以保存。

第四步，保存语法正确的选股公式。根据选股结果，验证选股公式在逻辑方面是否编写无误。

单击图 2-26 右上角的"确定"按钮，保存新建的条件选股公式，关闭条件选股公式编辑器后，再关闭公式管理器。

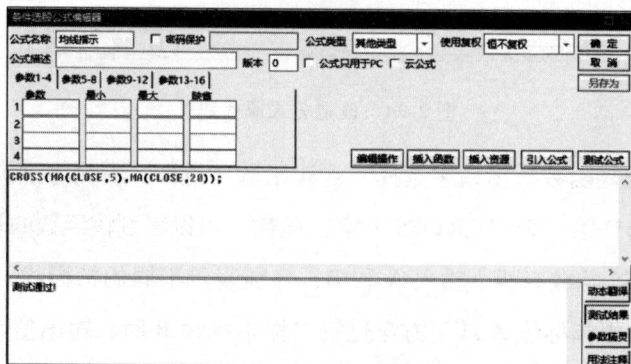

图 2-26　改造公式源代码 3

返回图 2-12，个股 603165 荣晟环保的最近一个金叉于 2023 年 5 月 23 日周二出现。只要我们条件选股能够指定在 2023 年 5 月 23 日这一天，选出 603165 荣晟环保这只股票，说明选股公式在逻辑方面没写错。

按快捷键 Ctrl + T，打开"条件选股"窗口，在"条件选股公式"中选择"均线指示"选项，如图 2-27 所示。

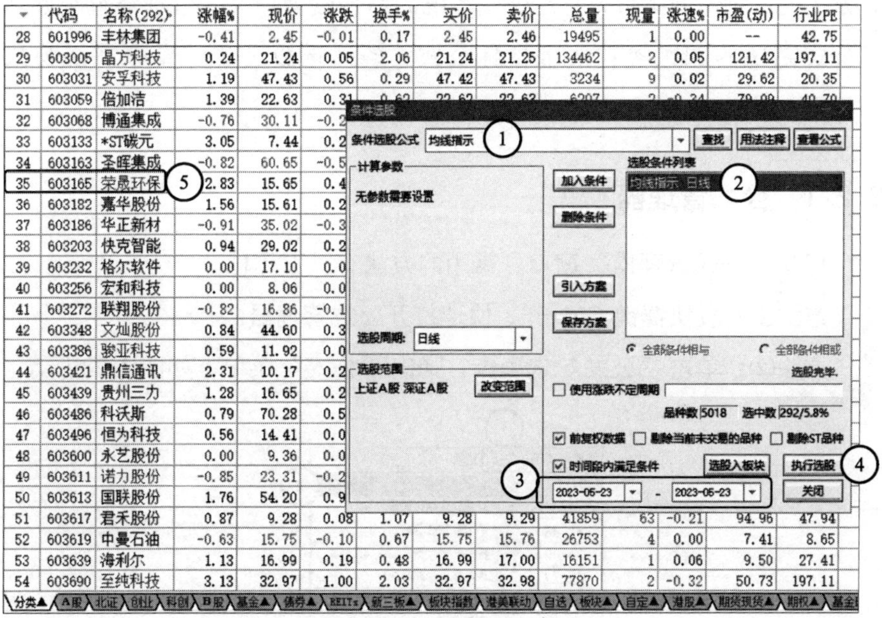

图 2-27　执行选股

单击"加入条件"按钮，可以看到"选股条件列表"中出现了"均线指示日线"。

选中"时间段内满足条件"复选框，并在开始日期和结束日期都填入 2023-05-23。

最后单击"执行选股"按钮，等待选股结束。

可以看到，本次从 5 018 只股票中选出了 292 只，选中率为 5.8%。界面自动展示为选中股票的列表，在列表中可以找到 603165 荣晟环保，说明公式的选股逻辑编写无误。

2.2 公式管理器与四大类公式的实战应用

与版面管理器类似，公式管理器也是从宏观视角，对炒股软件中的所有公式进行管理的工具，它是公式系统的后台管理。公式管理器直观展示了公式系统的四大类：技术指标公式、条件选股公式、专家系统公式和五彩 K 线公式。

2.2.1 公式管理器

打开"公式管理器"窗口，常用的方法有以下几种。

方法①：按快捷键 Ctrl + F，快速打开公式管理器。

方法②：单击"公式"选项卡，弹出"公式"菜单，如图 2-28 所示。

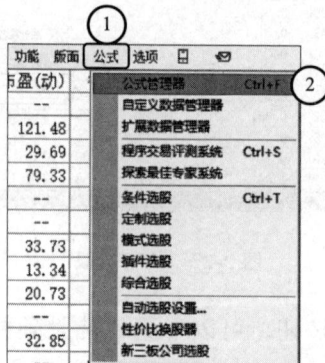

图 2-28 "公式"菜单

选择"公式管理器"选项，打开如图 2-29 所示的"公式管理器"窗口。

方法③：通过选择主图指标窗口进入。在图 2-11 所示的"请选择主图指标"窗口，单击右下角的"公式管理"按钮，打开公式管理器。

方法④：通过专家系统指示功能的选择公式窗口进入。在图 2-15 所示

的"主图"快捷菜单，选择"系统指示"选项，然后在子菜单中找到
"专家系统指示"（或者按快捷键 Ctrl + E），如图 2-30 所示。

图 2-29　"公式管理器"窗口　　　　图 2-30　"系统指示"菜单

打开与图 2-11 类似的"专家系统指示"窗口，该窗口专门用于选择
专家系统指示的公式，如图 2-31 所示。单击右下角的"公式管理"按钮，
也可打开如图 2-29 所示的公式管理器。

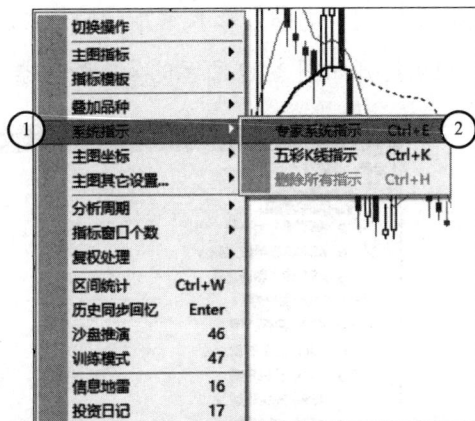

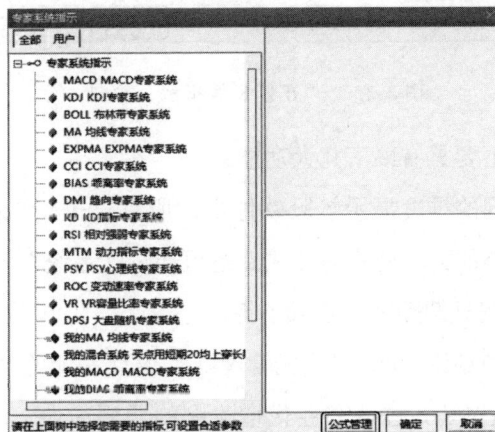

图 2-31　"专家系统指示"窗口

方法⑤：通过五彩 K 线指示功能的选择公式窗口进入。在图 2-30 所示的"主图"快捷菜单，选择"系统指示"→"五彩 K 线指示"选项（或者按快捷键 Ctrl＋K），打开"五彩 K 线指示"窗口，如图 2-32 所示，该窗口专门用于选择五彩 K 线指示的公式。单击右下角的"公式管理"按钮，也可打开如图 2-29 所示的公式管理器。

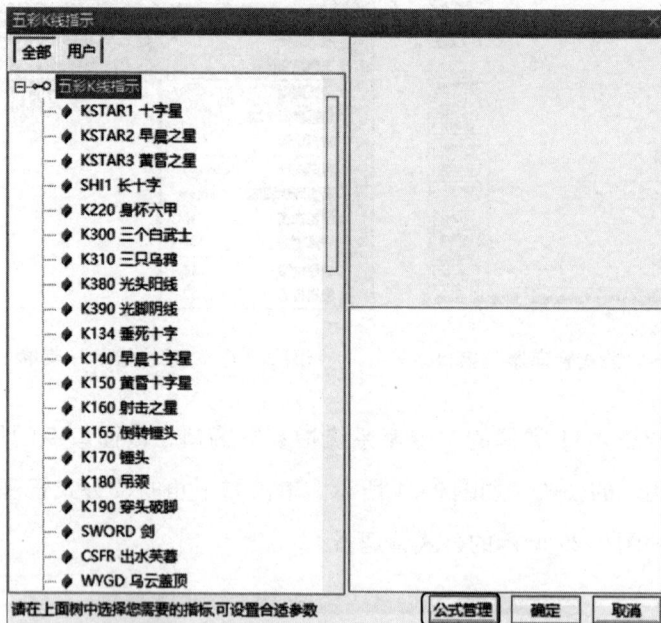

图 2-32　"五彩 K 线指示"窗口

公式管理器主要具有以下几大功能：

第一，从不同的维度展示炒股软件中的所有公式。"公式管理器"窗口既可通过四大类的公式树查看公式，还可通过"系统"和"用户"选项卡查看，还有"按日期频度"选项卡等。

第二，新建和删除公式。"公式管理器"窗口右侧的"新建""修改""删除"按钮，是对公式进行个性化增改删的通用入口。注意，同一大类的公式名称不能重复，但不同大类可以使用相同的公式名称。图 2-26 所示为编写的与指标公式同名的选股公式"均线指示"。

第三，根据名称检索公式。按快捷键 F3，可以逐个查看检索公式的结果。

第四，调整公式顺序。公式管理器"窗口右侧的"上移"和"下移"按钮，可以调整选择公式窗口中显示公式的顺序。

第五，公式预览。选中某个指标公式或者专家指示公式，使用"预览"按钮，可以在分析图表中预览指示效果。

第六，公式分享平台。通达信公式系统具有多种公式分享功能，可以导入和导出公式、利用指标平台、批量导出 TXT 文件等。

2.2.2　综合应用指标公式与选股公式寻找高质量的交易机会

指标公式和选股公式是最常用的两大类公式。在 2.1 讲解了"均线指示"指标公式，以及改写成选股公式，对这两大类公式建立了基本认识。

指标公式的主要应用场景是针对一只股票，采用某种量化计算方法，在每个时间周期上计算指标数值，然后把这些数值连接成线。例如，图 2-12 是主图处于调用"均线指示"指标公式的状态，图中有三条指标线：灰色的 5 均线和两条不同状态的 20 均线。

指标公式允许有多个输出线。这些输出线包括文字、数字、图标、曲线、直线、折线、K 线、柱状线、带状线等，形式多样，色彩丰富。熟练编写指标公式，可以定制个性化的交易图表。

选股公式的主要应用场景是抓取某个特征点，也就是抓取指标数值的特征点，然后以此特征为基础来制定选股标准（选股条件），快速扫描几千只股票在指定时间周期上的每个指标数值。如果符合标准，就选出股票，最后将筛选出的所有结果以"股票列表页界面"形式呈现。例如，图 2-27 是从 5 018 只股票中选出了 292 只的股票列表。

条件选股公式有且仅有一个输出，它是逻辑判断的布尔值。在筛选股票的过程中，逐只股票进行判断，并且在指定的时间段内，对每一个时间点上的数值进行判断。如果满足条件，则为真，即输出 1，选中个股；如果不满足条件，则为假，输出 0，不选中个股。

实战中对指标公式和选股公式的综合运用，体现了从一只股票的所有特征到一个特征的所有股票之间的相互转换。这是对技术分析中"历史会重演"的实际应用，也体现出逻辑思维方法的归纳法与演绎法的辩证关系。

以 5 均线上穿 20 均线的金叉选股为例，该选股策略源于移动平均线分析技术，当短期均线上穿中期均线，后续可能走出短期的上升趋势。但技术分析的结果并不是说只要出现 5 均线上穿 20 均线形成金叉，后续一定会出现短期上升趋势。

应该如何验证该策略是否有效？或者说在什么条件下成功率更高一些，出现短期上升趋势的概率更大一些呢？在图 2-27 "条件选股"窗口中，利用"时间段内满足"这个功能便是我们在技术分析时从历史中找规律的重要工具。

通过在历史走势中找到符合选股条件的走势图，然后再做图表分析训练及特征点的公式优化，就可以打磨适合个人投资风格的交易策略。这个交易策略既包含选股公式，还包含配套的指标公式，综合运用两种公式可以更容易找到高胜算、高质量的交易机会。

2.2.3 专家指示公式的应用场景

专家指示公式的主要应用场景是通过设定技术指标的买点和卖点，将某个时间点上符合条件的 K 线，在主图中用红色上箭头或者绿色下箭头图标进行标记。在图 2-31 中可以看到，系统自带了多个常用技术指标的买卖点指示。

使用方法：在主图不调用任何指标公式的情况下，打开如图 2-31 所示的窗口，选择"RSI 相对强弱专家系统"选项，如图 2-33 所示。

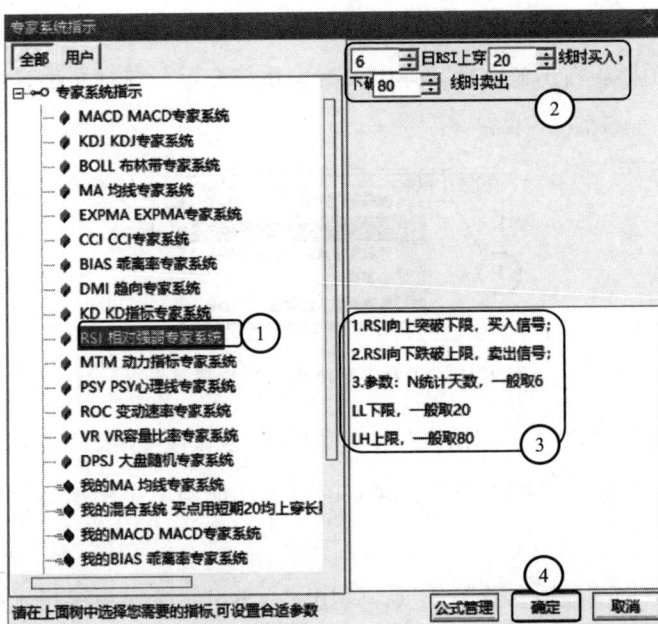

图 2-33　选择 "RSI 相对强弱专家系统" 选项

使用默认的参数设置（6，20，80）。在③用法注释中，提示当 RSI 指标线上穿 20 线时，在 K 线下方提示买入信号；当 RSI 指标线下破 80 线时，在 K 线上方提示卖出信号。单击 "确定" 按钮，关闭 "专家系统指示" 窗口，返回主图，如图 2-34 所示。

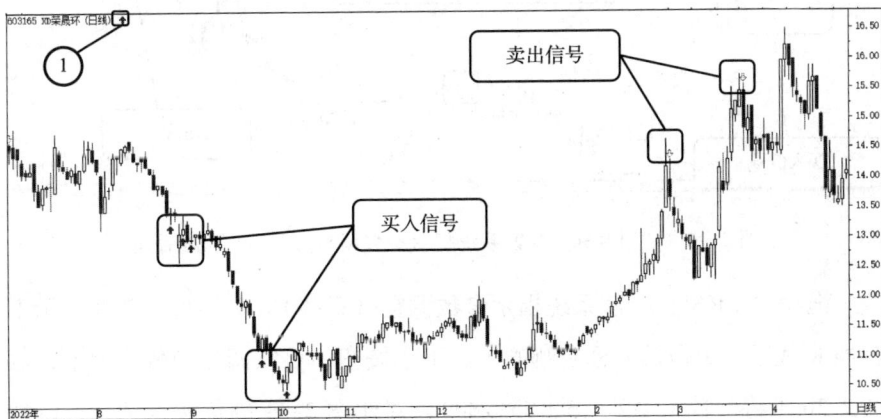

图 2-34　带有 RSI 相对强弱专家系统指示的主图

使用专家系统指示功能后，在主图左上角"（日线）"后面出现了一个上箭头小图标。右击该图标，弹出"专家系统指示"快捷菜单，如图 2-35 所示。

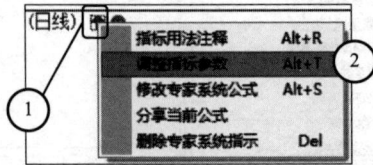

图 2-35　"专家系统指示"快捷菜单

对比图 2-13 的"主图指标"快捷菜单，"专家系统指示"快捷菜单除了不具备选择专家公式的入口外，现有的五个功能与"主图指标"快捷菜单一样。

选择"调整指标参数"选项，弹出"［RSI］专家系统指示参数调整（日线）"对话框，如图 2-36 所示。

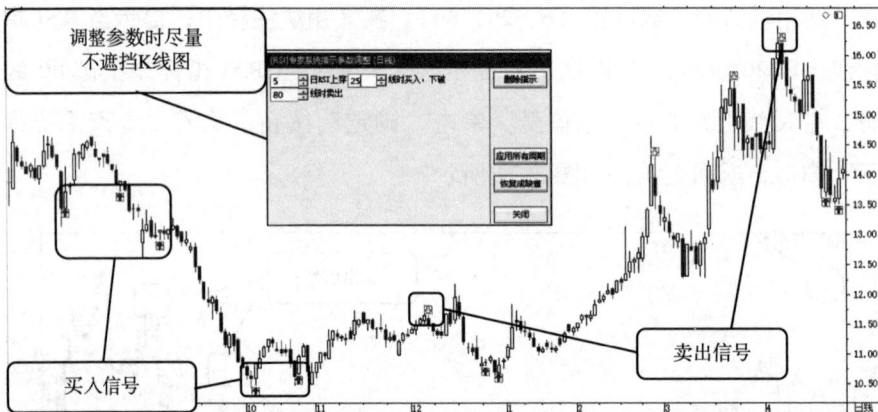

图 2-36　"［RSI］专家系统指示参数调整（日线）"对话框

拖动"［RSI］专家系统指示参数调整（日线）"对话框，使其尽量不遮挡 K 线图。单击输入框右侧的上、下小按钮，可以调整参数的大小，如图 2-36 中将参数调整为（5，25，80）。对比图 2-34 的买卖点指示，调整前两个参数，买入信号和卖出信号在好几个位置均发生变化。

2.2.4　专家指示公式与选股公式的综合实战应用

通过主观调整参数，使得客观技术分析工具变得灵活，这是很多交易者认为技术指标不可控的理由之一。实战中应如何利用专家公式的买卖点指示呢？到底设置什么样的参数组合才是最佳的呢？

（1）利用道氏理论、均线和辅助线等过滤器，综合研判买点位置。

通常技术指标买卖点是需要结合过滤器一起使用的。过滤器的目的就是提供价格的趋势指向。由于买卖点是中短期的交易提示信号，对于做多的交易者来说，下降趋势中的买入信号应主观忽略掉（不做交易），如图 2-37 所示。

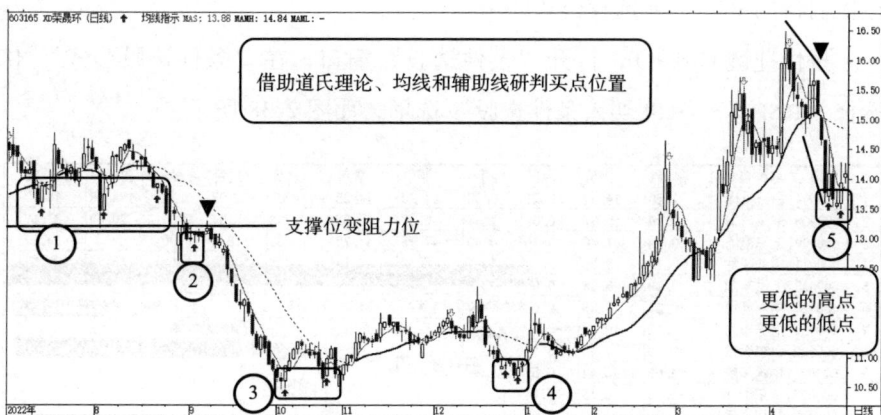

图 2-37　RSI 相对强弱专家系统指示 + 均线指示

将图 2-37 中的买点信号分为五组。

第一组有三个买点信号，均出现在横盘整理的低位附近。

第二组有一个买点信号，出现在 5 均线与 20 均线拐头向下发散时，后续的反弹没有突破前面的支撑线，此时支撑位变成阻力位。

第三组有两个买点信号，出现在 20 均线的下降趋势接近尾声的时候。

第四组有两个买点信号，出现在 5 均线与 20 均线黏合了一段时间后，比第三组买点的价位更高。

第五组有两个买点信号，类似于第二组，也出现在 5 均线与 20 均线拐头向下发散。并且这个买点信号之前的走势已经形成了更低的高点，而第五组买点本身与前面的低点又形成了更低的低点。说明这是一个短期下降趋势。

这五组买点信号中，第四组买点信号可以作为高质量的交易机会，及时进场交易。

（2）利用选股公式找出大量历史走势图，验证买点策略的效果。

假如选择第四组买点信号作为交易策略来使用，首先仍需要从历史中找规律。看看历史上形成这种走势的股票，后续形成中期趋势的概率有多大。这就要用到与 RSI 相对强弱专家系统指示配套的选股公式了，使用通达信自带的 RSI 买入选股公式即可。

按快捷键 Ctrl + T，打开"条件选股"窗口，在"条件选股公式"中选择"RSI 买入-RSI 买入条件选股"选项，如图 2-38 所示。

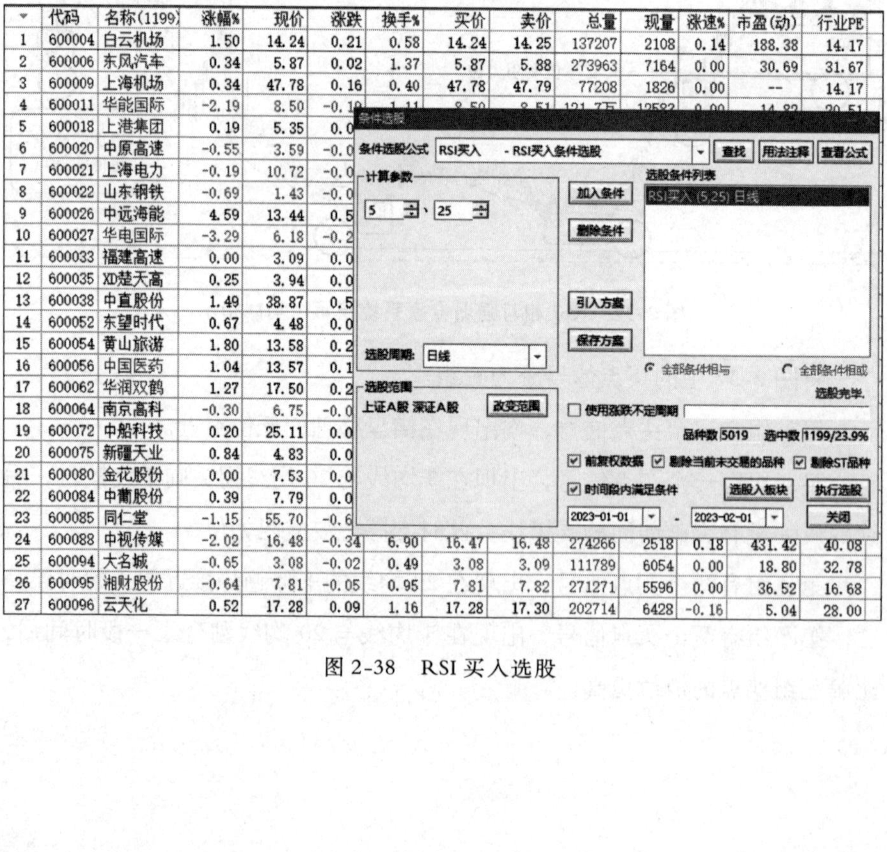

图 2-38　RSI 买入选股

在"计算参数"中，分别将第一个参数设置为 5，第二个参数设置为 25，单击"加入条件"按钮，可以看到"选股条件列表"中出现了"RSI 买入（5，25）日线"。

选中"剔除当前未交易的品种"和"剔除 ST 品种"复选框。

选中"时间段内满足条件"复选框，并在开始日期中填入 2023-01-01，在结束日期中填入 2023-02-01。

最后单击"执行选股"按钮，等待选股结束。

可以看到，本次从 5 019 只股票中选出了 1 199 只，选中率为 23.9%。也就是说，在 2023 年 1 月的所有交易日，有近四分之一的股票出现了 RSI 买入信号。下面分别查看个股的 K 线图。

例如，选择列表中的第一只股票白云机场（600004），如图 2-39 所示。

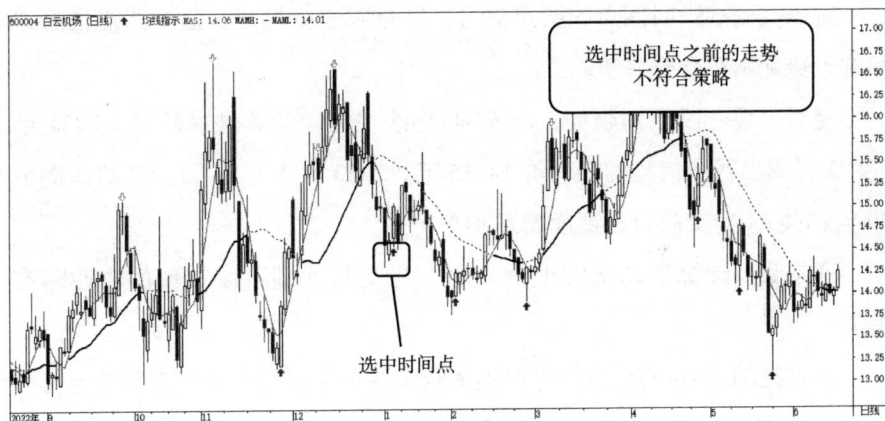

图 2-39　检查买点策略 1

尽管图中有很多的买点信号，首先找到选股公式选中该股的时间点，并对它进行标记。

然后观察该买点信号之前的走势，是否与图 2-36 中的第四组买点信号类似。很明显图 2-39 的选中时间点不符合第四组买点信号的特征。例如，前面没有一段 20 均线指示的下降趋势，也未出现均线黏合。即使该买点信号比前一个买点信号的价位更高，由于不符合前面制定的交易策略，不应进行交易。

再如生益科技（600183），如图 2-40 所示。

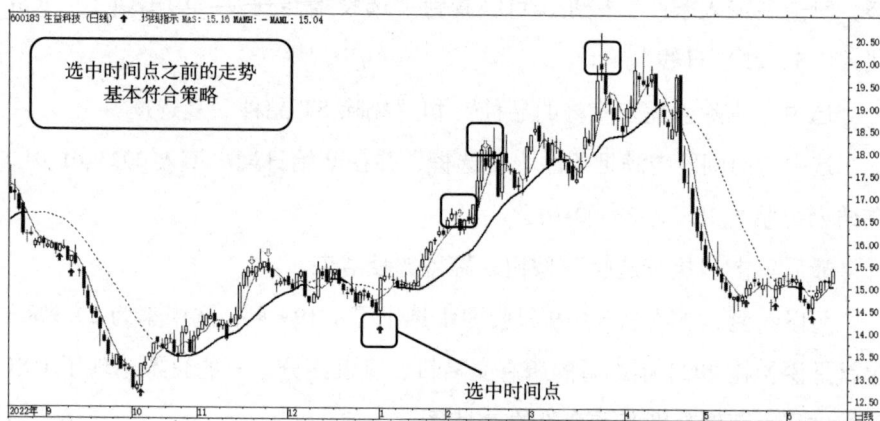

图 2-40　检查买点策略 2

首先找到选股时间点的买点信号，并对它进行标记。这个买点信号之前的走势基本符合交易策略。

随后出现一段中期趋势，沿着 20 均线往上。计算这段趋势，2023 年 1 月 3 日周二买点信号的最低价 14.15 元，2023 年 3 月 24 日周五的最高价 20 元，共 54 个交易日，幅度超过 41%。

通常我们计算的趋势幅度理论值，与交易计划可以实现的收益略有差异。

如果在图 2-40 的买点信号选出该股，并识别出买点信号之前的走势符合交易策略。此时可以制订交易计划，收盘之前进场，如以收盘价 15.18 元买入。同时还需以买入信号的最低价 14.15 元附近作为止损价。

（3）如何制定卖出规则。

返回图 2-37，可以发现第四组买点信号之后，会有三个卖出信号。在第三个卖出信号出现之后，没有出现更高的高点。如果使用第四组买点信号作为交易策略，还需设置配套的卖出策略，例如，在第三个卖出信号出现后，收盘之前必须离场。

图 2-40 的第三个卖出信号出现在 2023 年 3 月 27 日周一，若以收盘价

19.31 元卖出，则该笔交易的收益为 27%。相比前面计算的趋势幅度理论值 41%，实际能做到收益约为理论幅度的三分之二。

这是一个利用专家指示公式与选股公式做交易的完整案例。包括如何使用专家公式指示买卖点，如何研判高质量的买卖点，如何制定简单的交易策略，如何利用配套的选股公式，如何对选股结果进行二次选股，如何制订交易计划，以及如何计算交易的理论收益与实际可以做到的收益等。希望读者可以多复盘多试验，先能从头到尾创建一个简单的交易策略，熟练后再考虑优化。

2.2.5　五彩 K 线公式的应用场景

五彩 K 线公式的主要应用场景是通过设定目标 K 线形态，将符合条件的 K 线高亮显示。由图 2-32 可以看到，系统自带了多个常用的 K 线组合公式。

使用方法：在主图不调用任何指标公式的情况下，打开图 2-32 所示的窗口，选择"K170 锤头"选项，如图 2-41 所示。

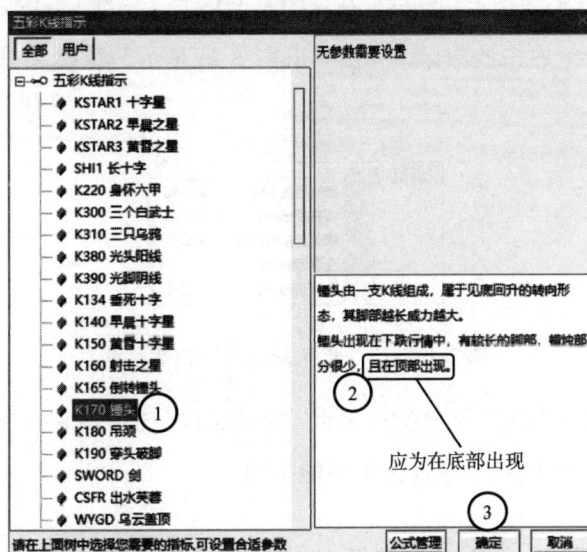

图 2-41　选择 K170 锤头线

五彩K线公式通常无须参数设置。在②用法注释中，注意最后一句描述高质量锤头线出现的位置，应在下跌行情尾声的底部出现，不是"在顶部出现"。单击"确定"按钮，关闭"五彩K线指示"窗口，返回主图，如图2-42所示。

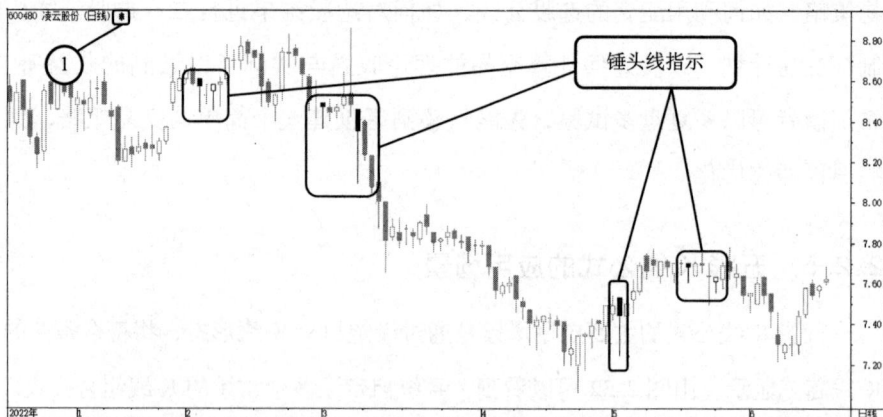

图2-42　带有锤头线指示的主图

使用五彩K线指示功能后，在主图左上角"（日线）"后面出现了一个蜡烛图小图标。右击该图标，弹出"五彩K线指示"快捷菜单，如图2-43所示。

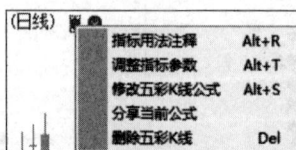

图2-43　"五彩K线指示"快捷菜单

对比图2-35的"专家系统指示"快捷菜单，"五彩K线指示"快捷菜单与"专家系统指示"快捷菜单功能相同。

2.2.6　五彩K线公式与选股公式的综合实战应用

由于锤头线是一种很常见的K线形态，在图2-42所示的日K线图中，大约半年时间可以找到 7 根锤头线。但有些不太常见的高胜算 K 线形态，即使有了五彩 K 线指示功能，要从几千只股票中寻找 K 线指示，若采用大海捞针的方式，很难根据历史图表来研判合适的交易策略。或者当投资者复盘时发现了一种看似高胜算的 K 线特征，希望通过大量的历史数据来验证自己的想法对不对。这些场景均需将五彩 K 线公式和配套的选股公式综合使用。

（1）对比分析五彩 K 线公式和配套的选股公式的源代码。

前面曾介绍过条件选股公式有且仅有一个输出，它是逻辑判断的布尔值。实际上五彩 K 线公式的输出与条件选股公式一样，也是逻辑判断的布尔值。

综合使用五彩 K 线公式和配套的选股公式之前，先熟悉两类公式的公式编辑器和源代码。它们的公式源代码可以是完全一样的，但分属于两个公式大类下，位于相应的公式编辑器中是两个不同的公式。

图 2-44 所示为出水芙蓉的五彩 K 线公式源代码，图 2-45 所示为出水芙蓉的选股公式源代码。

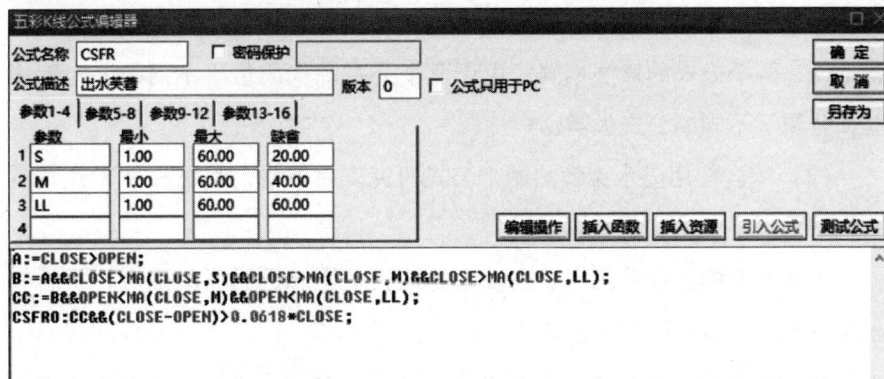

图 2-44　出水芙蓉的五彩 K 线公式源代码

图 2-44 中的五彩 K 线公式只能通过五彩 K 线公式编辑器查看。图 2-45 的选股公式只能通过条件选股公式编辑器查看。

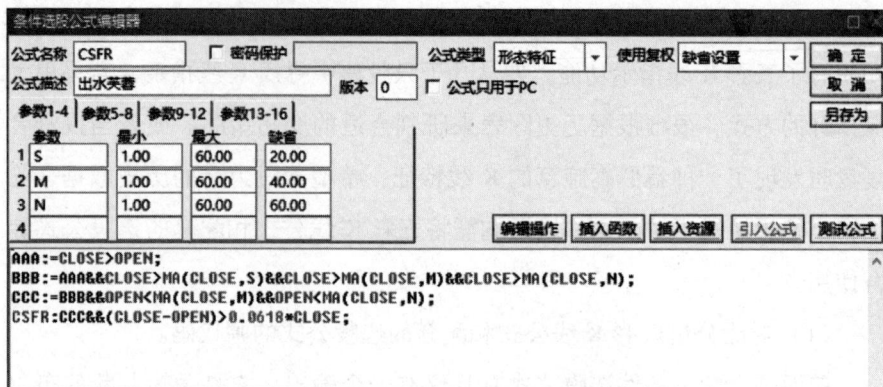

图 2-45　出水芙蓉的选股公式源代码

它们的公式名称和公式描述完全一样。

除了第三个参数的名称之外，参数表的设置基本相同。五彩 K 线公式的第三个参数为 LL ，而选股公式的第三个参数为 N 。

公式源代码基本上也相同，但每个语句定义的变量名称不同。五彩 K 线公式分别将变量定义为 A 、B 、CC 、CSFRO ，而选股公式分别将变量定义为 AAA 、BBB 、CCC 、CSFR 。

若把参数和变量都代入公式，则公式的计算过程和计算结果相同，也就是说，两个公式的算法相同。由于两个公式源代码位于不同的公式编辑器，分属于不同的公式大类。

（2）综合使用出水芙蓉的两个公式研究交易策略，利用五彩 K 线查看选股结果。

出水芙蓉的选股公式可以在设定的选股范围和选股时间段内，将所有出现了出水芙蓉的股票选出来。

出水芙蓉的五彩 K 线公式可以在 K 线图中将符合判断结果的 K 线用特殊颜色标记。

综合使用出水芙蓉的两个公式研究交易策略，需同时用到这两个功能。

按快捷键 Ctrl + T，打开"条件选股"窗口，在"条件选股公式"下拉列表框中选择"CSFR-出水芙蓉",如图 2-46 所示。

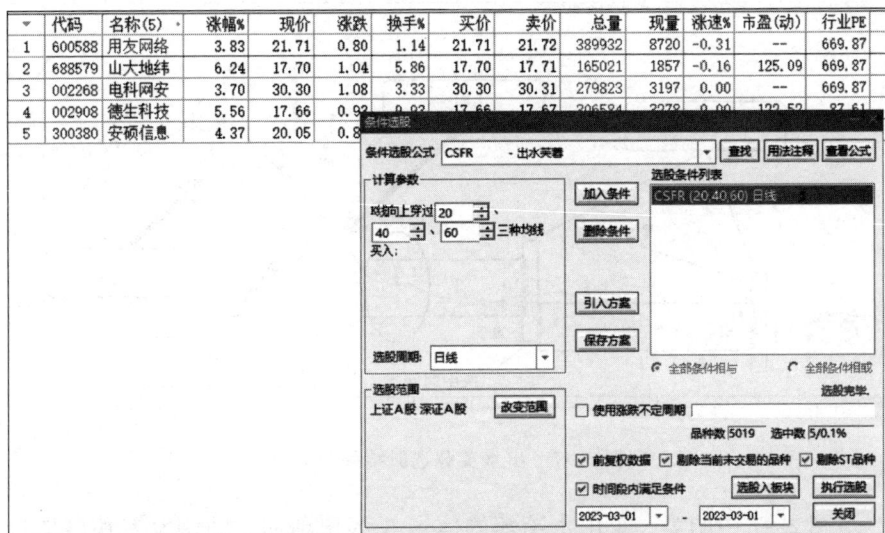

	代码	名称(5)	涨幅%	现价	涨跌	换手%	买价	卖价	总量	现量	涨速%	市盈(动)	行业PE
1	600588	用友网络	3.83	21.71	0.80	1.14	21.71	21.72	389932	8720	-0.31	--	669.87
2	688579	山大地纬	6.24	17.70	1.04	5.86	17.70	17.71	165021	1857	-0.16	125.09	669.87
3	002268	电科网安	3.70	30.30	1.08	3.33	30.30	30.31	279823	3197	0.00	--	669.87
4	002908	德生科技	5.56	17.66	0.93	17.66	17.67	206584	2278	0.00	122.52	87.61
5	300380	安硕信息	4.37	20.05	0.8								

图 2-46　出水芙蓉选股

使用默认参数,单击"加入条件"按钮,可以看到"选股条件列表"中出现了"CSFR（20,40,60）日线"。

选中"剔除当前未交易的品种"和"剔除 ST 品种"复选框。

选中"时间段内满足条件"复选框,并在开始日期和结束日期中都填入 2023-03-01。

最后单击"执行选股"按钮,等待选股结束。

由图 2-46 可以看到,本次从 5 019 只股票中选出了 5 只,选中率为 0.1%。也就是说,在 2023 年 3 月 1 日仅有 5 只股票满足出水芙蓉的 K 线形态。下面查看个股的 K 线图。

例如德生科技（002908）,如图 2-47 所示。尽管图中标记了两个出水芙蓉 K 线,但选股公式选中该股的时间点是第二个。

为了让出水芙蓉的信号 K 线指示效果更佳,图中采用的均线指示也配合了（20,40,60）的参数设置。图中的黑色粗线为 20 均线,灰色实线为 40 均线，灰色虚线为 60 均线。

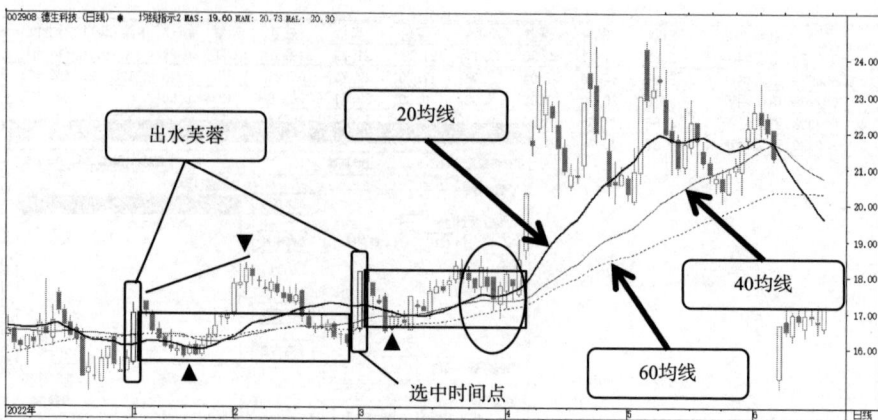

图 2-47　出水芙蓉选股结果的标记

图 2-47 中的第一个出水芙蓉的信号 K 线出现后，回调没有跌破信号 K 线的实体，还创出了新高。

第二个出水芙蓉的信号 K 线出现后，回调短暂跌破信号 K 线的实体，次日便拉回到信号 K 线的实体内。创新高后的回调期间，三根均线基本呈现多头发散。

与 RSI 指标所指示的买卖点信号不同，与参数（20，40，60）的出水芙蓉信号 K 线配套的交易计划，并不是在信号 K 线出现后立刻买入。信号 K 线出现后，需要先观察信号 K 线的实体价位区间是否有支撑。如果后续市场表现出此价位存在支撑作用，还应结合参数对应的几根均线，观察均线是否发散，且抬头向上。若均线呈现多头发散的情形，则可能会跟随一段上涨趋势。

除了图 2-47 的案例，还应多找几张 K 线图表进行观察训练。可以得出结论：采用（20，40，60）的参数设置，后面走出上涨趋势的成功率并不是很高。

投资者可以根据个人的投资经验，适当修改三个参数的数值。例如把 20 调小一点，60 调大一点等；或者把三个参数改为四个参数。

注意，若想修改参数的数量，应先把出水芙蓉的两个系统公式分别另存为用户公式，再适当修改公式源代码的第二行和第三行，最后综合利用选股公式、五彩 K 线公式及均线的指标公式来一起研判，寻找是否存在高胜算的交易机会。

2.3　公式编辑器与语法

公式系统的四大类（技术指标公式、条件选股公式、专家系统公式和五彩 K 线公式），分别对应了公式编辑器的四大类——指标公式编辑器、条件选股公式编辑器、专家系统公式编辑器和五彩 K 线公式编辑器。公式编辑器是编写公式源代码的重要工具，尽管公式源代码无须编译便能在炒股软件中执行，但编写时仍需遵循正确的语法规则才会生效。

2.3.1　公式编辑器

四类公式编辑器的界面布局大同小异，首先应该掌握的是指标公式编辑器，因为它的界面功能是最丰富的。其他三个编辑器的界面，根据各自的应用场景，在指标公式编辑器的界面功能上适当增减。

图 2-48 所示为指标公式编辑器的界面分区。从上往下，主要有①公式信息编辑区、②公式编写区、③信息提示及输入区。此外，在①公式信息编辑区、③信息提示及输入区的界面右侧，还有三组功能按钮，可以把它们视为④功能按钮区。

公式编辑器的输入框和按钮众多，输入框与按钮之间的关联性也不少，它是炒股软件中交互最复杂的界面之一。即使成功保存了新公式，实际好不好用还需通过其他界面来辅助验证。因此，用好公式编辑器不是一件容易的事情。

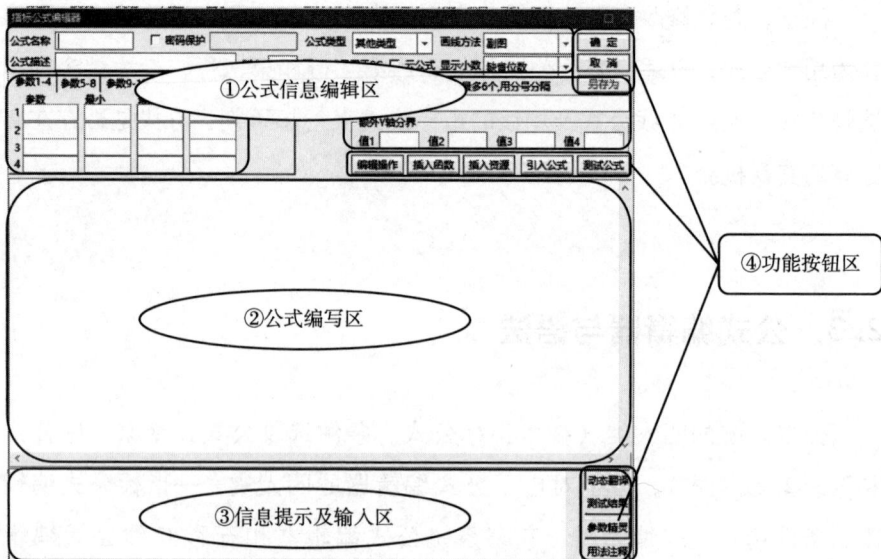

图 2-48　指标公式编辑器的功能分析

　　初学者只要熟悉公式编辑器的界面分区，了解常用按钮点下去会出现什么结果，常用的输入框应输入什么样的信息，公式常用的增改删操作怎么完成，就可以上手练习编写公式了。建议新手尽量避免遍历公式编辑器中的每个功能，却不知道自己想写个什么样的公式，迟迟无法开始的情况出现。

　　练习公式编写是个熟能生巧的过程。首先，必须建立公式的使用场景，清楚公式编出来了该怎么用，用起来可能出现什么样的结果。然后多参考软件中自带的各类公式，熟悉公式的常用写法。积累到一定程度后，自然就知道通过公式能实现什么样的交易策略，以及希望在哪些方面优化公式，并进行测试。

2.3.2　公式源代码与动态翻译

　　公式源代码是在图 2-48 的②公式编写区中输入的公式语句。一个公式可以仅有一个语句，也可以包含多个语句。输入的公式语句必须遵循正确

的语法规则，公式编辑器才能自动识别。公式编辑器可以对公式语句进行
自动翻译，并将翻译结果展示在图 2-48 的③信息提示及输入区。当投资者
在②公式编写区中输入公式语句时，公式编辑器便启动了自动翻译，"动
态翻译"按钮也被自动选中。

下面以图 2-47 的主图指标有三根均线指示为例进行介绍，对应的指标
公式编辑器如图 2-49 所示。该公式包含三行语句。

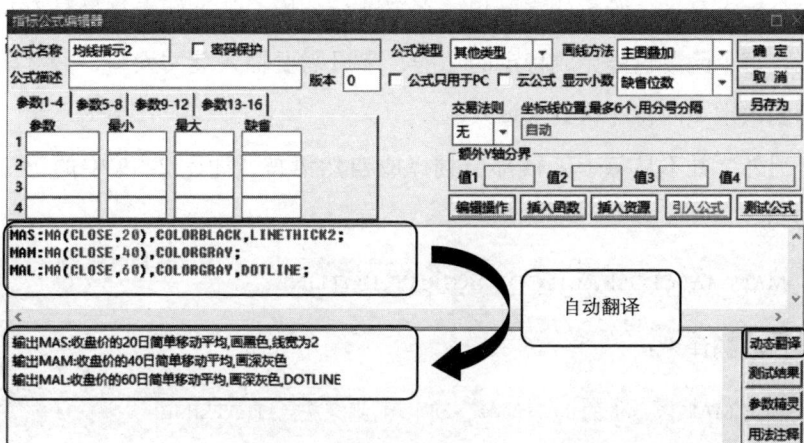

图 2-49 三根均线的指标公式自动翻译

第一行语句为：

MAS：MA（CLOSE，20），COLORBLACK，LINETHICK2；

自动翻译为：

输出 MAS：收盘价的 20 日简单移动平均，画黑色，线宽为 2

动态翻译通过语句的操作符"："，知道该语句输出了一条指标线。

该指标线的名字依据冒号"："前面的英文字母"MAS"，确定输出
了一条叫作 MAS 的指标线。

而该指标线的数据通过冒号"："与逗号"，"之间的语句内容，利
用函数 MA 编写的"MA（CLOSE，20）"，确定了输出的指标线是收盘价

的 20 日简单移动平均线。

该指标线的绘制效果"画黑色"是通过第一个逗号","之后的颜色函数"COLORBLACK"确定的。

该指标线的绘制效果"线宽为 2"是通过第二个逗号","之后的线形粗细函数 LINETHICK 加参数"2"编写的"LINETHICK2"确定的。

通过对第一行语句的解析，可以知道自动翻译功能，需要对语句中的每一个标点符号、函数、字母和数字等进行分析。每个标点符号具有特殊功能，每个函数也能完成特定的功能，字母需要输入英文大写，数字需要根据函数定义的特殊格式来输入。

另外，并不是每个函数都会翻译成自然语言，如图 2-49 中的第三行语句：

MA1:MA(CLOSE,60),COLORGRAY,DOTLINE;

自动翻译为：

输出 MA1:收盘价的 60 日简单移动平均,画深灰色,DOTLINE

这里的函数 DOTLINE，并未翻译成"画虚线"，但可以在图 2-47 中看到该函数将指标线画成了虚线。遇到没有翻译的函数还可在函数字典中检索其含义。

公式源代码的动态翻译功能通常可以翻译大部分常见函数。尽管不能将所有的语句都用自然语言描述出来，但在查看系统公式的语句时，可以利用该功能快速了解语句含义，节省学习公式语句的时间。

2.3.3　语法检查与测试公式

公式源代码的语法主要是针对编写的公式语句，必须遵照的正确格式。有点儿类似于八股文，必须按照规定的格式进行书写。初学者有时会遇到明明看着公式没有问题，测试公式时就是过不去的情形。在公式编辑器中，只要提示有错误，排除公式信息填写有误，其他大都是由于没有遵循公式语法的原因。

例如，每个语句的结尾要有终止符分号"；"，这个分号必须是在英文状态下输入的。如果在图 2-49 的第三行语句末尾使用中文的分号"；"，表面看似乎公式没写错。单击"测试公式"按钮，"测试结果"按钮被自动选中，并报错，出现提示信息"错误句……未知字符串……"，如图 2-50 所示。

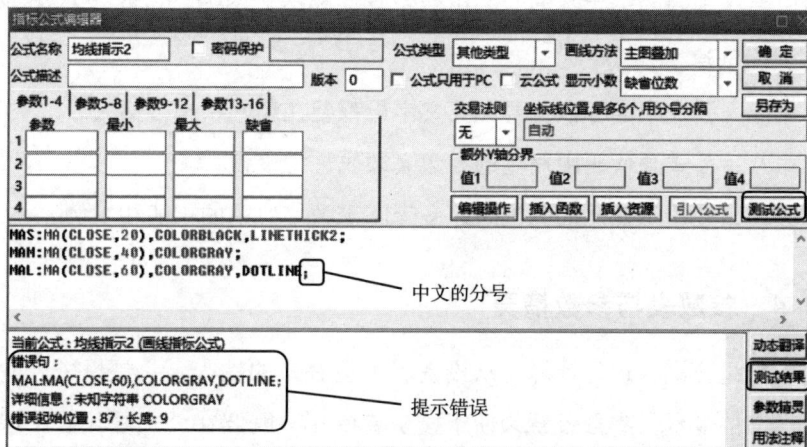

图 2-50　测试公式有报错

测试公式不仅是对公式源代码进行检测，如果公式名称或者其他输入框输入错了，也会报错。编写的公式只有通过了测试，才能保存成功。要编写能通过测试的公式，需注意以下几点：

第一，注意公式的大类，大类不同，输出的标准也不同。指标公式允许有多个输出，五彩 K 线公式和选股公式只能输出布尔值，专家指示公式必须输出指定的买点函数 ENTERLONG 和卖点函数 EXITLONG 等。

第二，公式的输出既可由操作符冒号"："指定，也可以没有冒号"："。若要为输出的数据命名，则必须使用冒号"："。

第三，如果公式的输出语句很长，涉及复杂的计算过程或者逻辑判断，最好把长句子拆分。先定义几个变量，用于中间过程的计算，最后把中间计算结果汇总输出。中间变量需使用操作符冒号加等号"：="进行赋值。

第四，语句结束时必须使用分号"；"。

第五，同一公式大类下，公式名称不能重复。

第六，注意区分公式大类与公式类型。公式的四大类是炒股软件提供的系统功能，不能增加或者修改。其中，指标公式编辑器和选股公式编辑器可以选择不同的公式类型。若想要定义新的公式类型，可在"公式管理器"界面创建。

第七，公式中的标点符号和英文字母都要在英文状态下输入。

第八，公式源代码中用到的参数必须先进行设置。

第九，使用不熟悉的函数时，多查阅函数字典中的用法和举例。

2.3.4　参数表与参数精灵

参数是公式在进行计算时从投资者那里获取的输入，它是投资者能够主动调节的变量。参数设置为便于投资者使用，既要在公式源代码中编写包含参数的公式，还需提示参数代表的意义。

参数的意义是将数字输入框与提示文字信息组合来表达的。例如，图 2-36 中的参数调整对话框，就是投资者调节参数，改变公式计算结果的互动。第一个输入框的数字"5"与提示信息"日 RSI 上穿"组合；第二个输入框的数字"25"与提示文字"线时买入，下破"组合；第三个输入框的数字"80"与提示文字"线时卖出"组合。最终组合成的语句表达的意思是：当前的 RSI 专家公式指示了在 RSI 指标统计 5 天数据的前提下，买点信号是 RSI 指标线上穿 25，卖点信号是 RSI 指标线下破 80。

如何修改参数调整对话框中的提示文字信息？需要在参数精灵中进行设置。图 2-51 所示为系统公式 RSI 专家公式的源代码。单击"参数精灵"按钮，查看参数的提示文字信息。

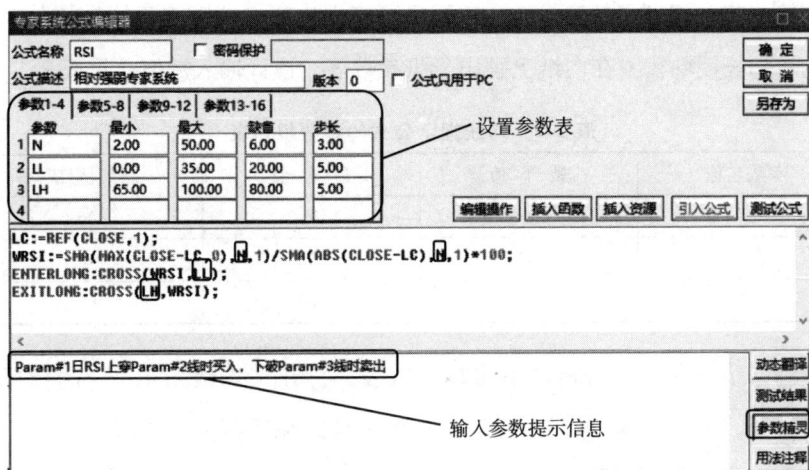

图 2-51　RSI 专家公式的参数表和参数精灵

参数精灵的提示文字信息为：

Param#1 日 RSI 上穿 Param#2 线时买入，下破 Param#3 线时卖出

结合图 2-36 的参数调整对话框一起观察，第一个输入框即 Param#1 ，第二个输入框即 Param#2 ，第三个输入框即 Param#3 。这里的 Param# 表示参数，是英文 parameter（参数、变量）的缩写。后面加上数字表示参数的序号。在参数精灵输入框中输入其他文字（汉字、字母和标点等），可以直接在参数调整对话框中显示出来。该输入框不同于编写公式源代码，标点符号是可以在中文状态下输入的。

参数的序号是在公式源代码上方的参数表中对应的。每个公式最多可以设置 16 个参数，建议读者不要设置过多参数。参数太多不仅增加理解公式的难度，也让模型的变动空间更复杂。参数表中除了最后一列"步长"外，其他的列都是四类公式编辑器要求输入的，包括参数名称、最小值、最大值、默认值。参数名称也可以设置为汉字。

下面介绍如何设置参数表和参数精灵。例如，将图 2-50 指标公式的公式源代码中的三个数字 20、40、60 改为可调的参数。

第一步，规划参数表。该公式显示了三根均线，分别表示短期均线、中期均线和长期均线。在白纸上画出一张参数表，设计输入数值，见表2-1。

表2-1　均线指示公式的参数规划表

参数名称	最 小 值	最 大 值	默 认 值
短	1	20	20
中	1	150	40
长	1	300	60

第二步，在公式编辑器中填写参数表。打开"均线指示2"的指标公式编辑器，如图2-52所示。将表2-1填入公式编辑器的参数表中。

第三步，单击"测试公式"按钮，查看自动生成的参数精灵。

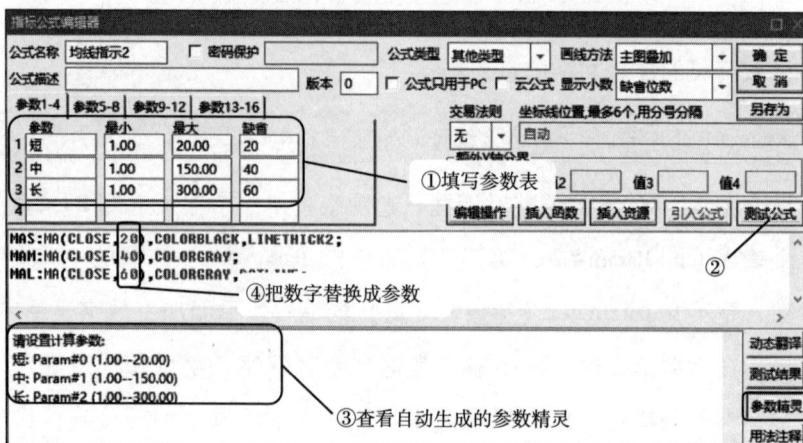

图2-52　设置参数表1

由于此时没有修改公式源代码，仅增加了参数表。公式源代码没有语法错误，"测试结果"显示为测试通过。然后单击"参数精灵"按钮，查看自动生成的参数精灵。

请设置计算参数：

短：Param#0(1.00--20.00)

中：Param#1(1.00--150.00)

长：Param#2(1.00--300.00)

自动生成的参数提示文字信息是按照参数表的格式完成的。

第一行是提示文字"请设置计算参数:"。

第二行是参数序号 1，名称为"短"，参数序号从 0 开始计，输入框为 Param#0 ，最后是数值范围"（1.00-20.00）"。

第三行是参数序号 2，名称为"中"，输入框序号为 Param#1 ，最后是数值范围"（1.00-150.00）"。

第四行是参数序号 3，名称为"长"，输入框序号为 Param#2 ，最后是数值范围"（1.00-300.00）"。

第四步，将公式源代码中的三个数字 20、40、60 分别用短、中、长替换，如图 2-53 所示。

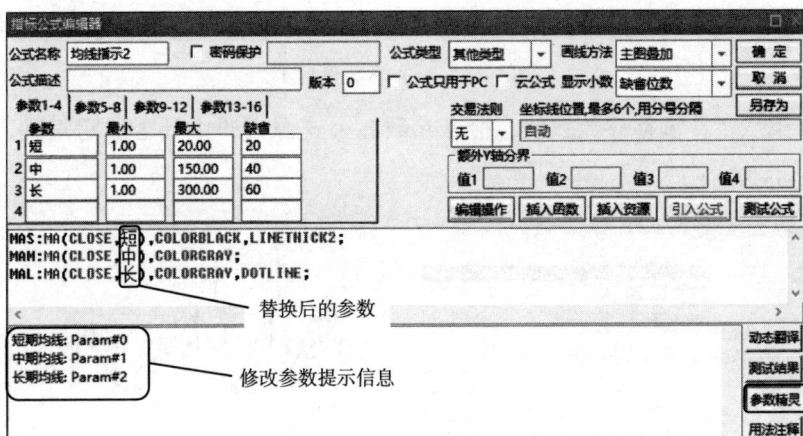

图 2-53　设置参数表 2

第五步，修改参数提示信息。把自动生成的参数精灵改为如图 2 53 所示的提示文字。

短期均线:Param#0

中期均线:Param#1

长期均线:Param#2

第六步，测试公式通过后，保存带有参数的公式。

第七步，调用公式并打开"［均线指示2］指标参数调整（日线）"对话框，检查参数提示文字是否正确，如图2-54所示。提示框中的文字与参数精灵设置的文字相同，设置无误。

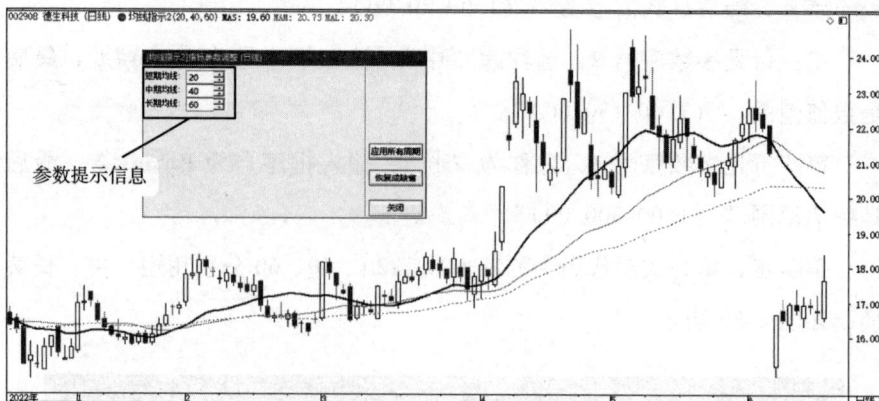

图 2-54　检查参数设置 1

第八步，调整参数数值，检查参数在公式源代码中是否编写正确，如图 2-55 所示。

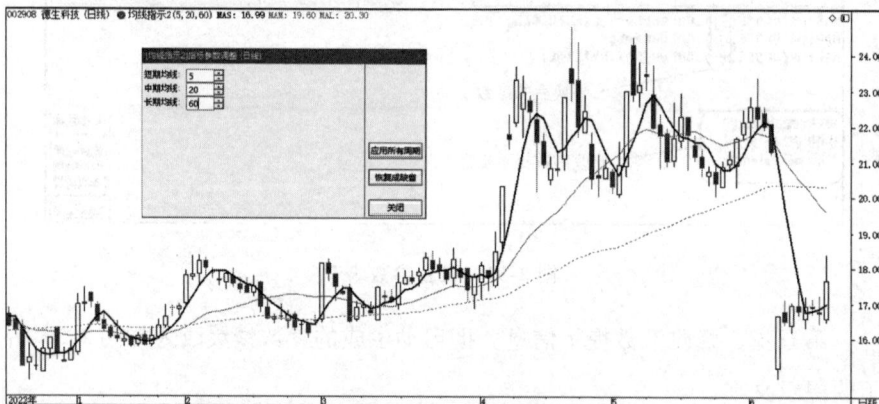

图 2-55　检查参数设置 2

参照交易日的规则，通常一周五个交易日，把短期均线设置为 5；一个月约有 20 个交易日，把中期均线设置为 20；一个季度有 3 个月，约有 60 个交易日，把长期均线设置为 60。

图 2-54 中粗的黑色短期均线在图 2-55 中是中期均线，用细的灰色指标线表示。由于都是 20 日均线，指标线计算正确。此外，图 2-55 中粗的黑色短期均线是 5 日均线，跟随日 K 线的摆动效果更加明显：短期的上升趋势，5 日均线有支撑作用；短期的下降趋势，5 日均线有阻力作用。

总的来说，使用参数需同时考虑计算对不对，以及使用时提示的参数意义是否表示清晰这两个方面。参数设置后，一定要检查。

在参数精灵中设置好的参数提示信息，除了可在参数调整对话框中查看，还可在图 2-11 所示的"请选择主图指标"窗口、图 2-31 所示的"专家系统指示"窗口、图 2-32 所示的"五彩 K 线指示"窗口、图 2-46 所示的"条件选股"窗口等查看。除了选股公式外，还可按快捷键 Alt + T 打开被调用公式的参数调整对话框。

2.3.5 公式的用法注释

公式的用法注释也可理解为公式的帮助说明。它是用文字形式记录公式的设计原理、核心算法、参数意义、实战指导等信息，便于投资者在选择公式界面快速查阅公式说明。例如，在图 2-11 所示的"请选择主图指标"窗口，右侧下半部分就是用法注释的显示区域。

编辑用法注释的文字，需要在公式编辑器中完成。用法注释的编辑与参数精灵类似，在中文状态下，能输入大量文字。公式的用法注释被修改后，必须保存公式才能生效。

保存后的用法注释，可以在图 2-11 所示的"请选择主图指标"窗口、图 2-31 所示的"专家系统指示"窗口、图 2-32 所示的"五彩 K 线指示"窗口、图 2-46 所示的"条件选股"窗口等查看。除了选股公式外，还可按快捷键 Alt +R 查看被调用公式的用法注释。

2.3.6 插入函数窗口是函数字典

函数是公式编辑器自带的一些公式源代码的片段。有的函数放入公式编辑器中可以直接执行，有的函数需要按照函数定义的特殊格式完善后才能执行。公式编辑器的动态翻译功能也依赖于函数在炒股软件中的定义。可以说，函数是公式源代码的"心脏"，在掌握公式语法规则的基础上，只有学好了函数定义才能灵活地编写公式。

与设置版面时使用"设置工具"窗口操作类似，先找到需要设置的单元内容，然后插入版面的区域。在公式编辑器中，单击"插入函数"按钮，弹出"插入函数"窗口，如图 2-56 所示。选中任意函数，单击"确定"按钮，即可将该函数插入公式编辑器。

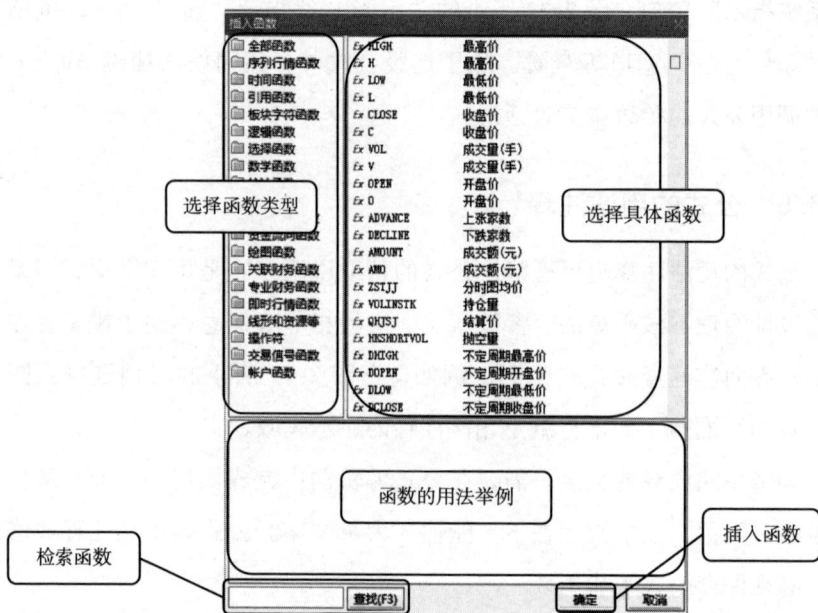

图 2-56 "插入函数"窗口

"插入函数"窗口同时也是一本厚厚的函数字典，其中包含的函数上千个，并且还会不定时更新。使用者既可通过函数类型查找函数，也可根据函数名称快速检索。

函数类型分为 19 类，包括序列行情函数、时间函数、引用函数、板块字符函数、逻辑函数、选择函数、数学函数、统计函数、形态函数、指数标的函数、资金流向函数、绘图函数、关联财务函数、专业财务函数、即时行情函数、线形和资源等、操作符、交易信号函数和账户函数。本书将在后面的章节结合实例讲解常用的函数使用方法与技巧。

2.3.7　公式编辑器的其他常用功能

在公式编辑器中还有一些其他功能也较常用。

（1）指标公式编辑器的画图方法为副图时，自定义纵坐标的显示。

图 2-57 所示为系统公式的 MACD 指标公式编辑器。MACD 指标是投资者最熟悉的副图指标，指标线的零轴通常被视为多头市场与空头市场的分界。在公式编辑器中的"额外 Y 轴分界"的"值 1"输入"0.00"，MACD 指标线的零轴会画一根水平的虚线。

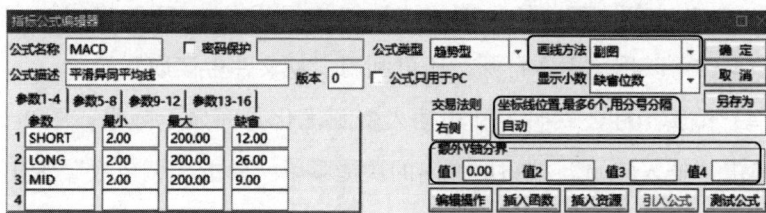

图 2-57　自定义副图的纵坐标

通常情况下，主图的纵坐标使用的是价格，单位是元。而副图根据不同的指标计算公式，纵坐标的单位各不相同。为便于分析，除了在"额外Y 轴分界"增加关键分析数值外，还可在上面的"坐标线位置"增加关键坐标值。两个功能配合使用，可使图表的分析结果更直观。

（2）显示行号与隐藏行号功能。当公式源代码的语句超过 10 行时，为了方便对源代码的查找与阅读，可以开启显示行号功能。图 2-58 所示为显示行号的效果。操作流程如下：单击"编辑操作"按钮，在弹出的快捷菜单中选择最后一个菜单"显示行号"。当显示行号功能被开启时，该菜单从"显示行号"变为"隐藏行号"。选择"隐藏行号"选项，可以把公式源代码左侧的行号隐藏。

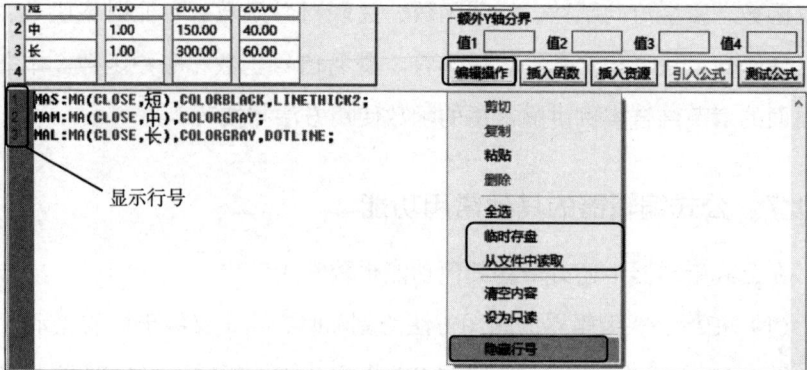

图 2-58　显示行号与隐藏行号菜单功能

（3）公式没编写完成时临时存盘。由于公式编辑器只能保存没有语法错误的公式，如果公式处于编写的中间状态且无法成功保存，可以使用图 2-58 中的"临时存盘"功能。该功能是将公式以 TXT 格式的文件存储，该文件可以用记事本打开，还可利用"从文件中读取"菜单。

（4）编辑指标公式时，利用插入资源优化界面显示效果。图 2-59 所示为单击"插入资源"按钮后弹出的快捷菜单。单击"调色板"弹出调色板对话框，可以选择各种颜色。单击"图标"弹出"图标"对话框，可以选择常见的小图标。

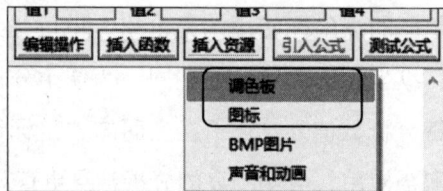

图 2-59　插入资源菜单

2.4　及时更新，保证数据完整

无论哪种类型的公式，都是先对数据进行计算，然后按照公式大类的要求输出对应的结果。公式能够顺利输出结果，首先需要软件有输入的数据。除了投资者可以自行控制的参数外，输入公式的数据主要有市场行情类信息、盘后数据、财务数据包等。数据是公式编辑器的血液，即使在编写公式源代码时看不到数据，在测试公式计算结果时，若本地数据不全，也就是历史数据不全，那么无法进行交易策略有效性的试验。

　　投资者在关闭炒股软件，或者使用报表分析功能时，如果本地计算机的数据不全，会自动弹出如图 2-60 所示的对话框，提示需要下载数据。

　　还可通过如图 2-61 所示的系统数据菜单，主动下载数据。该菜单的入口通常位于炒股软件上方"公式"菜单的右侧，有的称"选项"，有的称"设置"。尽管菜单名称不同，但菜单的内容相同。

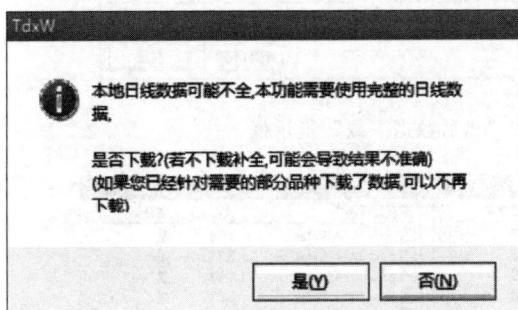

| 图 2-60 　"盘后数据下载"对话框 | 图 2-61 　系统数据菜单 |

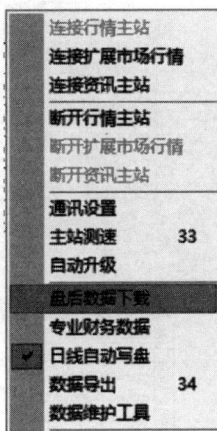

　　选择"盘后数据下载"选项，弹出如图 2-62 所示的提示框。在该提示框中可以选择下载沪深京日线、分钟线、分时图和扩展市场的行情数据。选择想要下载的数据时段，然后单击"开始下载"按钮，等待数据下载完成。注意，在提示文字中强调了交易日的下载时间，以及日线数据、5 分钟线数据和 1 分钟线数据是生成 K 线图的基础数据。

　　选择图 2-61 中的"专业财务数据"选项，弹出如图 2-63 所示的提示框。在该提示框中可以选择下载财务数据包和股票数据包。打开该提示框后，系统会自动检测并在需要下载的数据包前面打钩。等待打钩结束，分别单击两个"开始下载"按钮，等待数据下载完成。

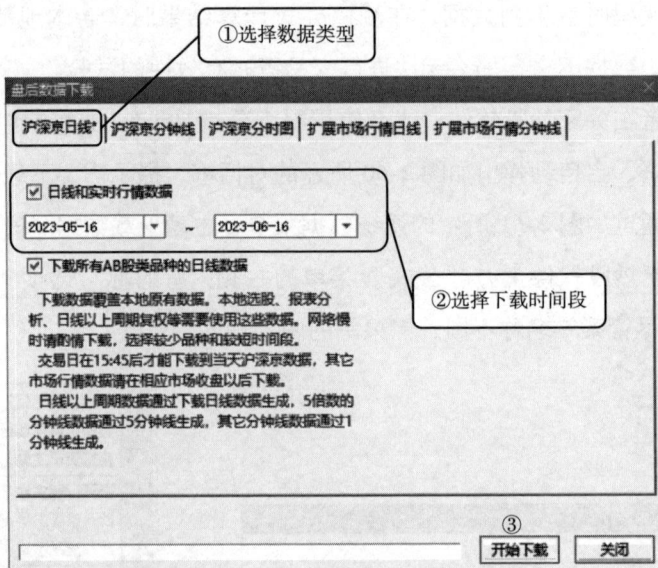

图 2-62　"盘后数据下载"提示框

图 2-63　"专业财务数据"下载提示框

第 3 章

通达信公式编写的
时间序列

3.1　什么是时间序列和时间周期

通过第 2 章介绍的基本知识，投资者能够对公式编写建立起基本概念。对于炒股赚钱而言，公式编写只是一个工具，用于客观和主观相结合的交易法。炒股软件从云端下载数据，然后把数据用图表的形式展现出来。投资者依据看到的历史图表及实时图表进行分析，寻找高质量的交易机会。利用公式可以批量选股，并识别出图表中可能的交易机会，节省分析时间。

本章开始将介绍公式编写的核心内容，如何利用函数编写指标公式。指标公式是四大类公式中最基础的公式。要弄懂指标公式的原理，需先理解什么是时间序列和时间周期。在此过程中若用到前面没提及的软件功能会做相应补充。

3.1.1　从时间序列数据到分时图

指标公式是指能够画出指标线的公式，通常用于对个股的行情分析。指标线有多种展现形式，先从最基础的时间序列数据讲起。时间序列数据首先要确定时间周期，然后在时间周期的每个时间点（时间刻度），都对应一个数值，用数学公式表达为：

$$\{X_t \mid t \in T\}$$

由于时间点是有限的，这些数据又可记为：

$$\{x_1, x_2, \cdots, x_n\}$$

炒股软件的分析图就是将时间序列数据，用中小学数学知识中的平面直角坐标系画出来。横坐标是时间轴，时间轴的刻度由时间周期决定。纵坐标是数据，每一个时间刻度上对应一个数据。图 3-1 所示的分时图没有设置其他副图指标，仅显示了分时走势折线、均价和成交量。下面以分时走势折线为例进行介绍，时间刻度是分钟，每一分钟对应一个收盘价，将所有收盘价的点连成线，便是分析个股用的分时走势折线图。

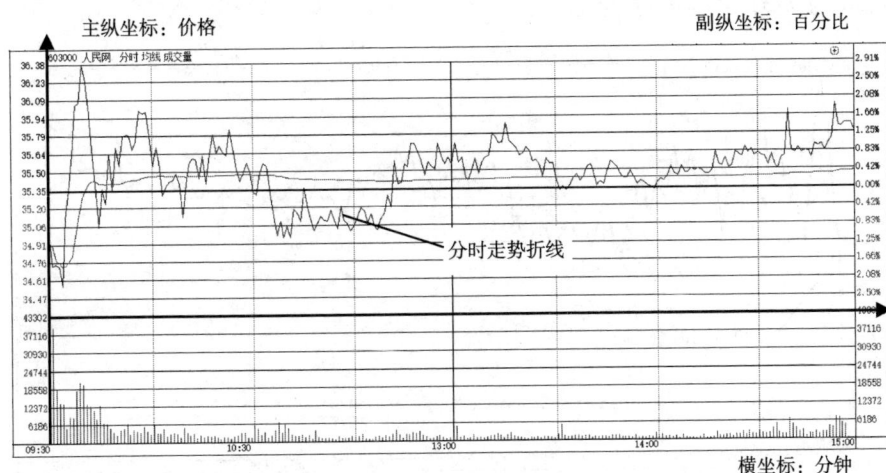

图 3-1 分时走势折线图

分时走势折线图是怎么画出来的呢？

分时走势折线图对应的时间序列数据格式，见表 3-1。表 3-1 中仅列出前 5 分钟数据作为示例。第一列为时间，即公式中的变量 t，以 1 分钟作为时间刻度。第二列为收盘价（元），即公式中的输出 x_n。

表 3-1 分时折线图的时间序列数据表

时　　间	收盘价（元）
2023-06-19 09:31	34.74
2023-06-19 09:32	34.75
2023-06-19 09:33	34.73
2023-06-19 09:34	34.57
2023-06-19 09:35	35.12

图 3-1 所示为全天的分时图，也就是从 9:30 至 15:00 开盘期间，每一分钟的收盘价连线。在 Excel 软件中将全天开盘期间的每一分钟收盘价，整理成如表 3-1 样式的数据表。

然后作成折线图，叠加到图 3-1 上，如图 3-2 所示。为了验证画线方法是否准确，使用 Excel 软件手工绘制更粗的折线，并且故意没有将 9:30 与 9:31 之间进行连线。

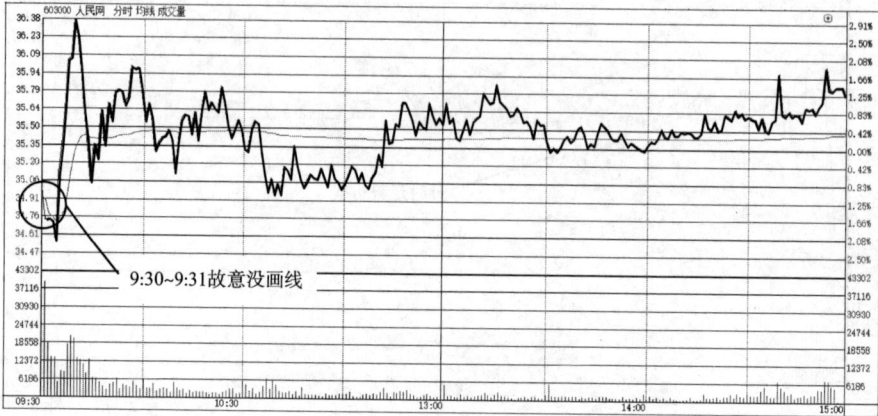

图 3-2　对比手动绘制分时图

图 3-2 手动绘制的分时图与炒股软件中的分时图能够完全重合，说明分时折线图的绘制方法为：将每一分钟的收盘价连接成折线段。众所周知，在计算机出现之前的古典交易时代，投资者每天都要辛苦收集数据，并在坐标纸上绘图。古典时代的投资者想要作出一张如图 3-2 所示的走势折线图，需要相当专业的数学知识，并且要花费大量时间。毕竟古典时代的场外投资者大都是看报纸抄数据，报纸每天出一期，再勤劳的投资者也只能每天在折线图上多画一个点，多连一条折线。

图 3-1 所示为全天的分时图，一天交易 4 小时，一小时有 60 分钟，以开盘价起算，这个折线图就有 241 个时间点，240 条折线。在计算机和互联网出现后，当代投资者只要能够连接互联网，都能实时获取行情数据查看图表，极大地提高了交易市场的效率。

3.1.2　从分时图到 K 线图

K 线图也称为蜡烛图，是投资者常用的另一种分析图。与分时图一样，它也有横坐标，也是时间，它的纵坐标也是价格。但 K 线图在每个时间刻度上有四个价格：开盘价、最高价、最低价、收盘价，包含的数据信息是分时图的四倍。如果用数学公式记录，则分别为：

$$\{o_1, o_2, \cdots, o_n\}$$
$$\{h_1, h_2, \cdots, h_n\}$$
$$\{l_1, l_2, \cdots, l_n\}$$
$$\{c_1, c_2, \cdots, c_n\}$$

假如以 1 分钟作为时间周期，那么 K 线图对应的时间序列数据见表 3-2。表 3-2 中仅列出前 5 分钟数据作为示例。

表 3-2　K 线图的时间序列数据表

时　间	开盘价（元）	最高价（元）	最低价（元）	收盘价（元）
2023-06-19 09:31	35.00	35.25	34.57	34.74
2023-06-19 09:32	34.74	34.75	34.30	34.75
2023-06-19 09:33	34.75	34.82	34.41	34.73
2023-06-19 09:34	34.59	34.70	34.52	34.57
2023-06-19 09:35	34.57	35.12	34.57	35.12

通过 3.1.2 画分时折线图，我们理解了炒股软件的行情展示功能，简单来说就是一个画图工具。并且它是一个强大的画图工具，比使用 Excel 软件先建表再画图要省时省力。同一份数据表，只需在界面上选择时间周期，就能画出不同的 K 线图。例如，在分时图界面上方选择"1 分钟"，即可快速查看 1 分钟周期的 K 线图，如图 3-3 所示。

图 3-3 中的纵向虚线是交易日分界线，用于区隔不同的交易日。把 K 线图放大，可以看到每一分钟的图表都是用高开低收四个价格形成的 K 线。四个价格之间的关系不同，呈现的 K 线形态也不同。

图 3-3 中空心的 K 线称为阳线，表示收盘价大于开盘价。实心的 K 线称为阴线，表示收盘价小于开盘价。投资者还可通过"主图"快捷菜单将阳线也设置为实心的 K 线，以及在系统设置中，将阳线与阴线设置为不同的颜色，制作个人喜欢的 K 线图。

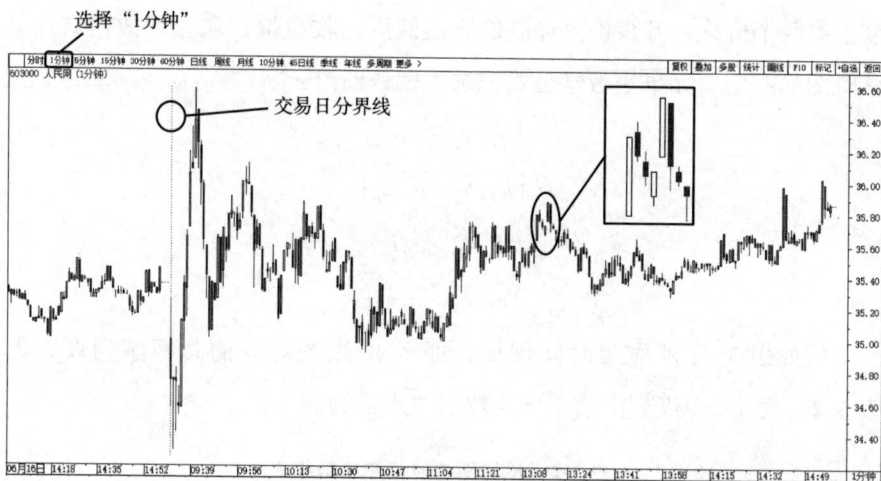

图 3-3　1 分钟周期的 K 线图

K 线又分为实体部分和影线部分。形成空心或者实心，相对粗的部分叫作实体。实体上方的细线叫作上影线。实体下方的细线叫作下影线。上影线是最高价与实体上沿形成的细线。下影线是实体下沿与最低价形成的细线。

图 3-3 中的每一根 K 线都表示对应时间刻度（1 分钟）内，市场形成的开盘价、最高价、最低价、收盘价的价格关系。开盘价是这一分钟内成交的第一笔价格。最高价是这一分钟内成交最高的价格。最低价是这一分钟内成交最低的价格。收盘价是这一分钟内成交的最后一笔价格。

对于大多数投资者而言，阅读图 3-3 所示的 K 线图，比阅读表 3-2 所示的时间序列数据表更容易，也能更快捕捉市场动向。连续几根 K 线形成的图形包含了近期的走势，通过分析图形，投资者能计划在未来几个时间周期内可执行的交易。

3.1.3　多周期的 K 线图

K 线的四个基础价格是按时间刻度（时间周期）提取出来的，同一只股票在不同的时间周期可以画出不同的 K 线图。炒股软件在显示 K 线图时，需要投资者主动设置时间周期。也就是说，时间周期并不像表 3-1 或者表 3-2

中现成的静态数据，而是类似于公式的参数，投资者可以动态调整。

如图 3-4 所示，图中共有 9 张图，除了左上角的分时图外，其余为不同时间周期的 K 线图。这 8 张 K 线图的时间周期分别为：1 分钟、2 分钟、3 分钟、5 分钟、30 分钟、60 分钟、日线、周线。

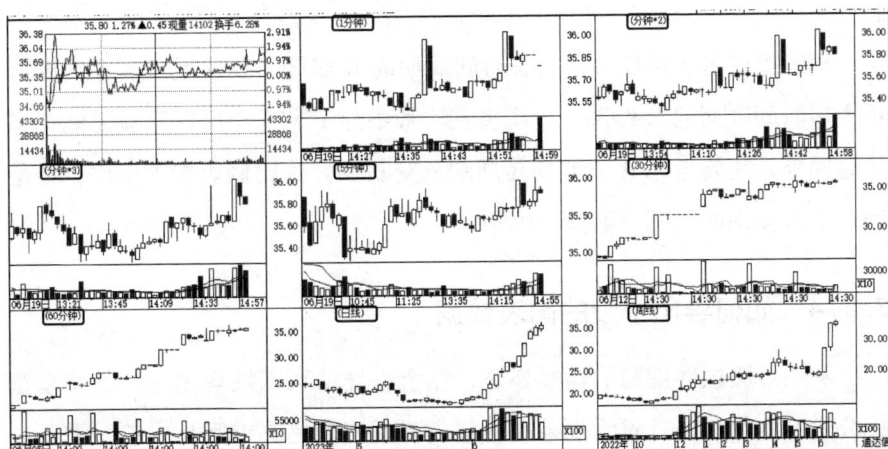

图 3-4　不同周期的 K 线图

假设每张 K 线图显示的 K 线根数都是 42 根。由于时间周期不同，K 线图涵盖的价格走势时间段也不同。

1 分钟 K 线图只能显示最近 42 分钟的价格走势。

2 分钟 K 线图可以显示最近 84 分钟（约 1.5 小时）的价格走势。

3 分钟 K 线图可以显示最近 126 分钟（约 2 小时）的价格走势。

5 分钟 K 线图可以显示最近 210 分钟（约 3.5 小时）的价格走势。

30 分钟 K 线图可以显示最近 1 260 分钟（约 21 小时）的价格走势。

60 分钟 K 线图可以显示最近 2 520 分钟（约 42 小时）的价格走势。

日 K 线图可以显示最近 42 天（约 2 个月）的价格走势。

周 K 线图可以显示最近 42 周（约 9 个月）的价格走势。

在 K 线数量固定的条件下，时间周期越长，可以查看的行情跨度越大，在此期间的价格细节越少。显然，在 5 分钟图上很难找到 1 个月前的收盘价，在周线图上找不到 30 分钟前的最高价等。

技术分析是一种通过历史走势寻找价格规律的交易技术，采用何种时间周期的 K 线图做行情分析，采用何种时间周期的 K 线图进行交易，对投资者而言尤其重要。俗话说"趋势交易需顺大势逆小势"也与时间周期息息相关。

短线投资者不需要分析太长时间周期的 K 线图，长线投资者不需要分析太短时间周期的 K 线图。投资者在实战中除了考虑自己在盯盘上能花多少时间外，还要考虑 A 股的交易规则及交易佣金的比例等客观条件，尽量固定个人惯用的时间周期分析框架。

3.1.4　如何导出个股的图表数据

利用炒股软件编写的指标公式，在个股详情页面展现出来，是编写指标公式的结果之一。对于复杂的量化交易系统而言，编写公式前，需要先使用 Excel 软件对采集到的数据进行分析。

举个例子，先用一只股票的数据完成图 3-2 所示的手动绘图，确定算法无误后，再编写公式。公式编写没有语法错误了，用手动绘图验证公式编写的算法是否正确。最后才在炒股软件中，用编写好的公式对股票数据进行大批量测试。

这是一整套科学的指标公式研发流程，尽管实战可能用得不多，但大原则是需要牢记的——软件编出来的公式不一定就是最好用的，使用时要抱有怀疑精神。

那么炒股软件中什么是肯定不用怀疑的呢？

从炒股软件中导出的基础行情数据肯定不用怀疑，例如表 3-2。

行情数据是由炒股软件提供给所有市场参与者的基础数据，是整个交易市场的基石。炒股软件除了要保证投资者能够顺利下单交易之外，它的另一大基本功能就是在云端服务器记录行情数据，并及时提供给市场参与者。

投资者从炒股软件中导出行情数据的原因有很多，可能是编写公式完成批量处理，也可能是记录个人的交易习惯、优化个人的交易系统等。短线投资者和长线投资者由于投资风格不同，需要分析的数据时间周期不同，导出的个股数据也不同。

在图 2-62 中，曾提到下载数据的格式有日线数据、5 分钟线数据和 1 分钟线数据，并对炒股软件的图表生成规则进行了说明。时间周期在日线以上的 K 线图是利用日线数据生成的。时间周期是 5 分钟倍数的 K 线图，利用 5 分钟线数据生成。时间周期是其他分钟的 K 线图，利用 1 分钟线数据生成。

假如一个短线投资者想要导出人民网（603000）的时间周期为 3 分钟的 K 线图基础数据，该如何操作呢？

第一步，先从云服务器下载 1 分钟线数据。如图 3-5 所示，在"盘后数据下载"窗口中选择"沪深京分钟线"选项卡，然后选中"1 分钟线数据"复选框，再选择下载时间段（如从 2023-05-01 至 2023-06-20），最后单击"开始下载"按钮，等待下载结束。

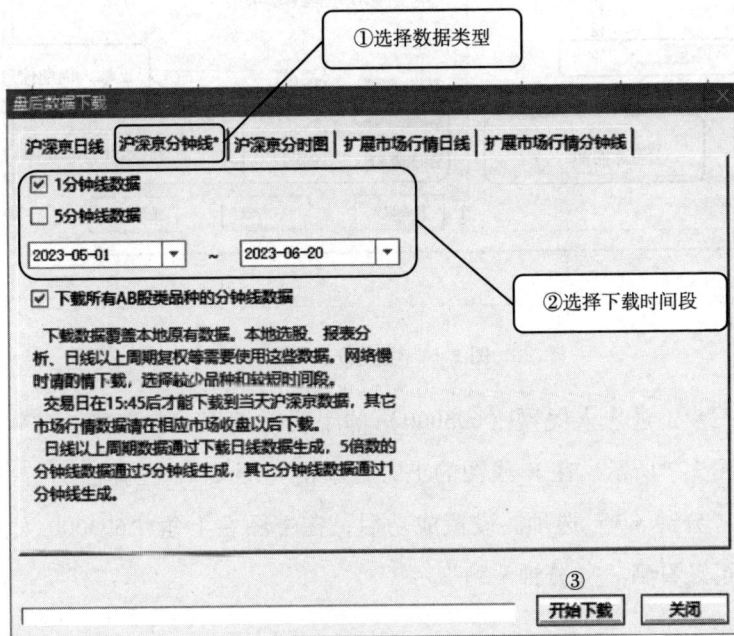

图 3-5　下载 1 分钟线数据

第二步，设置 K 线图的时间周期为 3 分钟。按快捷键 Ctrl + D，进入"系统设置"窗口，如图 3-6 所示。选择"周期"选项卡，然后在"分析周期倍数"输入框中输入"3"，再单击"增加周期"按钮。之后在左侧列表框中选中"分钟＊3"复选框，最后单击"确定"按钮，关闭"系统设置"窗口。

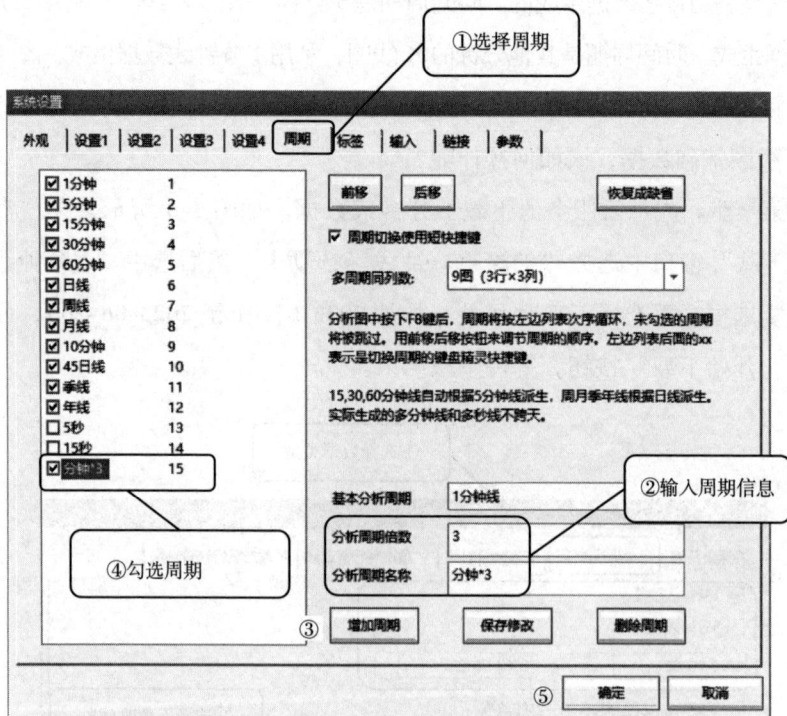

图 3-6　设置数据周期

第三步，进入人民网（603000）的个股详情页面，选择 3 分钟 K 线图，如图 3-7 所示。在 K 线图的上方，单击"更多"，在弹出的下拉菜单中选择"分钟＊3"选项。设置成功后，在主图左上角"603000 人民网"右侧，可以看到"（分钟＊3）"。

图 3-7　设置个股 K 线图的数据周期

第四步，导出数据。按快捷键 34，进入"数据导出"窗口，如图 3-8 所示。自动选中"Excel 文件"选项卡，选择存盘文件的路径后，单击"导出"按钮。

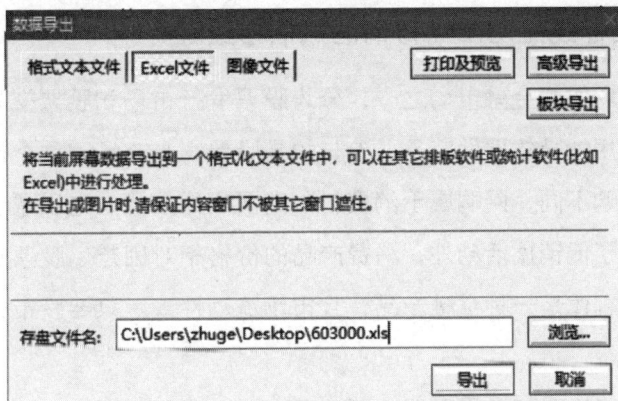

图 3-8　导出 Excel 数据

导出成功后，在本地计算机中查看 Excel 文件。3 分钟时间周期的 K 线数据见表 3-3。表中仅列出前 5 行数据作为示例。对比表 3-2 和表 3-3，表 3-3 的时间间隔为 3 分钟，而表 3-2 的时间间隔为 1 分钟。

表 3-3　时间周期为 3 分钟的 K 线图时间序列数据表

时　　间	开盘价（元）	最高价（元）	最低价（元）	收盘价（元）	成交量（手）
2023-05-04 09:33	20.51	21.10	20.48	20.88	3 746 700
2023-05-04 09:36	20.88	21.00	20.71	20.71	1 629 300
2023-05-04 09:39	20.73	20.97	20.73	20.80	1 160 200
2023-05-04 09:42	20.80	20.92	20.70	20.72	1 186 200
2023-05-04 09:45	20.72	20.72	20.53	20.61	1 063 000

3.2　常用的指标线原理与应用

弄清楚了时间序列数据和时间周期的概念，就知道在炒股软件的分时图和 K 线图背后，都是由数据与时间来支撑的。本节将基于这些概念，介绍常用的指标线原理与应用。

3.2.1　指标线是对市场行情的概括与跟踪

股票市场作为金融市场之一，分为股票发行市场和股票交易市场。通常投资者利用炒股软件做交易，参与的是股票交易市场。这个市场与消费者熟知的网购不同，网购属于消费，如购买实体商品、电影票、网站会员权益等。除了促销搞活动外，消费产品的价格相对固定。股票交易属于投资，购买的客体是一种金融产品，且市场流动性大。只要股市开盘，股价就会波动。

在第 1 章设置盯盘界面时曾提及了投资者最常用到的市场行情模块：盘口信息和成交信息。盘口信息主要展示个股实时的市场报价；成交信息主要展示买卖双方已经成交的结果。图 3-9 所示为个股人民网（603000）在某日的分时成交明细图。该股当日换手率在 6% 以上，流动性不错。可以看到成交价在开盘后，每一分钟都在波动。

603000　人民网　分时成交明细　　Up/PageUp/滚轮 前翻 Down/PageDown/滚轮 后翻

时间	价格	成交			时间	价格	成交			时间	价格	成交			时间	价格	成交			时间	价格	成交		
09:25	34.69	4985		383	09:31	35.52	601	B	121	09:33	35.85	1482	S	361	09:34	35.53	420	S	85	09:36	35.34	802	S	206
09:30	34.85	1025	B	105	09:31	35.57	1000	B	154	09:33	35.87	1000	B	142	09:34	35.53	653	S	78	09:36	35.37	366	B	73
09:30	34.80	1422	B	122	09:31	35.57	623	S	126	09:33	35.85	1293	S	221	09:34	35.52	751	S	187	09:36	35.37	756	S	59
09:30	34.73	2478	S	133	09:31	35.58	941	B	167	09:33	35.85	1367	S	162	09:34	35.55	983	B	130	09:36	35.40	565	B	79
09:30	34.90	3440	B	409	09:31	35.60	849		172	09:33	35.88	1118	B	117	09:34	35.64	373	B	113	09:36	35.50	303	B	85
09:30	34.85	1519	S	167	09:31	35.63	700	B	133	09:33	35.96	1388	B	188	09:35	35.60	550	S	126	09:36	35.46	391	S	69
09:30	34.79	1882	S	213	09:31	35.63	495	S	89	09:33	36.03	2753	B	368	09:35	35.60	549	B	105	09:36	35.41	421	S	86
09:30	34.70	1478	S	159	09:31	35.67	633	B	146	09:33	36.03	538	S	149	09:35	35.52	1866	S	199	09:36	35.40	389	S	83
09:30	34.66	1295	S	204	09:31	35.65	1486	S	251	09:33	36.03	354	B	93	09:35	35.35	479	S	108	09:36	35.40	2020	B	167
09:30	34.58	831	S	121	09:32	35.61	1136	S	253	09:33	36.08	1152	B	187	09:35	35.30	426	S	98	09:36	35.29	1054	S	118
09:30	34.59	1314	S	113	09:32	35.57	1124	S	170	09:33	35.92	1543	S	255	09:35	35.20	275	S	54	09:36	35.25	381	S	86
09:30	34.73	685	B	124	09:32	35.52	830	S	153	09:33	35.93	1015	S	130	09:35	35.30	1129	B	167	09:36	35.22	395	S	80
09:30	34.96	597	B	106	09:32	35.52	789	S	146	09:33	35.98	646	B	110	09:35	35.24	510	S	117	09:36	35.22	239	S	50
09:30	34.98	728	B	185	09:32	35.53	1336	B	256	09:33	35.99	543	B	86	09:35	35.30	795	B	123	09:37	35.22	367	S	71
09:30	35.08	682	B	125	09:32	35.61	2188	B	321	09:33	35.99	338	B	103	09:35	35.23	317	S	70	09:37	35.23	1119	S	201
09:30	35.17	267	B	75	09:32	35.77	2445	B	371	09:33	35.93	568	S	86	09:35	35.21	670	S	153	09:37	35.35	291	B	86
09:30	35.17	520	S	79	09:32	35.80	451	B	139	09:33	35.90	482	S	127	09:35	35.28	594	B	101	09:37	35.22	568	S	153
09:30	35.18	238	B	70	09:32	35.86	705	B	154	09:34	35.92	306	B	80	09:35	35.24	849	S	135	09:37	35.35	583	B	102
09:30	35.21	481	B	78	09:32	35.88	948	B	152	09:34	35.85	453	S	112	09:35	35.26	1223	B	156	09:37	35.37	251	B	43
09:30	35.22	931	B	138	09:32	35.92	760	B	154	09:34	35.81	340	S	106	09:35	35.24	1001	S	174	09:37	35.33	731	S	80
09:30	35.20	857	S	138	09:32	35.96	852	B	118	09:34	35.80	347	B	74	09:35	35.23	400	S	143	09:37	35.29	296	S	68
09:31	35.17	817		129	09:32	35.99	1932	B	257	09:34	35.75	575	S	110	09:35	35.19	936	S	142	09:37	35.26	220	S	60
09:31	35.12	862	S	190	09:32	36.10	2094	B	220	09:34	35.75	796	B	178	09:35	35.13	862	S	85	09:37	35.22	192	S	44
09:31	35.05	551	S	184	09:32	36.04	921	S	179	09:34	35.80	839	B	157	09:35	35.19	1707	B	111	09:37	35.23	804		181
09:31	35.13	1355	B	201	09:32	35.99	1333	S	245	09:34	35.80	1800	S	210	09:35	35.16	992	S	129	09:37	35.24	421	B	90
09:31	35.10	867	S	186	09:32	35.97	1218	S	227	09:34	35.82	519	B	105	09:36	35.11	201	S	51	09:37	35.25	143	B	49
09:31	35.19	1316	B	171	09:32	35.96	1263	S	189	09:34	35.77	395	S	135	09:36	35.11	455	B	54	09:37	35.36	134	B	53
09:31	35.32	889	B	147	09:32	35.97	833	B	153	09:34	35.80	327	B	81	09:36	35.24	565	B	118	09:37	35.38	597	B	78
09:31	35.40	355	B	124	09:32	35.96	856	S	171	09:34	35.80	504	S	141	09:36	35.31	149	B	40	09:37	35.43	293	B	91
09:31	35.50	1223	B	154	09:33	35.95	1084	S	166	09:34	35.77	537	S	107	09:36	35.33	91	B	42	09:37	35.48	625	B	78
09:31	35.40	823	S	185	09:33	35.93	1753	S	282	09:34	35.74	723	S	140	09:36	35.35	140	B	39	09:37	35.50	303	B	81
09:31	35.49	1023	B	154	09:33	35.91	1206	S	230	09:34	35.57	824	S	155	09:36	35.38	309	S	48	09:37	35.50	323	S	108

通达信

图 3-9　分时成交明细

在个股详情页面常用的切换操作，如按快捷键 F5，切换分时图与 K 线图；按快捷键 F5，切换至分时成交明细或日线报表；按快捷键 F2，切换至分价表，可按价格从高到低查看成交量的集中度分布情况，且排名前三的成交量会有不同颜色进行标识。

指标线是对市场已经成交的信息进行概括与跟踪。例如，分时走势折线图仅标识 1 分钟内的最后一笔成交价格，而忽略掉 1 分钟内的其他订单。但分时图中还有一根均价线，它统计了 1 分钟内的平均成交价。尽管每根指标线都会丢失部分市场细节，但使用各种指标线时，最好理解指标线的设计出发点：提取市场行情的某些特征，过滤部分市场杂音，便于投资者利用图形化工具来跟踪市场动态。

3.2.2　移动平均线

移动平均线是应用最广泛的指标线之一。它的构造方法十分简单，易于计算机编程，能自动生成各种买入信号或卖出信号。以收盘价的 20 天简单移动平均线为例，它的时间序列数据可以记为：

$$\{MA_1, MA_2, \cdots, MA_n\}$$

其中，第 i 天的均线值 MA_i 是由当前的收盘价及前面 19 个交易日的收盘价之和，再除以 20 得到的，计算公式记为：

$$MA_i = \frac{c_{i-19} + c_{i-18} + \cdots + c_i}{20}$$

由于 20 均线需要 20 个交易日的数据才能算出结果，对新股而言，上市后的十多天内不会显示 20 均线。图 3-10 所示为一只上市时间不到 3 个月的新股美利信（301307）。图中的 20 均线自上市第 20 个交易日开始画，起点价格为 28.57 元。

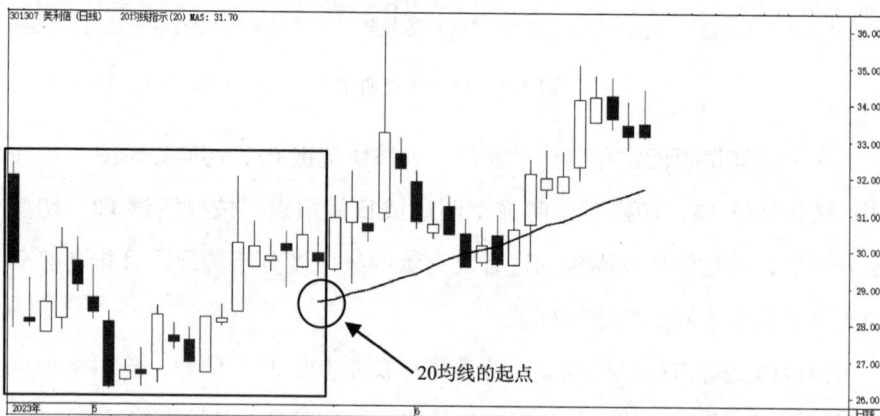

图 3-10　20 均线的起点

根据简单移动平均线的数学公式，这个起点的价格是基于 20 个交易日的收盘价计算出来的结果，即：

$$MA_1 = \frac{29.55 + 27.95 + \cdots + 29.65}{20} = 28.57（元）$$

20 均线的起点价格简单概括了前面 20 天的市场行情，市场成交的平均价格约为 28.57 元。炒股软件默认在主图显示的是 K 线图，但移动平均线并不是基于 K 线图来计算的。为了更容易理解，将主图设置为收盘价走势折线图，如图 3-11 所示。

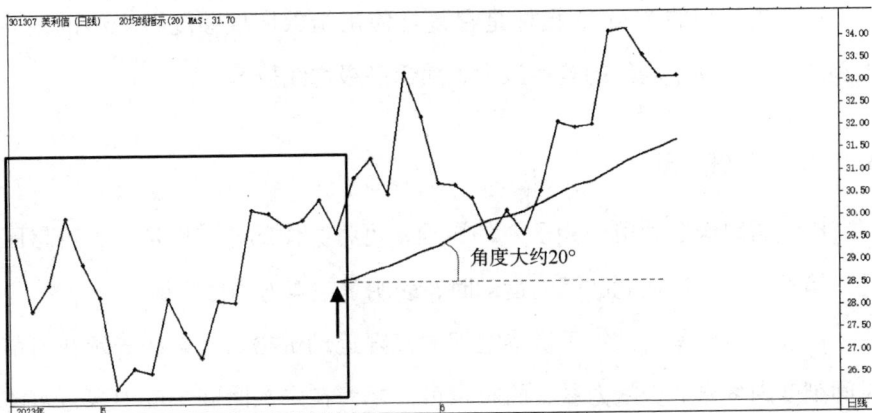

图 3-11　20 均线与收盘价线

图 3-11 中的 20 均线呈现约 20°的向上倾斜，说明该股在中短期呈上升趋势。利用移动平均线技术来跟踪这段趋势，当价格下跌返回 20 均线附近时，便是合适的进场时段。

除了简单移动平均线外，还有线性加权移动平均、指数加权移动平均等，它们的计算公式更复杂，对于距离计算日期更近的交易日，权重更大。图 3-12 中的三种均线，黑色粗线为简单移动平均线，灰色细实线为线性加权移动平均线，灰色细虚线为指数加权移动平均线。

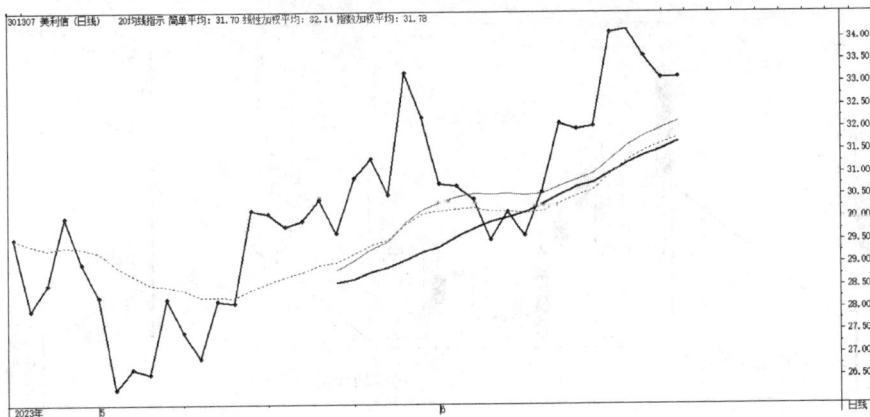

图 3-12　对比三种均线

投资者常用的 MACD 指标是在复合使用指数加权移动平均线的基础上叠加了双移动平均线的差值放大，属于高级均线技术。

3.2.3　K 线 图

K 线图的构造利用"箱子"的原理，可将实体部分看作是一个价格区间的箱子。当价格在此区间内运动时，表明多空双方力量均衡。

影线可看作是突破箱子价格空间的极限运动价格。上影线表示在当前时间刻度内多方的极限力量，同时也可以视为在未来时间刻度内多方可能突破的极限。

下影线表示在当前时间刻度内空方的极限力量，同时也可以视为在未来时间刻度内空方可能突破的极限。

一根 K 线是以一个时间刻度内的四个价格画出来的图形，它比均线上的一个点包含的信息更丰富。下面仍以图 3-10 的 20 均线起点为例，20 个交易日的价格走势，在日 K 线图上是 20 根 K 线。利用均线技术，总结为 20 均线上的一个点；而利用 K 线技术，总结为图 3-13 中的 20 日周期的第一根 K 线，它是一根长下影线的阴线。

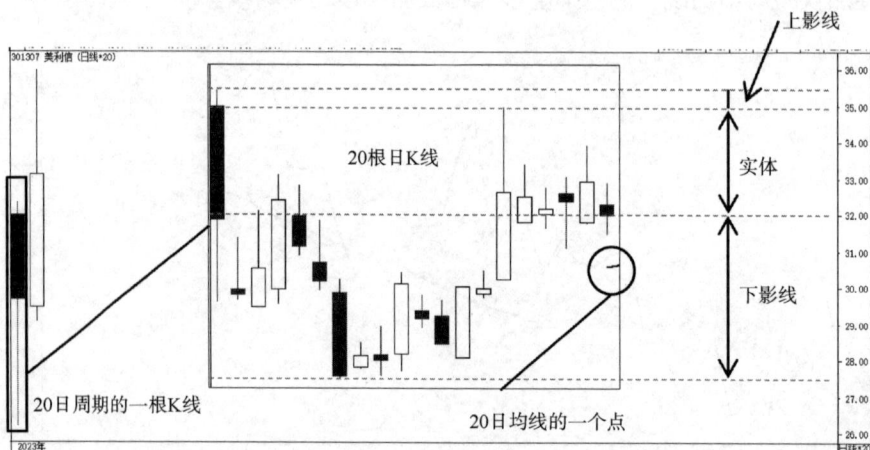

图 3-13　对比概括 20 天行情的两种图形

这根阴线的开盘价是第一个交易日的开盘价，收盘价是第 20 个交易日的收盘价，上影线是开盘价与 20 天内的最高价之间的连线，下影线是收盘价与 20 天内的最低价之间的连线。

通过时间周期为 20 天的一根 K 线，可以分析这 20 个交易日内的走势大概为：高位开盘，短暂上冲后便下跌；下跌到最低价后开始回调；最后收盘于开盘价的下方。由于下影线明显比实体部分更长，说明回调的力度尚可。

而 20 日均线的起点价格为 28.57 元，它仅是一个点，单独根据一个点是不能像一根 K 线似的，解读出大量市场内部走势。但是，可以通过图 3-11 的日线收盘价走势折线图，得出与分析 20 日周期上的一根 K 线类似的结论。

前面提到可以把 K 线的实体部分看作价格区间的箱子，如图 3-13 所示，对照 20 天内的日 K 线走势，我们发现，其实 20 天内大部分时间是在下影线的价格区间运动，只有最后几个交易日有大部分时间在实体内部运动。需要注意的是，K 线划分的价格区间与期间内的价格运动时间关系并不大。

在实战中，K 线上影线、实体部分、下影线的价格区间都可以用于指导未来一段时间内的交易。例如，当下影线明显长于实体部分，上影线很短，说明在该时间刻度内多方的力量更强，有实力形成长下影线，可以考虑随后进场做多。当上影线明显长于实体部分，下影线很短时，那么在该时间刻度内空方的力量更强，短期内尽量不要做多。

并不是所有的 K 线都具有交易的实战价值。从 K 线的长度来说，投资者应主要关注两类 K 线：一类是大线，另一类是小线。大线既包括影线很长，也包括实体很长。小线主要针对实体和影线都很短的 K 线。如果市场中没有资金实力很强的市场参与者，很难形成大线。如果 K 线图中出现了大线，可再去关注小线，寻找交易机会。一张只有小线的 K 线图，对于大部分投资者来说，可能交易价值并不大。

3.2.4　OBV 能量潮指标线的计算原理与公式

如果说移动平均线是在一个时间刻度上，体现某个价格在前面一段时间内的特征；而 K 线图是在一个时间刻度上，根据四个价格的特征，描述本时间刻度内价格可能的走势，以及多空双方的力量对比。那么 OBV 能量潮指标线，则是通过比较相邻两个时间刻度的价格关系，描述成交量与价格之间的特征。

OBV 指标的计算方式如下：过程需要同时利用收盘价和成交量两个时间序列（举例以日线作为时间周期）。

以第一天的收盘价作为基准价格，不计算 OBV 指标。

如果第二天的收盘价高于第一天，则把该日成交量作为 OBV 指标的数值，并记为正数。

如果第二天的收盘价低于第一天，则把该日成交量作为 OBV 指标的数值，并记为负数。

如果第三天的收盘价高于第二天，则 OBV 指标为前一日的 OBV 指标数值加上当日成交量。如果第三天的收盘价低于第二天，则 OBV 指标为前一日的 OBV 指标数值减去当日成交量。以此类推。

图 3-14 所示为个股美利信（301307）的 OBV 能量潮指标线，与收盘价走势折线图类似，OBV 能量潮指标线也是将每个时间刻度的 OBV 数值连接而成的折线。且从上市第二天开始计算 OBV 指标的数值，上市当天没有 OBV 指标数值。

上市第二天的数值为 −115 526.49。由于该股上市第二天的收盘价 27.95 元，低于第一天的收盘价 29.55 元，该日的成交量为 11 552 649 手，因此 OBV 指标的起点是负数，位于零轴下方（副图的虚线），因此 OBV 指标的数值计算为：

$$OBV_2 = -\frac{11\ 552\ 649}{100} = -115\ 526.49$$

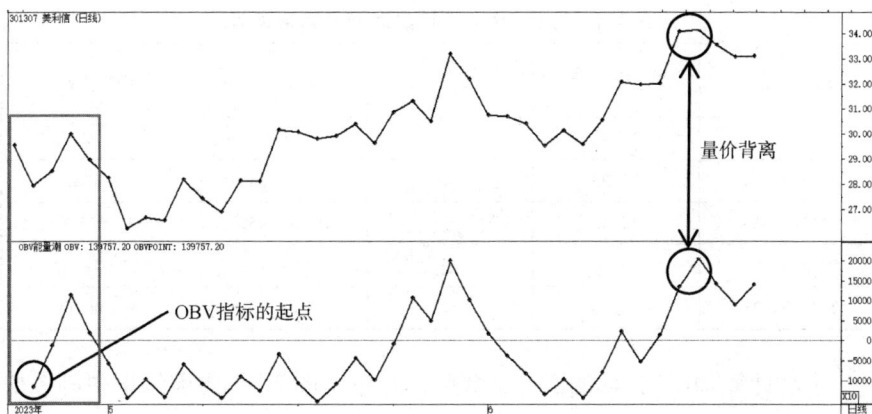

图 3-14　OBV 指标的起点

上市第三天的数值为 $-12\,875.97$。由于该股上市第三天的收盘价 28.52 元高于第二天的收盘价 27.95 元，该日的成交量为 10 265 052 手，因此 OBV 指标的数值计算为：

$$OBV_3 = OBV_2 + \frac{10\,265\,052}{100} = -115\,526.49 + 102\,650.52 = -12\,875.97$$

上市第四天的数值为 114 931.32。由于该股上市第四天的收盘价 30.00 元高于第三天的收盘价 28.52 元，该日的成交量为 12 780 729 手，因此 OBV 指标的数值计算为：

$$OBV_4 = OBV_3 + \frac{12\,780\,729}{100} = -12\,875.97 + 127\,807.29 = 114\,931.32$$

上市第五天的数值为 19 738.33。由于该股上市第五天的收盘价 28.98 元低于第四天的收盘价 30.00 元，该日的成交量为 9 519 299 手，因此 OBV 指标的数值计算为：

$$OBV_5 = OBV_4 - \frac{9\,519\,299}{100} = 114\,931.32 - 95\,192.99 = 19\,738.33$$

将上述 OBV 指标数值的计算过程整理成时间序列数据表，见表 3-4。其中，"收盘价""是否高于前一日的收盘价""成交量"这三列是中间数据。OBV 指标线是依据"时间"和"OBV 指标"两列画出来的。

表 3-4 计算 OBV 指标的时间序列数据表

时　　间	收盘价（元）	是否高于前一日的收盘价	成交量（手）	OBV 指标
2023-04-24	29.55	—	—	—
2023-04-25	27.95	否	11 552 649	−115 526.49
2023-04-26	28.52	是	10 265 052	−12 875.97
2023-04-27	30.00	是	12 780 729	114 931.32
2023-04-28	28.98	否	9 519 299	19 738.33

手动计算 OBV 指标的前五个数值，对应了图 3-14 中虚线框中副图的前四个数据点。前两个时间点的数据小于 0，位于零轴下方。后两个时间点的数据大于 0，位于零轴上方。

如果在实战中使用 OBV 指标，需要结合收盘价的变化综合研判。例如，当价格上涨时，OBV 指标跟着上涨，就是价量齐增。而当价格上涨不明显，但 OBV 指标明显增加时，量价背离，可能有大资金在出货。

3.3　应用序列行情函数编写指标公式

在函数字典中，描述时间序列的常用函数主要是序列行情函数。本节将介绍如何利用序列行情函数编写公式，以及如何依据公式原理，编写 OBV 能量潮指标。

3.3.1　序列行情函数类型

在序列行情函数类型中主要有 23 个函数，其中 ADVANCE 上涨函数和 DECLINE 下跌函数两个函数只能用于沪深指数；VOLINSTK 持仓量和 QHJSJ 结算价两个函数只能用于期货和期权；HKSHORTVOL 抛空量函数只能用于港股；还有五个不定周期的价格和成交量函数；其余函数是最基础的价格和成交量，是编写公式最常用到的时间序列，见表 3-5。

表 3-5　常用时间序列的函数

时间序列	函数全称	函数缩写
最高价	HIGH	H
最低价	LOW	L
收盘价	CLOSE	C
开盘价	OPEN	O
成交量（手）	VOL	V
成交额（元）	AMOUNT	AMO

尤其是前四个函数，熟记之后，可以熟练用公式表达下面的常用 K 线特征。

阳线，收盘价大于开盘价，公式为：

C＞O

阴线，收盘价小于开盘价，公式为：

C＜O

实体部分，收盘价与开盘价之间的价格空间，即价格之差的绝对值，公式为：

ABS（C，O）或者 ABS（O，C）

上影线，最高价减去实体部分的上沿，公式为：

H-MAX（C，O）或者 H-MAX（O，C）

下影线，实体部分的下沿减去最低价，公式为：

MIN（C，O）-L 或者 MAX（O，C）-L

这里用到了数学函数类型下的三个常用函数（ABS、MAX、MIN），函数的两个输入不分先后。实体部分使用 ABS 绝对值函数，上影线使用 MAX 较大值函数，下影线使用 MIN 较小值函数。

数学函数类型包括 20 多个数学函数，用法与 Excel 软件中的常用数学公式大致相同。

下面对比未来函数中的不定周期收盘价函数与收盘价的走势折线图，如图 3-15 所示。

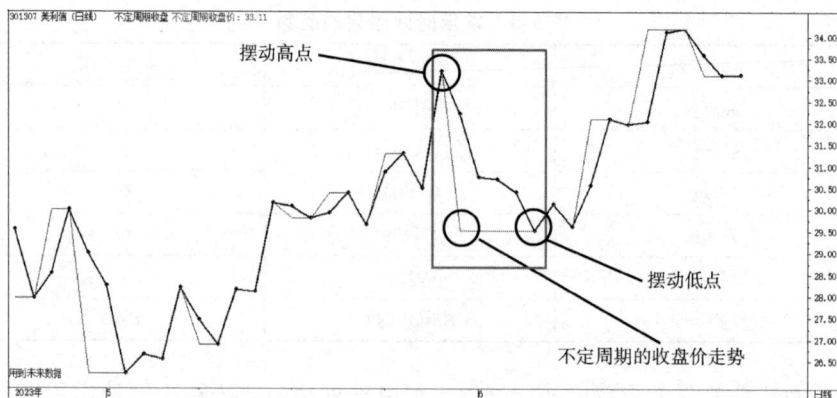

图 3-15 对比不定周期与固定周期的收盘价走势

图 3-15 中黑线为收盘价走势折线，灰线为不定周期收盘价走势折线。两根指标线并未完全重合，重合的位置通常位于摆动高点或者摆动低点。当连续两天及以上的收盘价上涨，或者连续两天及以上收盘价下跌时，自第二个交易日开始，两根指标线便不重合了。

以图 3-15 中虚线框出的这一段下跌走势为例，收盘价走势折线从摆动高点至摆动低点，中间有四个交易日，共形成五段折线。

而不定周期的收盘价走势折线只有两段。中间的弯折点从时间上，是在摆动高点后的第二天；从空间上是从摆动高点至摆动低点的价格空间，如图 3-16 所示。

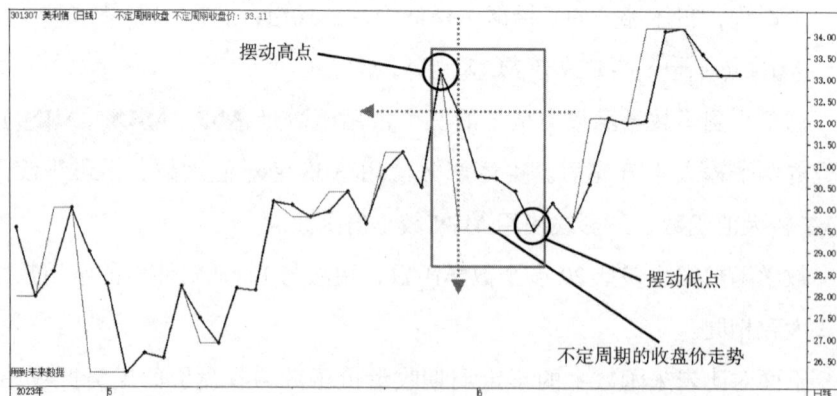

图 3-16 不定周期的收盘价走势原理

不定周期与固定周期是有差异的。一方面，体现在每一段折线横跨的时间刻度。固定周期的折线时间刻度是固定的。不定周期的折线时间刻度不是固定的，取决于所处的这一段趋势是否结束。有的折线与固定周期相同，只占一个时间刻度；有的折线会占用多个时间刻度。另一方面，体现在价格空间上，如果连续几天的收盘价都朝着同一个方向运动，不定周期的折线会占据这几天的价格运动空间。如果当前处于下跌趋势，即使已经画出最后一段折线了，若后面一天收盘价继续下跌，那么弯折的价格空间还会跟着变。

另外，图 3-15 中的黑色实线为收盘价走势折线图，调用方式为主图右击。在弹出的主图快捷菜单中，选择"主图其他设置"→"收盘站线"选项，如图 3-17 所示。

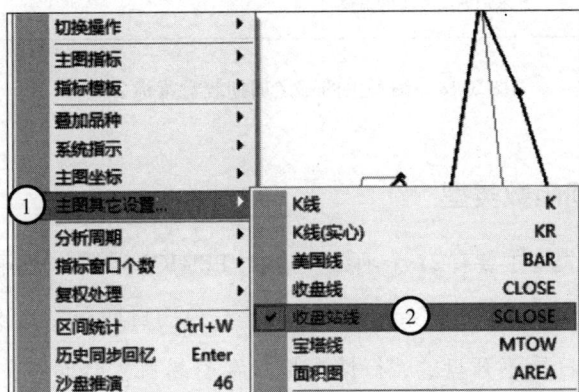

图 3-17　主图菜单调用收盘价线

图 3-15 中的灰色实线为不定周期收盘价走势折线。先编写主图指标公式"不定周期收盘"，公式编辑器如图 3-18 所示。保存公式后，在主图中调用该指标公式。

公式源代码：

```
不定周期收盘价:DCLOSE,COLORGRAY;
```

公式解析：

该公式名称为"不定周期收盘"，公式类型为"其他类型"，画线方法为"主图叠加"。

公式仅一行语句，输出名称为"不定周期收盘价"的指标线。

该指标线调用了 DCLOSE 不定周期收盘价函数。

指标线调用了颜色函数 COLORGRAY ，为灰色。

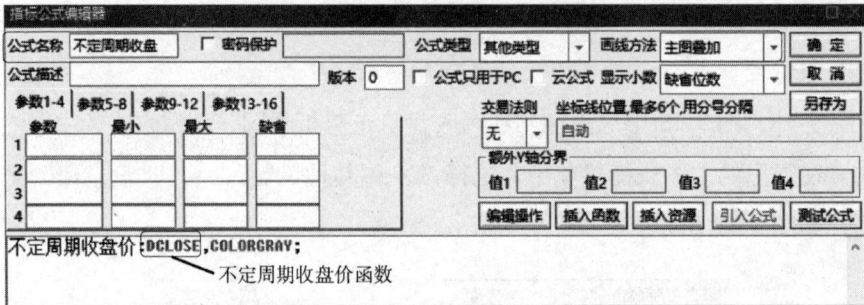

图 3-18　编写主图不定周期收盘指标公式

3.3.2　时间函数类型

时间函数类型主要有 21 个函数。其中，PERIOD 周期类型函数用于获取图表中的时间周期类型。其余的函数主要是与日历日期有关的计算工具。我们都知道节假日是不开盘的，行情数据只在交易日才会通过市场参与者产生。时间函数是计算时间的基础函数，属于公式系统偏底层的功能函数。

3.3.3　如何编写 OBV 能量潮指标公式

理解了 OBV 能量潮指标公式的计算方法后，编写公式的过程就是把数学公式改写成通达信公式的过程。返回表 3-4，OBV 指标的三个中间数据（收盘价、是否高于前一日的收盘价、成交量），有两个是现成的序列行情函数（收盘价 C 和成交量 V），第三个是对两天收盘价的比较结果。

假设用一个中间变量 BQC ，用于记录比较当前时间刻度上的收盘价与前一个时间刻度上的收盘价的结果。如果比前一个时间刻度上的收盘价高，则 BQC =1 ；如果比前一个时间刻度上的收盘价更低，则 BQC = −1 ；如果与前一个时间刻度上的收盘价相等，则 BQC =0 ，该时间刻度的 OBV 指标与前一个时间刻度的数值相等。

那么，OBV 指标的计算公式为：

$$OBV_i = \sum BQC_i \times V_i$$

编写副图指标公式"OBV 能量潮"，公式编辑器如图 3-19 所示。

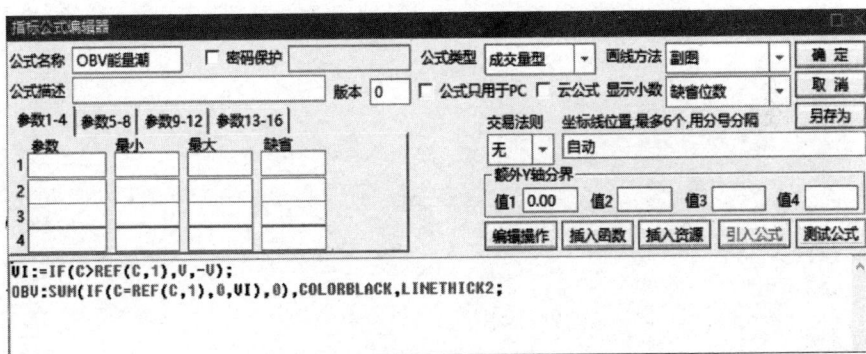

图 3-19　编写副图 OBV 能量潮指标公式

公式源代码：

```
VI: =IF( C >REF( C,1) ,V, −V) ;
OBV:SUM( IF( C =REF( C,1) ,0,VI) ,0) ,COLORBLACK,LINETHICK2;
```

公式解析：

该公式名称为"OBV 能量潮"，公式类型为"成交量型"，画线方法为"副图"。

额外 Y 轴分界，值 1 为 0。

公式有两行语句。第一行输出中间变量 VI ，当日收盘价大于前一日收盘价时，VI 等于当日成交量；当日收盘价小于前一日收盘价时，VI

等于当日成交量的负值。这里调用了选择函数类型下的 IF 条件判断函数。

第二行输出 OBV 指标线，黑色，2 号粗。

该指标线调用了引用函数类型下的 SUM 累和函数，并在累计求和的过程中，排除了当日收盘价等于前一日收盘价的情形。

第 4 章

通达信公式编写的
逻辑函数

4.1 什么是逻辑及利用公式可实现的逻辑

逻辑学作为一门哲学分支学科，是科学的科学，在近现代得到了很大发展。刚接触逻辑学的人需要建立一个基本框架结构，如逻辑学是研究思维形式结构的科学。逻辑学有不少常见术语，如词项的关系、命题的结构、推理的有效性、论证的正确性等。

从狭义的角度来说，一个命题如果能判断是正确的，便是真命题；一个命题如果判断是错误的，便是假命题。由于公式编写的逻辑原理与命题类似，投资者要想成为公式编写的实战高手，不懂点儿逻辑是说不过去的。

以第 3 章编写 OBV 指标用到的逻辑判断为例，对当前时间刻度上的收盘价与前一个时间刻度上的收盘价进行比较，比较结果分为三种情况：大于、小于和等于，如图 4-1 所示。

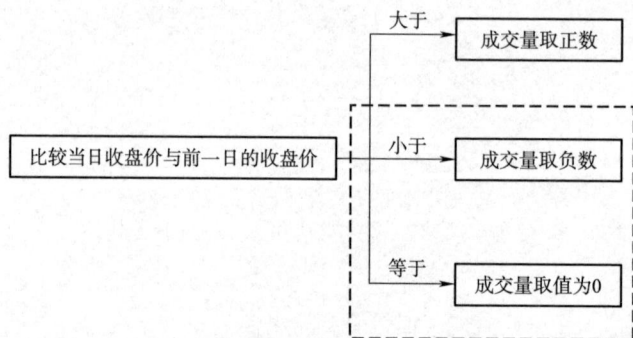

图 4-1　理论逻辑对结果的三种情况

但公式系统自带的 **IF** 函数只能进行二元划分，因此，在实际编写公式时，使用了两次 **IF** 函数，如图 4-2 所示。

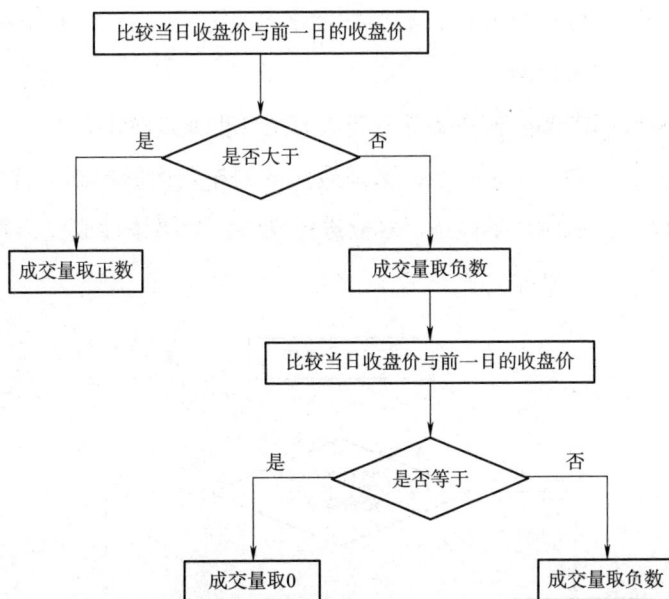

图 4-2　利用函数两次二分

第一次使用 **IF** 函数，判断当日收盘价"是否大于"前一日收盘价。如果大于，则成交量取正数，否则成交量取负数。

但此时成交量取负数包括两种情况：一是当日收盘价小于前一日收盘价，此时取负数符合算法；二是当日收盘价等于前一日收盘价，此时取负数不符合算法。

第二次使用 **IF** 函数，是对第一次的判断结果中"不是大于"的情况再进行一次判断，以"是否等于"作为判断条件。如果相等，则成交量取值为 0，否则保留原来的取值。

如果说图 4-1 是在纸面上分析的理论逻辑，那么图 4-2 就是公式编写的逻辑实现。逻辑实现必须以逻辑分析为基础，但逻辑实现不一定与逻辑分析的过程完全相同。

当我们对公式编写的逻辑计算结果不满意时，既有可能是公式实现写错了，也可能是最初的逻辑分析出了问题，具体是哪种情况需要逐步排除。如果发现计算结果有误，需要按照实现的逻辑，逐个环节进行排查，找到问题，并修改正确。

公式编写的内部逻辑主要以二分法为主，也就是图 4-2 中的菱形节点。将其单独分析，如图 4-3 所示，这是最基础的布尔逻辑判断。首先定义某个判断条件，然后对该条件是否成立进行判断。如果条件成立，则输出 1；如果条件不成立，则输出 0。

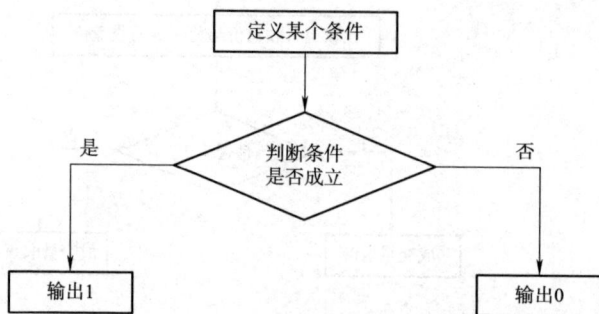

图 4-3　编写公式常用的二分结构

有了布尔逻辑判断的输出值，才能实现从人类能懂的自然语言到计算机能懂的电子信号之间的转换。计算机最终传输的是"人类完全不懂的"电子信号，将其转换成的"人类能看懂的"数字信号，归根结底就是"1"和"0"。

4.2　对时间序列进行逻辑判断

在时间周期确定的条件下，由于时间序列数据就是一连串的数据，如果对时间序列数据进行逻辑判断（在每个时间刻度上进行逻辑判断），那么输出的结果还是一个时间序列。新的时间序列是由 0 和 1 组成的序列。

例如，比较当前时间刻度上的收盘价是否大于前一个时间刻度上的收盘价，编写副图指标公式"收盘价比较"，如图 4-4 所示。

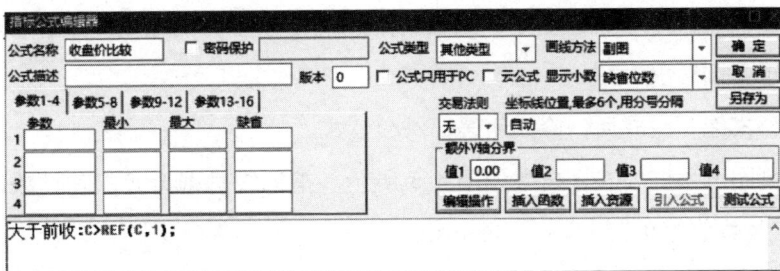

图 4-4　编写副图指标公式"收盘价比较"

公式源代码：

```
大于前收:C >REF(C,1);
```

公式解析：

该公式名称为"收盘价比较"，公式类型为"其他类型"，画线方法为"副图"。

额外 Y 轴分界，值 1 为 0。

公式仅一行语句，输出名称为"大于前收"的指标线。

该指标线调用了操作符类型下的"　>　"大于函数，以及引用函数类型下的 REF 函数。

REF 函数的中文名是"日前的"，表示引用指定历史时间刻度上的时间序列数据。这里的"日前"默认以日线作为表述方式，并不表明使用 REF 函数只能调用日线数据，具体调用哪个时间周期，是由投资者在使用公式时决定的。

REF 函数有两个输入：第一个输入指定时间序列，第二输入指定当前时间刻度之前的第几个。

公式 REF（C，1），表示引用前一个时间刻度的收盘价（前一个时间点上的收盘价），它是历史数据。从当前时间刻度来看，被引用的数据是已经发生过的历史。

公式 C >REF（C，1），表示定义"当前时间刻度上的收盘价大于前一个时间刻度上的收盘价"为判断条件。套用图 4-3 的结构，公式依据判断条件，在当前时间刻度上，比较的结果若是大于，则输出 1；结果若不是大于，则输出 0。

公式编写完成后，检测无误，保存公式。

副图调用该公式，结果如图 4-5 所示。指标线呈锯齿状，有时数值为 1，有时数值为 0。

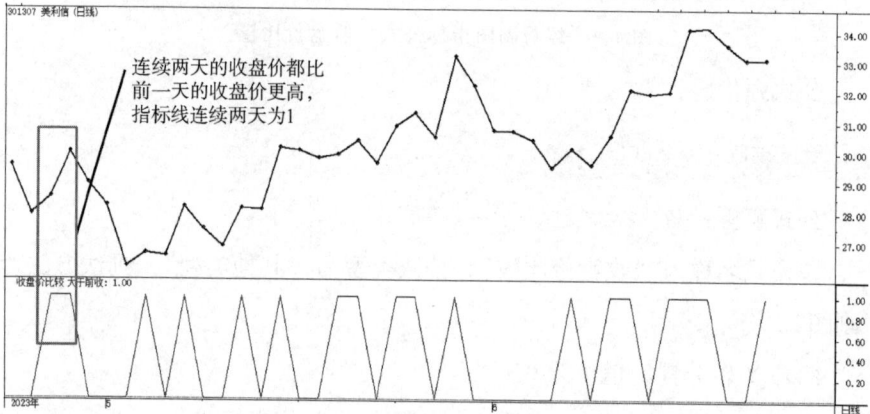

图 4-5　副图指标公式收盘价比较的指标线

图 4-5 中虚线框出了第三个和第四个交易日，由于连续两个交易日的收盘价都比前一天的收盘价更高，因此，指标线连续两天数值为 1。

对时间序列数据进行逻辑判断，实际上是在每个时间刻度上都进行一次逻辑判断，因此输出了一个时间序列。由于逻辑判断的结果不是 1 就是 0，所以，图 4-5 的结果呈锯齿状。这一串数据的起点是第二天，也可记为：

$$\{0,1,1,0,0,0,1,0,1,0,0,\cdots,1\}$$

4.3　如何对逻辑进行运算

4.2 介绍了对时间序列进行逻辑判断，得到的时间序列只包含布尔逻辑判断的输出值——0 和 1。每一个逻辑判断对应一个判断的条件。在实战中编写的公式很少出现仅进行一次逻辑判断的情况。除了图 4-2 的结构外，先进行一次逻辑判断，然后对部分结果再进行一次逻辑判断的情况，对逻辑值再次进行运算也很常用。

逻辑运算的基本算子包括双目运算"逻辑与"，"逻辑或"，以及单目运算"逻辑非"。双目运算是指函数可以输入两个逻辑判断，单目运算是指函数只能输入一个逻辑判断。

在通达信公式系统中，"逻辑与"的函数对应操作符类型下的" AND "" && "；"逻辑或"的函数对应操作符类型下的" OR "" || "；"逻辑非"的函数对应逻辑函数类型下的" NOT "。

例如，公式 C >REF（C，1），判断当前时间刻度的收盘价大于前一个时间刻度，可以对这个逻辑判断进行"逻辑非"运算，公式为：

```
NOT(C>REF(C,1));
```

将此公式编写为副图指标公式"收盘价比较 2"，如图 4-6 所示。

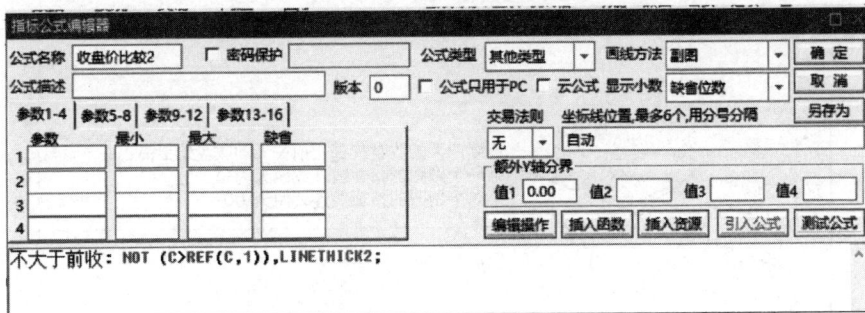

图 4-6　编写副图指标公式收盘价比较 2

公式源代码：

```
不大于前收:NOT(C>REF(C,1)),LINETHICK2;
```

公式解析：

该公式名称为"收盘价比较 2"，公式类型为"其他类型"，画线方法为"副图"。

额外 Y 轴分界，值 1 为 0。

公式仅一行语句，输出名称为"不大于前收"的指标线，用 2 号粗。

该指标线调用了逻辑函数类型下的" NOT "，对公式 C >REF（C，1）的计算结果取相反值。也就是说，当前时间刻度上的收盘价大于前一个时间刻度上的收盘价时，输出 0；如果不大于时，输出 1（不大于包含小于或者等于两种情况）。

编写该公式时，注意括号是成对出现的，有前括号"（"，就有后括号"）"。尤其遇到函数输入叠了三四层的情况，写出来的公式可能是三四个后括号叠在一起，如"））））"。视觉上可能感觉公式写得别扭，但若少写一个后括号，语法检查就会报错。

公式编写完成后，检测无误，保存公式，然后检查指标线的画图效果。

使用两个副图，第一个副图调用公式"收盘价比较"，第二个副图调用公式"收盘价比较 2"，结果如图 4-7 所示。

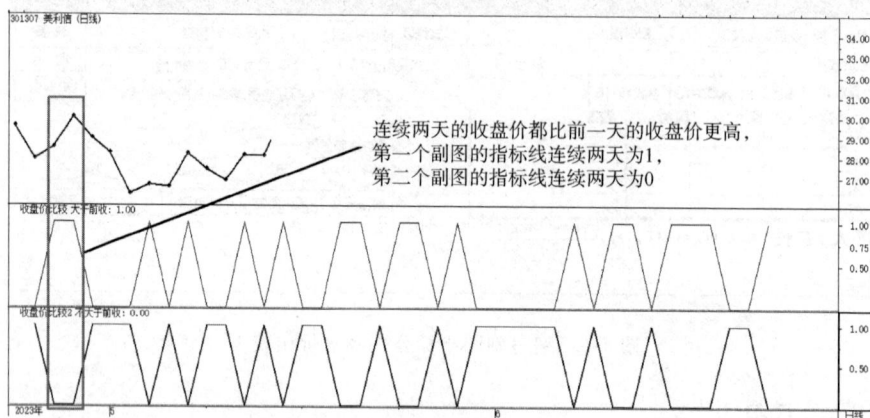

图 4-7　副图指标公式比较逻辑

由于第二个副图的指标线是对第一个副图的指标线"取相反"的数值，视觉上看第二个副图的指标线，便与第一个副图的指标线呈相反的锯齿形状。

图 4-7 中虚线框出的两个交易日，连续两天的收盘价都比前一天的收盘价更高。第一个副图的指标线连续两天为 1，而第二个副图的指标线连续两天为 0。第二个副图的指标线是对第一个副图"取非"运算后得到的。

如果把"逻辑非"运算作为一个框图节点，其运算流程如图 4-8 所示。当逻辑输入为 1 时，取非运算的结果为 0；当输入为 0 时，取非运算的结果为 1。

"逻辑与"的运算流程如图 4-9 所示。它有两个逻辑输入，只有当两个输入同时为 1 时，"逻辑与"才能输出 1，其他情况均输出 0。

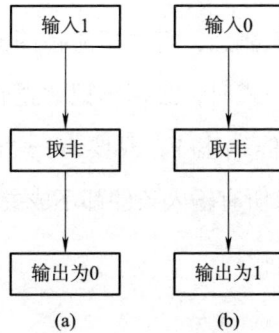

图 4-8 逻辑非的运算流程

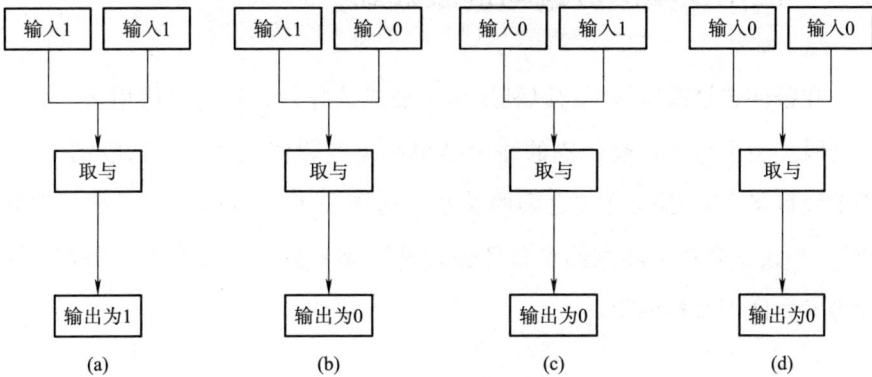

图 4-9 逻辑与的运算流程

"逻辑或"的运算流程如图 4-10 所示。它有两个逻辑输入，只有当两个输入同时为 0 时，"逻辑或"才能输出 0，其他情况均输出 1。

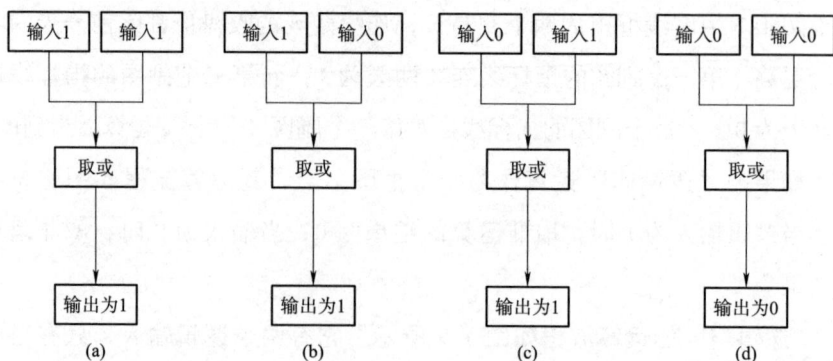

图 4-10　逻辑或的运算流程

　　由于逻辑运算属于抽象概念，可借用流程图或者指标线等形象的方式来辅助理解和记忆。编写公式时，必须牢记"逻辑与"表示并且，要求所有输入条件都成立时，才能输出 1。只要有一个输入为 0，输出便为 0。"逻辑或"表示或者，要求所有输入条件都不成立时，才能输出 0。只要有一个输入为 1，输出便为 1。

4.4　应用逻辑函数编写选股公式

　　在条件选股窗口除了可以利用单个公式选股外，还可以使用多个公式来选股。由于每个选股公式的输出结果都是逻辑值，在条件选股窗口中，需要设置多条件选股公式之间的关系，选择采用"逻辑与"或是"逻辑或"。当投资者对于测试的多条件公式选股满意后，还可以将其保存为选股方案，便于直接调用。

4.4.1　如何进行多条件选股

　　选用"KDJ 买入"公式作为提示买点的选股条件。KDJ 指标也称随机指标，是一个受中短线交易者青睐的买卖点指标。系统自带的条件选股公式中，与 KDJ 指标相关的有两个："KD 买入"公式利用 K 线上穿 D 线，且 K 值在 20 以下，作为买点信号；而"KDJ 买入"公式利用 J 线上穿零轴，作为买点信号。

（1）两种等价的选股方式。

第一种选股方式，使用两个选股公式：一个为系统公式，另一个为自编公式。

除了使用系统公式"KDJ 买入"公式作为提示买点的选股公式外，还增加了一个中期均线作为过滤器。

编写选股公式"收盘 60 均以上"，如图 4-11 所示。

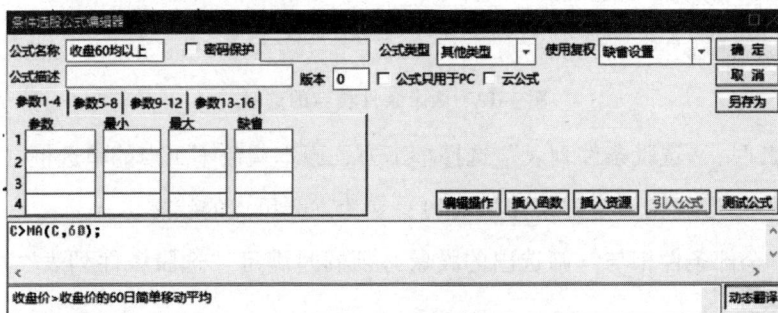

图 4-11　编写选股公式收盘 60 均以上

公式源代码：

```
C > MA ( C,60 ) ;
```

公式解析：

该公式名称为"收盘 60 均以上"，公式类型为"其他类型"。

公式仅一行语句，判断当前时间刻度上的收盘价是否大于 60 均线。若大于，则选中股票。

公式编写完成后，检测无误，保存公式。

按快捷键 Ctrl + T，打开"条件选股"窗口。先选择条件选股公式"收盘 60 均以上"，加入选股条件。再选择条件选股公式"KDJ 买入"，加入选股条件，如图 4-12 所示。

	代码	名称(59)	涨幅%	现价	涨跌	换手%	买价	卖价	总量	现量	涨速%	市盈(动)	行业PE
1	600060	海信视像	-3.52	22.46	-0.82	0.75	22.46	22.47	96613	813	0.36	11.83	17.57
2	600373	中文传媒	-5.95	13.12	-0.83	2.22	13.12	13.13	300916	1783	0.08	10.39	36.92
3	600633	浙数文化	-2.95	15.12	-0.46	4.16	15.12	15.13	526693	5002	0.13	17.66	53.06
4	600704	物产中大	-1.65	4.76	-0.0		0.75	4.77	277452	2046	0.20	6.39	17.88
5	600728	佳都科技	-6.46	6.80	-0.4								
6	600737	中粮糖业	-4.77	7.78	-0.3								
7	600777	新潮能源	0.41	2.45	0.0								
8	600883	龙建股份	-2.63	4.08	-0.0								
9	601098	中南传媒	-4.44	11.83	-0.5								
10	601390	中国中铁	-4.19	7.08	-0.3								
11	601658	邮储银行	-2.20	4.88	-0.								
12	601857	中国石油	-0.80	7.46	-0.0								
13	601900	南方传媒	-8.21	20.91	-1.8								
14	601928	凤凰传媒	-7.11	11.23	-0.8								
15	603058	永吉股份	-1.04	9.50	-0.1								
16	603912	佳力图	-3.96	10.42	-0.4								
17	603927	中科软	-5.00	38.79	-2.0								
18	688095	福昕软件	-5.03	135.27	-7.1								
19	688410	山外山	-3.61	56.37	-2.1								
20	688569	铁科轨道	-3.19	36.76	-1.2								
21	000521	长虹美菱	-1.82	7.01	-0.1								
22	000719	中原传媒	-9.98	11.55	-1.2								
23	002154	报喜鸟	-1.14	5.20	-0.0								
24	002174	游族网络	-8.01	18.37	-1.60	6.03	18.37	18.38	550954	12141	0.16	98.16	53.06
25	002177	御银科技	-4.44	3.87	-0.18	5.78	3.87	3.88	440100	6372	0.26	66.53	18.98
26	002291	遥望科技	-3.03	13.74	-0.43	6.64	13.74	13.75	568760	2725	0.29	---	38.60
27	002351	漫步者	-8.51	19.67	-1.83	11.44	19.67	19.68	562667	3312	0.10	57.37	66.90

图 4-12　两个条件相与的选股

此时，"选股条件列表"选择框下方，原本灰色不可点的单选框（"全部条件相与"和"全部条件相或"），变为高亮可点的状态。

"全部条件相与"筛选出的股票必须同时满足"选股条件列表"中的所有条件。

"全部条件相或"筛选出的股票只要满足"选股条件列表"中的任意一个条件。

使用默认的"全部条件相与"，选中"剔除当前未交易的品种"和"剔除 ST 品种"复选框。

选中"时间段内满足条件"复选框，并在开始日期填入 2023-05-18，在结束日期填入 2023-05-18。

最后单击"执行选股"按钮，等待选股结束。

选股结果：

本次从 5 020 只股票中选出了 59 只，选中率为 1.2%。也就是说，在 2023 年 5 月 18 日有 59 只股票既满足收盘价大于 60 均线，又满足公式"KDJ 买入"的买点信号——J 线上穿零轴。

如果投资者对此由两个选股公式组合而成的选股方案感到满意，可以单击图 4-12 中的"保存方案"按钮。以后再次使用该选股方案时，直接单击"引入方案"按钮即可，无须再逐个找公式并加入选股条件。

第二种选股方式把两个选股公式的选股条件通过逻辑运算符连接，写成一个选股公式。

重写一个选股公式"收盘 60 均和 J 线"，如图 4-13 所示。

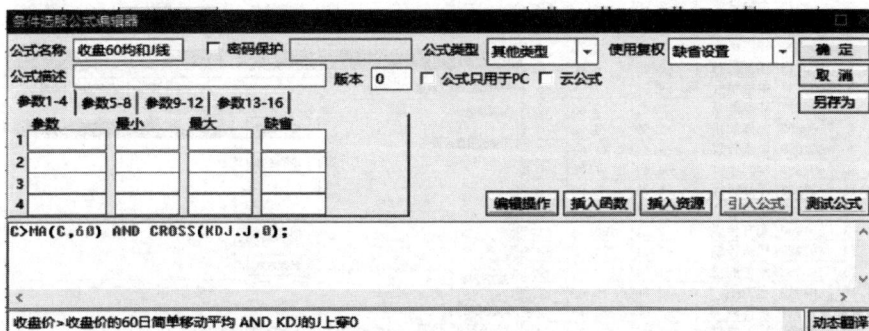

图 4-13　编写选股公式收盘 60 均和 J 线

公式源代码：

```
C>MA(C,60)AND CROSS(KDJ.J,0);
```

公式解析：

该公式名称为"收盘 60 均和 J 线"，公式类型为"其他类型"。

公式仅一行语句，使用操作符类型下的" AND "连接两个选股条件，判断如果个股同时满足这两个条件便选中股票。

条件 1：C >MA（C，60），即图 4-11 的选股公式源代码，要求收盘价大于 60 均线。

条件 2：CROSS（KDJ.J，0），即 KDJ 指标的 J 线上穿零轴。CROSS 函数的用法在图 2-25 有介绍，此处不再赘述。

这里的" KDJ.J "使用操作符类型下的" . "引用指标输出，其用法是：公式名称 +" . " +指标线名称。

由于 KDJ 指标的公式名称为" KDJ "，J 线的名称为" J "，组合而成的" KDJ. J "表示引用 KDJ 公式中的 J 指标线的公式。

公式编写完成后，检测无误，保存公式。

按快捷键 Ctrl + T，打开"条件选股"窗口。在"条件选股公式"下拉列表框中选择"收盘 60 均和 J 线"选项，如图 4-14 所示。

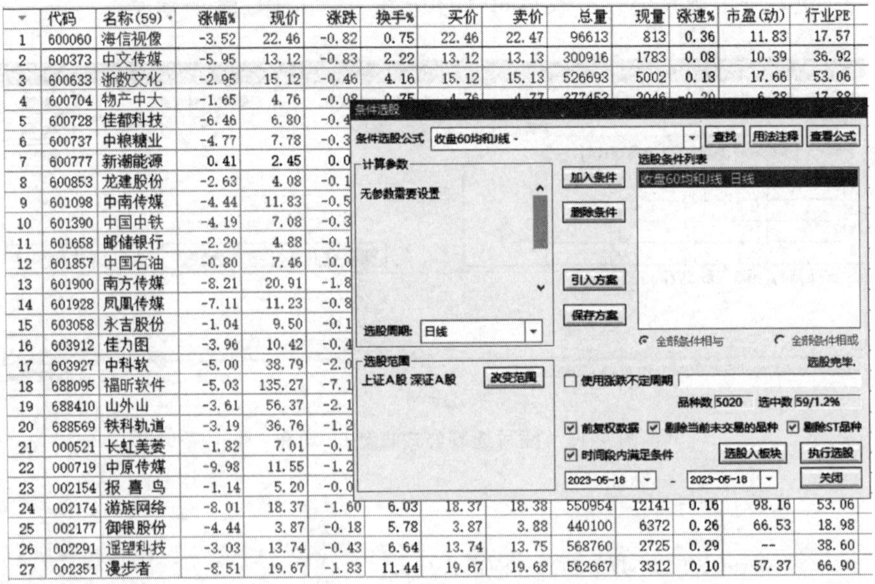

	代码	名称(59)	涨幅%	现价	涨跌	换手%	买价	卖价	总量	现量	涨速%	市盈(动)	行业PE
1	600060	海信视像	-3.52	22.46	-0.82	0.75	22.46	22.47	96613	813	0.36	11.83	17.57
2	600373	中文传媒	-5.95	13.12	-0.83	2.22	13.12	13.13	300916	1783	0.08	10.39	36.92
3	600633	浙数文化	-2.95	15.12	-0.46	4.16	15.12	15.13	526693	5002	0.13	17.66	53.06
4	600704	物产中大	-1.65	4.76	-0.08	0.75	4.76	4.77	377452	2046	0.20	6.28	17.83
5	600728	佳都科技	-6.46	6.80	-0.47								
6	600737	中粮糖业	-4.77	7.78	-0.3								
7	600777	新潮能源	0.41	2.45	0.0								
8	600853	龙建股份	-2.63	4.08	-0.1								
9	601098	中南传媒	-4.44	11.83	-0.5								
10	601390	中国中铁	-4.19	7.08	-0.3								
11	601658	邮储银行	-2.20	4.88	-0.1								
12	601857	中国石油	-0.80	7.46	-0.0								
13	601900	南方传媒	-8.21	20.91	-1.8								
14	601928	凤凰传媒	-7.11	11.23	-0.8								
15	603058	永吉股份	-1.04	9.50	-0.1								
16	603912	佳力图	-3.96	10.42	-0.4								
17	603927	中科软	-5.00	38.79	-2.0								
18	688095	福昕软件	-5.03	135.27	-7.1								
19	688410	山外山	-3.61	56.37	-2.1								
20	688569	铁科轨道	-3.19	36.76	-1.2								
21	000521	长虹美菱	-1.82	7.01	-0.1								
22	000719	中原传媒	-9.98	11.55	-1.2								
23	002154	报喜鸟	-1.14	5.20	-0.0								
24	002174	游族网络	-8.01	18.37	-1.60	6.03	18.37	18.38	550954	12141	0.16	98.16	53.06
25	002177	御银股份	-4.44	3.87	-0.18	5.78	3.87	3.88	440100	6372	0.26	66.53	18.98
26	002291	遥望科技	-3.03	13.74	-0.43	6.64	13.74	13.75	568760	2725	0.29	--	38.60
27	002351	漫步者	-8.51	19.67	-1.83	11.44	19.67	19.68	562667	3312	0.10	57.37	66.90

图 4-14　等价的条件选股

选中"剔除当前未交易的品种"和"剔除 ST 品种"。

选中"时间段内满足条件"复选框，并在开始日期填入 2023-05-18，在结束日期填入 2023-05-18。

最后单击"执行选股"按钮，等待选股结束。

图 4-14 的选股结果与图 4-12 相同。说明使用两个选股公式"相与"，以及在一个选股公式中将两个选股条件用" AND "连接，是完全等价的。

（2）综合利用主图和副图指标线，查看选股结果。

为了查看选股结果时更直观，可以使用两根指标线分别对应两个选股条件。

主图使用 60 均线，编写指标公式"中期均线指示"，如图 4-15 所示。

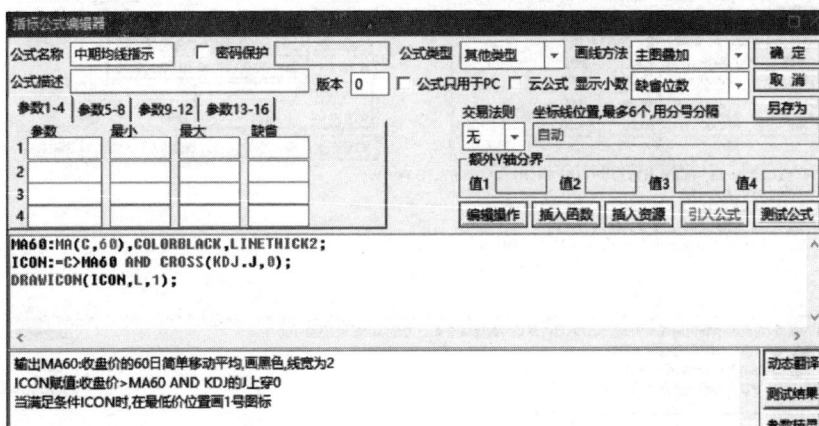

图 4-15　编写主图指标公式"中期均线指示"

公式源代码：

```
MA60:MA(C,60),COLORBLACK,LINETHICK2;
ICON:=C>MA60 AND CROSS(KDJ.J,0);
DRAWICON(ICON,L,1);
```

公式解析：

该公式名称为"中期均线指示"，公式类型为"其他类型"，画线方法为"主图叠加"。

公式有三行语句。

第一行为输出名为"MA60"的指标线，黑色，2 号粗。

第二行为赋值语句，设置中间变量 ICON。语句内容与图 4-13 的选股公式源代码相同。

第三行为绘图语句，当某个时间刻度上满足 ICON 的条件时，在该时间刻度的最低价位置画 1 号图标。在图标资源库中，1 号图标是一个向上的箭头。

副图使用 KDJ 指标的 J 线，编写指标公式"KDJ 的 J 线"，如图 4-16 所示。

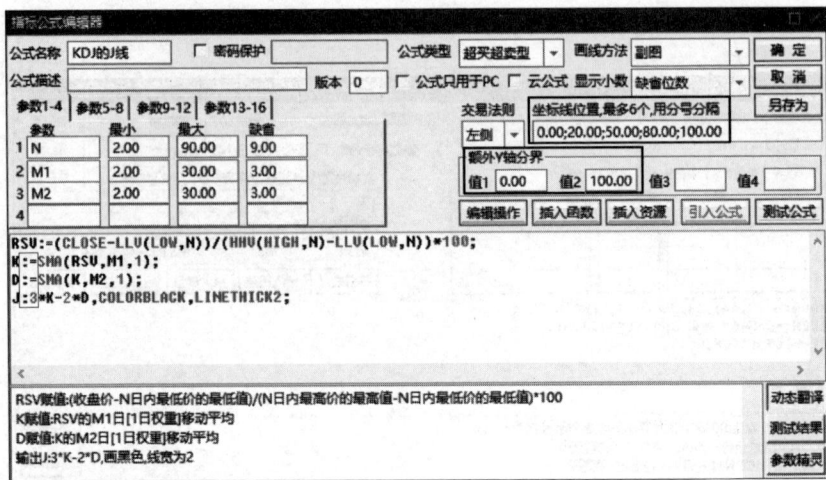

图 4-16　编写副图指标公式"KDJ 的 J 线"

公式源代码：

```
RSV：=（CLOSE-LLV(LOW,N))/(HHV(HIGH,N)-LLV(LOW,N)）* 100；

K：=SMA(RSV,M1,1)；

D：=SMA(K,M2,1)；

J:3 * K-2 * D,COLORBLACK,LINETHICK2；
```

公式解析：

该公式是在系统指标公式"KDJ"的基础上稍作修改完成的。

公式名称为"KDJ 的 J 线"，公式类型为"超买超卖型"，画线方法为"副图"。

坐标线位置：0，20，50，80，100。

额外 Y 轴分界，值 1 为 0，值 2 为 100。

参数表保留系统公式的设置。

公式共有四行语句。

第一行是 KDJ 指标的核心算法公式，RSV（原始随机值）的计算公式为

$$RSV = \frac{当日收盘价 - N\,日内最低价}{N\,日内最高价 - N\,日内最低价} \times 100\%$$

第二行是 K 线的计算公式，主要是在 RSV 的基础上进行平滑处理。使用操作符 "：＝" 赋值，不画指标线。

第三行是 D 线的计算公式，主要是在 K 线的基础上进行平滑处理。使用操作符 "：＝" 赋值，不画指标线。

第四行是 J 线的计算公式，表示将 K 线与 D 线之间的差值放大三倍。为了在同一个图中方便显示，再将三倍差值加上 D 线值，从而调整 J 线的纵坐标，推导的过程如下：

$$J = 3 \times K - 2 \times D$$
$$= 3 \times K - 3 \times D + D$$
$$= 3 \times (K - D) + D$$

由于 RSV 是百分比的数值，所以，K 线和 D 线也是百分比的数值，那么 J 线的纵坐标主要在 0 到 100 之间运动。当 J 线小于 0 或者 J 线大于 100 时，价格容易发生反转。使用操作符 "：" 输出指标线，黑色，2 号粗。

分别编写两个指标公式，检测无误后保存，然后查看选股结果。

主图调用公式 "中期均线指示"，副图调用公式 "KDJ 的 J 线"。如图 4-17 所示，个股御银股份（002177）在 2023 年 5 月 18 日被选中时出现向上的箭头标记。

计算这段趋势的幅度。起点为该股前一天（2023 年 5 月 17 日周三）的最低价 3.21 元，终点为两个涨停板之后的阴线（2023 年 6 月 14 日周二）最高价 4.57 元。这段趋势的幅度约为 42%。

来看最高价这一天的分时图，如图 4-18 所示。当天高开之后一路回落，在前一个交易日的收盘价 4.26 元得到支撑，于该日 10:00 前砸破支撑位后，价格难以涨回 4.26 元。先前的支撑位变阻力位，此时应及时离场。

若以 5 月 18 日的收盘价 3.40 元进场，在 6 月 14 日盘中 4.20 元离场，共计 18 个交易日，收益约 23.5%。

另外，在查看选股结果时，还应结合个股所在的板块。例如，图 4-19

的南方传媒（601900）和图 4-20 的中原传媒（000719），它们都属于传媒板块的股票。当使用固定的选股策略时，选出来同一个板块的股票，并且走势形态类似时，大概率整个板块是热点。

尽管两只股票以 60 均线为参考，二者均处于上升趋势。由于南方传媒（601900）的买入信号指示远离 60 均线，而中原传媒（000719）的买入信号指示接近 60 均线，可以认为，与南方传媒（601900）在当前时间刻度上相比，中原传媒（000719）更强势。

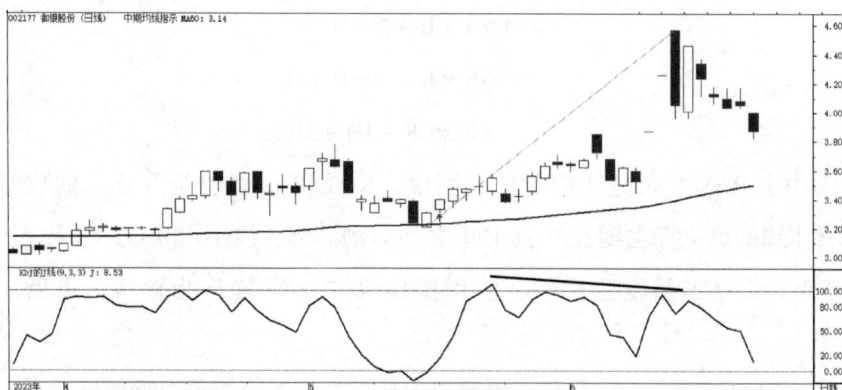

图 4-17　查看选股结果 1

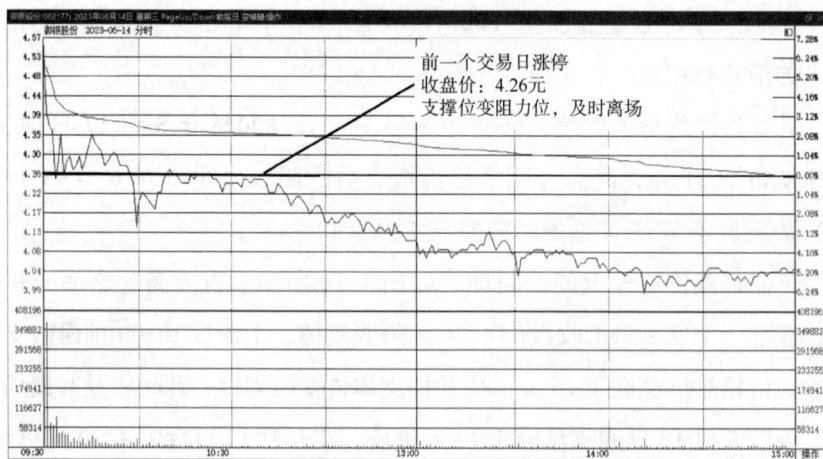

图 4-18　查看选股结果 1 的分时图

图 4-19　查看选股结果 2——南方传媒（601900）

图 4-20　查看选股结果 3——中原传媒（000719）

　　基于投资"不能把鸡蛋放在同一个篮子里"的原则，当发现了正在走上升趋势的板块时，投资者还应从该板块中多挑选几只股票进行分析。

　　总的来说，当进行多条件选股时，既可采用多个选股公式组成一个选股方案，也可在一个选股公式中多放入几个选股条件的方式。投资者应根据个人的选股习惯，选用自己觉得效率更高的方式。

　　选出来的股票还需进行二次筛选，除了根据个股的历史走势形态外，还可对多只股票综合分析，识别热点板块。当一个板块启动后，板块内部又分为领涨股、强势股、补涨股等，投资者应仔细研判个股走势，寻找适合个人投资风格的股票进行操作。

4.4.2 逻辑函数类型

逻辑函数类型有 11 个函数。其中，" CROSS " 上穿函数、" NOT " 取反函数和 " ISVALID " 判断有效值函数，它们是针对在单个时间刻度的计算。其余的函数可针对多个时间刻度的数值进行计算，不少还是系统选股公式走势特征类型下的核心算法。

（1）使用函数 UPNDAY 和函数 EVERY 的系统公式。

对比图 4-21 所示的系统公式 "UPN 连涨数天" 与图 4-22 所示的系统公式 "连续 N 天收阳线"，连涨数天的公式使用了函数 " UPNDAY " 连涨，连阳数天的公式使用了函数 " EVERY " 一直存在。

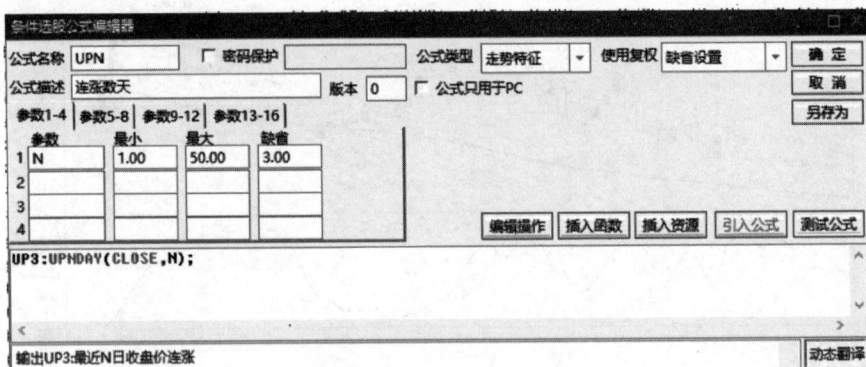

图 4-21　系统公式连涨数天

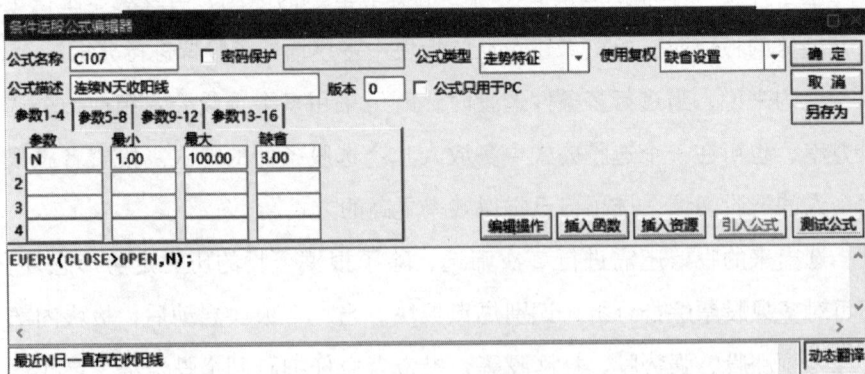

图 4-22　系统公式连续收阳

函数"UPNDAY"和函数"EVERY"均有两个输入，第一个输入是判断的条件，第二个输入是设定从最后一个交易日起算，一共要在多少个时间刻度内进行判断。两个公式均把第二个输入作为参数，供投资者主动设置。

函数"UPNDAY"的第一个输入是 CLOSE，即收盘价，这是编写公式最常用到的时间序列函数。

函数"EVERY"的第一个输入是 CLOSE > OPEN，这是一个逻辑运算后的时间序列。函数"EVERY"记录了每个时间刻度上收盘价是否大于开盘价。如果某个时间刻度上的收盘价大于开盘价，则该时间刻度上的数值是 1，否则为 0。

（2）如何检查公式"UPN 连涨数天"的选股结果。

按快捷键 Ctrl + T，打开"条件选股"窗口。选择条件选股公式"UPN 连涨数天"，如图 4-23 所示。默认参数连涨"3"天，选股周期默认日线，选中"剔除当前未交易的品种"和"剔除 ST 品种"复选框。单击"执行选股"按钮，等待选股结束。

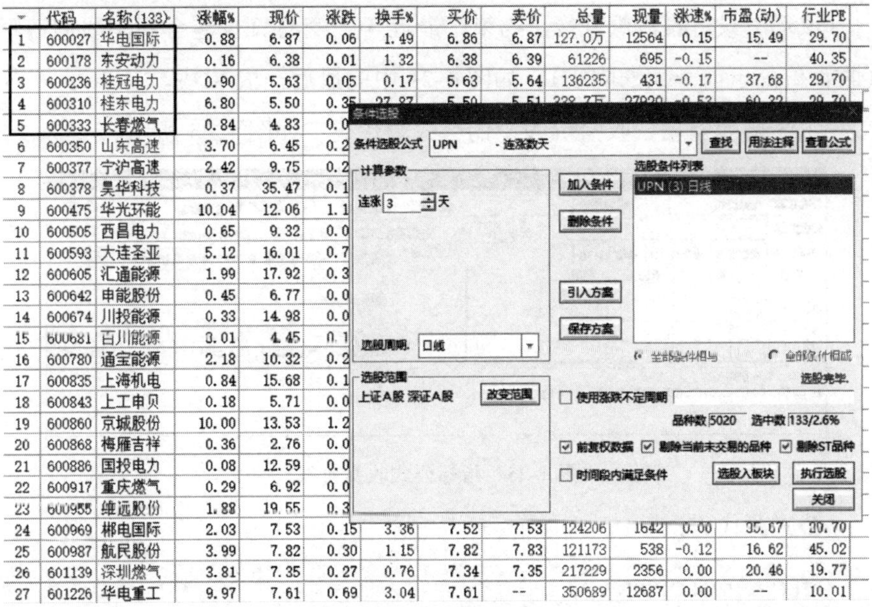

图 4-23　条件选股 UPN 连涨数天

在选股结果列表中任意双击一只股票，如图 4-24 所示的股票桂东电力（600310），主图上叠加了指标公式"收盘价线"。

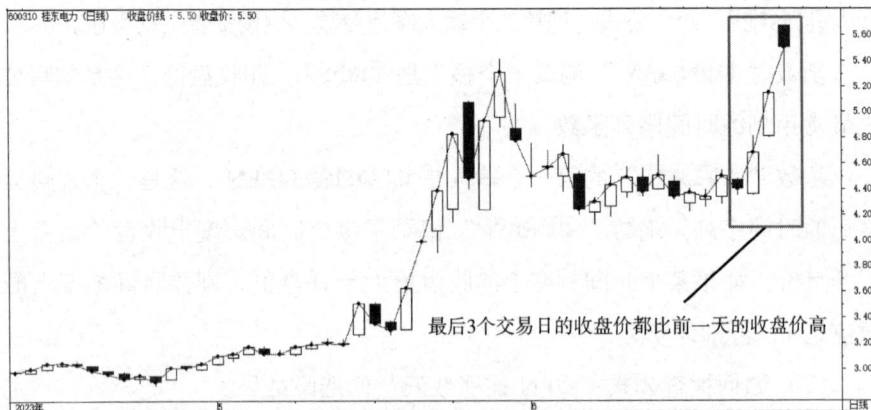

图 4-24　查看连涨 3 天的选股结果——桂东电力（600310）

由于选股没有设置时间段，默认以日历日期计算的最近 1 个交易日选股。也就是说，选出的股票在最近 3 个交易日，每一个收盘价都比前一个收盘价更高。设置参数连涨 3 天，实际描述了最近 4 个交易日的走势形态。

该形态只对收盘价进行了约束，最近 3 个交易日也包含假阴线的情形（收盘价高于前一天的阴线），如图 4-24 中的最后一根 K 线。

主图指标公式"收盘价线"的公式源代码，如图 4-25 所示。

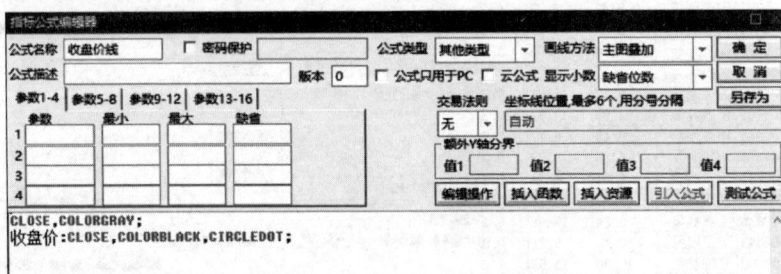

图 4-25　指标公式收盘价线

公式源代码：

```
CLOSE,COLORGRAY;
收盘价:CLOSE,COLORBLACK,CIRCLEDOT;
```

公式解析：

该公式名称为"收盘价线"，公式类型为"其他类型"，画线方法为"主图叠加"。

公式有两行语句。第一行画出收盘价指标线，灰色。

第二行输出名称为"收盘价"的指标线，黑色，调用了线性和资源函数 CIRCLEDOT，在每个时间刻度上的收盘价画小圆圈。

（3）如何检查公式"连续 N 天收阳线"的选股结果。

按快捷键 Ctrl + T，打开"条件选股"窗口。选择条件选股公式"连续 N 天收阳线"，如图 4-26 所示。默认参数持续周期"3"，选股周期默认日线，选中"剔除当前未交易的品种"和"剔除 ST 品种"复选框。单击"执行选股"按钮，等待选股结束。

	代码	名称(186)	涨幅%	现价	涨跌	换手%	买价	卖价	总量	现量	涨速%	市盈(动)	行业PE
1	600027	华电国际	0.88	6.87	0.06	1.49	6.86	6.87	127.0万	12564	0.15	15.49	29.70
2	600048	保利发展	3.15	13.43	0.41	0.60	13.43	13.44	723904	5229	0.07	14.77	--
3	600110	诺德股份	0.29	6.95	0.02	1.28	6.94	6.95	180040	2283	0.14	60.44	22.10
4	600178	东安动力	0.16	6.38	0.01	1.23	6.37	6.38	61226	695	0.10		40.35
5	600202	哈空调	4.26	5.38	0.2								
6	600236	桂冠电力	0.90	5.63	0.0								
7	600323	南蓝环境	0.43	18.67	0.0								
8	600333	长春燃气	0.84	4.83	0.0								
9	600350	山东高速	3.70	6.45	0.2								
10	600377	宁沪高速	2.42	9.75	0.2								
11	600378	昊华科技	0.37	35.47	0.1								
12	600483	福能股份	1.64	11.79	0.1								
13	600505	西昌电力	0.65	9.32	0.0								
14	600555	大西洋	2.06	3.97	0.0								
15	600579	克劳斯	0.00	7.74	0.0								
16	600580	卧龙电驱	0.86	12.96	0.1								
17	600593	大连圣亚	5.12	16.01	0.7								
18	600605	汇通能源	1.99	17.92	0.3								
19	600609	金杯汽车	1.36	5.20	0.0								
20	600642	申能股份	0.45	6.77	0.0								
21	600674	川投能源	0.33	14.98	0.0								
22	600686	金龙汽车	0.24	8.22	0.0								
23	600777	新潮能源	2.04	2.50	0.0								
24	600780	通宝能源	2.18	10.32	0.22	1.60	10.31	10.32	183471	3027	0.10	12.46	29.70
25	600835	上海机电	0.84	15.68	0.13	1.10	15.68	15.69	60470	911	-0.15	17.36	20.87
26	600841	动力新科	0.83	6.06	0.05	0.38	6.06	6.07	34693	730	-0.15	--	40.35
27	600843	上工申贝	0.18	5.71	0.01	2.00	5.71	5.72	93703	640	0.18	28.95	39.92

图 4-26 条件选股连阳数天

对比图 4-23 的选股结果，连涨 3 天选中了 133 只股票，连阳 3 天选中了 186 只股票，选中数量更多。且个股华电国际（600027）、东安动力（600178）、桂冠电力（600236）、长春燃气（600333）等都被选中了，而桂东电力（600310）没有被选中。

在选股结果列表中，双击个股桂冠电力（600236），如图 4-27 所示。该股最后 3 个交易日都是阳线，满足连阳 3 天选股。最后 4 个交易日的收盘价逐步抬高，又满足了连涨 3 天选股。

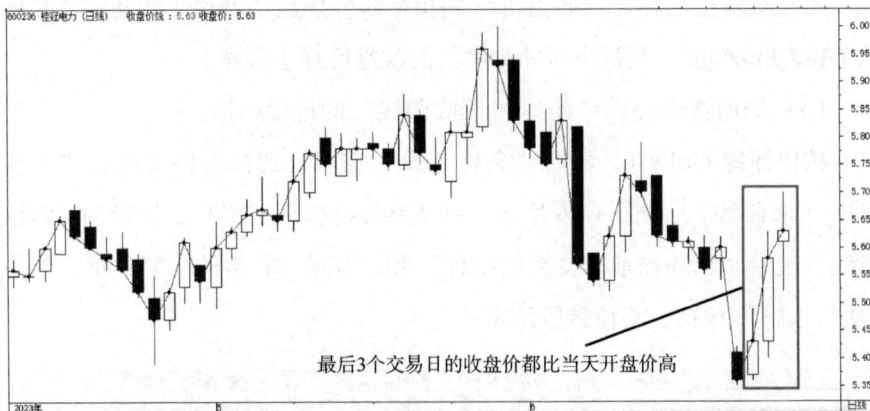

图 4-27　查看连阳 3 天的选股结果 1——桂冠电力（600236）

再看个股保利发展（600048），如图 4-28 所示。该股最后 3 个交易日都是阳线，满足连阳 3 天选股。最后 4 个交易日的收盘价没有逐步抬高，不满足连涨 3 天选股。

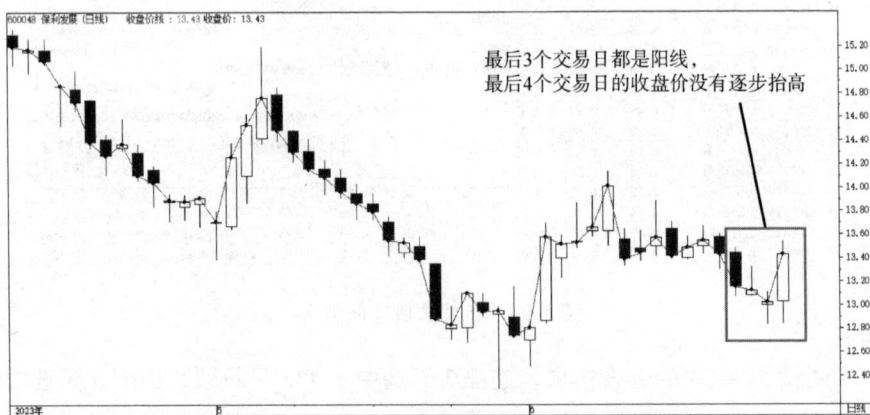

图 4-28　查看连阳 3 天的选股结果 2——保利发展（600048）

（4）分析函数 UPNDAY 和函数 EVERY 的用法逻辑。

通过对选股结果的分析，函数 UPNDAY 的第一个输入为收盘价 CLOSE，实际上的运算逻辑是 C＞REF（C，1）。连涨 3 天是连续 3 个交易日都执行这个逻辑判断，所以，涉及 4 个交易日的收盘价，实际上的运算逻辑为：

```
C＞REF(C,1)AND REF(C,1)＞REF(C,2)AND REF(C,2)＞REF(C,3)；
```

函数 EVERY 的第一个输入为收盘价 CLOSE＞OPEN，在连续 3 个交易日都执行这个逻辑判断，实际上的运算逻辑为：

```
CLOSE＞OPEN AND REF(C,1)＞REF(O,1)AND REF(C,2)＞REF(O,2)；
```

通过分析两个函数的实际运算逻辑，便可理解参数的意义。当参数设置为 3，则对 3 个交易日进行逻辑判断。若将函数 UPNDAY 的第二个输入改为 5，则要计算 5 个交易日的逻辑判断，实际的运算逻辑为：

```
C＞REF(C,1)AND REF(C,1)＞REF(C,2)AND REF(C,2)＞REF(C,3)
AND REF(C,3)＞REF(C,4)AND REF(C,4)＞REF(C,5)；
```

若将函数 EVERY 的第二个输入改为 5，则要计算 5 个交易日的逻辑判断，实际的运算逻辑为：

```
CLOSE＞OPEN AND REF(C,1)＞REF(O,1)AND REF(C,2)＞REF(O,2)
AND REF(C,3)＞REF(O,3)AND REF(C,4)＞REF(O,4)；
```

理解了函数 EVERY 的用法，回头再看函数 NDAY（该函数的中文名称为"连大"用于连续判断大小）。函数 NDAY 有三个输入，要求判断第一个输入大于第二个输入的情况，第三个输入用于设定时间刻度的长度，如 3 或者 5 等。若编写如下公式：

```
NDAY(CLOSE,OPEN,3)；
```

实际上就是函数 EVERY 在第一个输入为 CLOSE＞OPEN，第二个输入为 3 时的特殊情况。

若编写如下公式：

```
NDAY(CLOSE,REF(C,1),3);
```

实际上就是函数 UPNDAY 在第一个输入为 CLOSE ，第二个输入为
3 时的特殊情况。

4.4.3　输出逻辑的操作符

输出逻辑的操作符和逻辑函数类型中的函数含义是不同的。

通过比较函数 UPNDAY 、NDAY 、EVERY ，可以发现公式系统为了
方便投资者对逻辑的表达，提供了递进的函数工具。函数 UPNDAY 是对
单一时间序列的多时间刻度进行判断。函数 NDAY 是对两个时间序列的多
时间刻度进行判断。函数 EVERY 是对逻辑值的多时间刻度进行判断。而
逻辑值既可通过单时间序列运算得出，也可通过多个时间序列运算得出。

可以输出逻辑值的函数，除了"逻辑与""逻辑或""逻辑非"外，
还有就是如 C >REF（C，1）使用了操作符类型下的" > "大于函数的单
个条件，其他还有" < "小于函数、" > = "小于等于函数、" > = "
大于等于函数、" ! = "" < > "不等于函数。

使用这些操作符函数编写的条件公式可以作为逻辑函数 EVERY 、
EXIST 、EXISTR 、LAST 函数的第一个输入值。

只有能够对输出逻辑的操作符与逻辑函数进行区分，才能编写正确的
逻辑表达公式，从而实现投资者想要的选股逻辑。本章的几个选股案例都
结合了指标公式来指示选股结果。投资者通过综合运用选股公式和指标公
式，可以更好地从历史走势中寻找规律，验证选股策略的有效性，分析选
股公式能够实现的选股效果，以及在实战中可以适用的条件。

第 5 章

通达信公式编写的
报表与指标

5.1 通过分析报表进行选股

报表分析是炒股软件为投资者提供的分析工具。第 1 章介绍了在"板块联动"版面分析板块涨幅、涨停数、龙头股等信息。此外，投资者还可在设定的历史时间段内分析价格和成交量变化等，以及设定自定义指标批量分析个股的历史时间点表现。

"板块分析"功能可以获取市场动向，找到强势股和强势板块。

"区间排行"功能可以获取历史时间段内，分析量变、换手率、涨跌幅度、震荡幅度等信息。

"历史行情·指标排序"功能可以分析个股在历史时间点的表现。

对投资者而言，报表分析的排序操作快速且有效。通过排序可以寻找涨幅大、换手率高、交易活跃的板块和股票。熟悉报表分析的功能和界面，既可完善投资者的盯盘界面，还可节省投资者的选股时间。

除了常见的报表分析外，炒股软件中的龙虎榜页面是一个采用网页格式实现的报表页面，该页面每个交易日都会更新。投资者可通过龙虎榜获取游资和投资机构的成交排行榜，游资的投资标的通常可作为中短线投资者的参考风向，机构的投资标的通常可作为中长线投资者的参考风向。

5.2 常用的报表分析——板块分析与区间分析

使用报表分析功能前，一定要提前下载日线数据，操作流程见 2.4。"报表分析"菜单如图 5-1 所示，包括板块分析（快捷键 .400），历史行情·指标排序（快捷键 .401），强弱分析（快捷键 .402），区间排行、区间涨跌幅度（快捷键 .403），区间换手排名（快捷键 .404），区间量变幅度

（快捷键.405），区间震荡幅度（快捷键.406），共八个子菜单。其中，最后四个菜单是"区间排行"窗口设置后的显示结果界面。

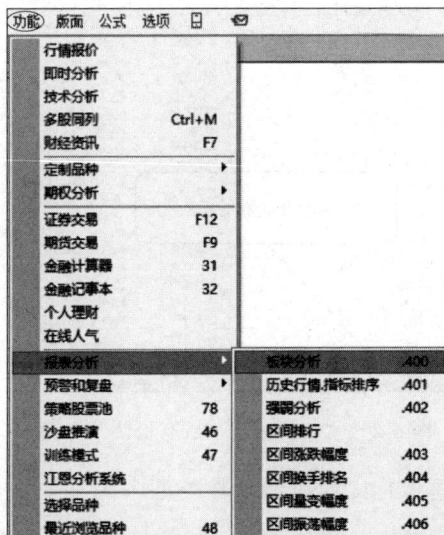

图 5-1 "报表分析"菜单

进入"报表分析"菜单的方式是：单击炒股软件最上面一行的"功能"菜单（也有软件称为"系统"），在弹出的菜单中找到"报表分析"。把鼠标放在"报表分析"菜单上，便可看到"报表分析"的八个子菜单。

1. 板块分析

按快捷键.400，或者在图 5-1 中选择"报表分析"→"板块分析"选项，打开如图 5-2 所示的"板块分析 – 所有板块"界面。

"板块分析 – 所有板块"界面的列表不是股票列表，而是板块列表，每一行代表了一个板块。通常一个板块中含有若干只股票。在界面下方切换标签页，还可查看地区板块、行业板块、概念板块、风格板块、指数板块等分类。

列表中除了第一列"板块名称"，其他列均可进行排序。图 5-2 中"涨停数"右侧有个向下的箭头，表示当前的列表是按"涨停数"进行的排序。

	板块名称	均涨幅%	加权涨幅%	涨股比	涨5%数	涨停数	龙头股	龙头涨幅%	总成交	市场比%	换手率%	市盈(动)
1	融资融券	-0.32	-0.04	1433/3534	64	14	N莱斯	32.36	7955亿	89.55	1.55	14.78
2	昨日涨停	2.02	2.44	48/73	13	11	东方通信	10.03	441.2亿	4.97	7.58	77.54
3	机器人概念	-0.22	-0.70	177/395	23	9	优德精密	19.98	1461亿	16.44	3.22	38.65
4	ST板块	-0.39	-0.24	38/135	6	8	*ST左江	8.19	54.8亿	0.61	0.97	--
5	江苏板块	-0.13	-0.02	312/675	29	8	N莱斯	32.36	1015亿	11.43	1.71	23.85
6	沪股通标的	-0.06	0.19	628/1335	17	7	陕西黑猫	10.10	2998亿	33.75	0.73	11.29
7	久不分红	-0.04	-0.13	61/177	6	6	云煤能源	10.10	194.3亿	2.19	1.47	270.89
8	QFII新进	-0.33	-0.23	151/377	14	6	迅游科技	20.02	748.9亿	8.43	2.33	19.98
9	储能	0.44	0.49	151/303	18	6	深南电A	10.03	745.9亿	8.40	1.60	26.90
10	创投概念	-0.28	-0.25	104/279	10	6	优德精密	19.98	713.6亿	8.03	1.90	29.57
11	汽车类	0.80	0.34	170/269	16	6	明阳科技	17.88	520.8亿	5.86	1.86	31.82
12	浙江板块	0.04	-0.01	327/684	23	6	N美硕	20.11	991.6亿	11.16	1.62	25.31
13	中证1000	-0.36	-0.36	404/1000	15	5	掌趣科技	13.12	1924亿	21.66	1.59	34.60
14	昨高换手	2.32	0.95	29/45	14	5	巨能股份	22.61	481.2亿	5.42	22.70	84.40
15	昨日上榜	1.74	2.58					22.61	377.6亿	4.25	14.06	77.16
16	昨日连板	1.71	2.66					10.03	66.5亿	0.75	10.86	--
17	低价股	-0.18	-0.08					9.96	146.2亿	1.65	0.84	81.34
18	深股通标的	-0.59	-0.45					13.12	4073亿	45.86	1.67	27.70
19	定增预案	-0.44	-0.16	103/257	8		光洋股份	10.10	447.2亿	5.03	1.15	18.30
20	连续亏损	-0.90	-0.72	104/400	10		迅游科技	20.02	800.0亿	9.01	1.80	--
21	减速器	3.86	2.25	34/41	12	5	优德精密	19.98	243.6亿	2.76	6.76	104.57
22	绿色电力	0.94	1.17	120/178	14	5	世茂能源	10.02	393.4亿	4.43	1.21	15.35
23	新能源车	0.20	0.16	188/392	18	5	优德精密	19.98	911.6亿		1.97	28.97
24	光伏	0.52	0.89	212/395	16	5	露笑科技	10.01	1033亿	11.63	1.58	21.20
25	高端装备	0.54	0.31	129/204	11	5	华依科技	11.01	510.6亿	5.75	1.50	34.16

（选择想查看的板块）

所有板块　自定义板块　地区板块　行业板块　概念板块　风格板块　指数板块　组合板块　证监会行业

图 5-2　"板块分析－所有板块"界面 1

这些数据大都提取自即时行情函数类型中的某个函数，系统默认提供最近交易日的数据。例如，图 5-2 显示的"今日：2023-06-28，三"，表示今天是 2023 年 6 月 28 日（周三）。

此外，还可统计历史时间段内的板块表现。操作流程为：在列表中右击，打开"板块分析界面"快捷菜单，如图 5-3 所示。

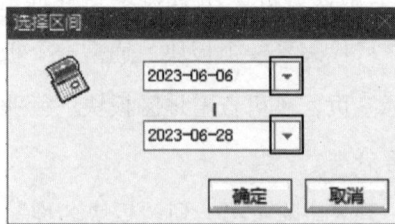

选择"区间热门板块"选项，弹出如图 5-4 所示的"选择区间"对话框。

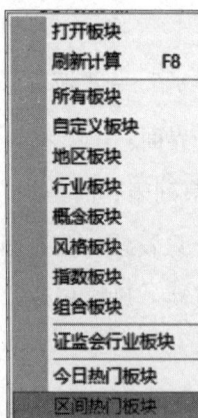

打开板块
刷新计算　　　　F8
所有板块
自定义板块
地区板块
行业板块
概念板块
风格板块
指数板块
组合板块
证监会行业板块
今日热门板块
区间热门板块

选择区间
2023-06-06
|
2023-06-28
确定　　取消

图 5-3　"板块分析界面"快捷菜单　　　　图 5-4　"选择区间"对话框

上面的输入框表示开始日期，下面的输入框表示结束日期。上面的开始日期不能小于下面的结束日期。输入日期既可直接用键盘，也可单击输入框右侧的小三角按钮，在弹出的日历框中选择。假如选择从 2023-06-06 至 2023-06-28，单击“确定”按钮，返回如图 5-5 所示的“板块分析 - 所有板块”界面。

板块分析--所有板块 区间：2023-06-06，二 至 2023-06-28，三 点右键操作

	板块名称	均涨幅%	加权涨幅%	涨股比	涨5%数	涨停数↓	龙头股	龙头涨幅%	总成交	市场比%	换手率%	市盈(动)
1	环渤海	-0.30	--	17/40	7		晶澳科技	21.21	5300亿	3.64	3.15	--
2	珠三角	1.35	--	18/40	10		德赛西威	25.19	5799亿	3.98	8.91	--
3	长三角	1.17	--	14/40	8		福斯特	26.42	4164亿	2.86	6.47	--
4	数字经济	-1.57	--	20/50	9		中际旭创	27.91	12378亿	8.49	36.26	--
5	国企改革	1.46	--	61/100	21		中国动力	32.21	13072亿	8.97	7.53	--
6	新兴成指	-1.09	--	38/100	19		爱旭股份	27.73	11754亿	8.06	18.71	--
7	内地绿电	0.18	--	28/50	5		芯能科技	10.52	1611亿	1.11	8.34	--
8	内地低碳	3.78	--	34/50	13		爱旭股份	27.73	5348亿	3.67	8.56	--
9	国信价值	-0.84	--	38/100	16		工业富联	21.39	3877亿	2.66	7.78	--
10	环保50	3.78	--	34/50	13		爱旭股份	27.73	5348亿	3.67	8.56	--
11	科创成长	-1.25	--	19/50	11		华依科技	21.93	1798亿	1.23	30.86	--
12	科创材料	-3.26	--	14/50	5		瑞联新材	17.69	678.6亿	0.47	16.26	--
13	科创高装	0.53	--	23/50	13		高测股份	18.05	1194亿	0.82	17.99	--
14	科创芯片	-6.16	--	7/50	4		长光华芯	25.18	2909亿	2.00	22.81	--
15	科创生物	-7.29	--	4/50	1		心脉医疗	5.95	658.1亿	0.45	16.16	--
16	科创信息	-7.04	--	8/50	3		仕佳光子	22.48	3061亿	2.10	24.83	--
17	农业50	-1.18	--	14/50	4		巨星农牧	17.02	813.8亿	0.56	9.71	--
18	创新100	-1.23	--	43/100	18		德赛西威	25.19	12854亿	8.82	16.83	--
19	区块链50	-3.50	--	12/50	6		华宇软件	15.59	6477亿	4.44	29.66	--
20	双创50	-2.46	--	16/50	7		晶科能源	18.71	5450亿	3.74	15.08	--
21	投资时钟	-1.03	--	38/100	13		徐工机械	11.17	7165亿	4.92	7.77	--
22	半导体50	-7.10	--	5/50	0		晶盛机电	4.10	5195亿	3.56	24.74	--
23	MSCI中国A50	0.39	--	25/50	8		美的集团	10.68	10158亿	6.97	3.91	--
24	富时A50	0.14	--	24/50	7		工业富联	21.39	10032亿	6.88	2.86	--
25	金融科技	-6.25	--	5/54	1		古鳌科技	11.93	3247亿	2.23	38.62	--

所有板块 自定义板块 地区板块 行业板块 概念板块 风格板块 指数板块 组合板块 证监会行业

图 5-5　“板块分析 - 所有板块”界面 2

由于图 5-5 是区间板块分析，界面上方不再显示“今日”，而是“区间：2023-06-06，二至 2023-06-28，三”。表示统计所有板块自 2023 年 6 月 8 日（周三）至 2023 年 6 月 28 日（周三）这一期间的量价表现。报表的 11 列数据中，加权涨幅、涨停数和市盈（动）这三列无数据。

“龙头股”一列表示该板块在“今日”或者“区间”内涨幅最大的股票。

2. 区间排行

在图 5-1 中选择“报表分析”→“区间排行”选项，打开如图 5-6 所示的“区间排行”窗口。

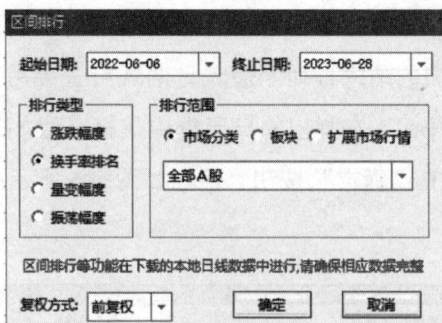

图 5-6 "区间排行"窗口

该窗口主要分为上中下三个区域：上面分别选择区间的"起始日期"和"终止日期"；中间分别选择"排行类型"和"排行范围"；下面设置数据的复权方式。

当在"排行范围"中选中"市场分类"单选按钮后，下拉框中的选项如图 5-7（a）所示。选中"板块"单选按钮后，下拉框中的选项如图 5-7（b）所示。由于炒股软件中的板块众多，此处还提供了板块检索功能。系统会随着投资方向和热点的变化，自动更新板块的下拉框选项。

(a)

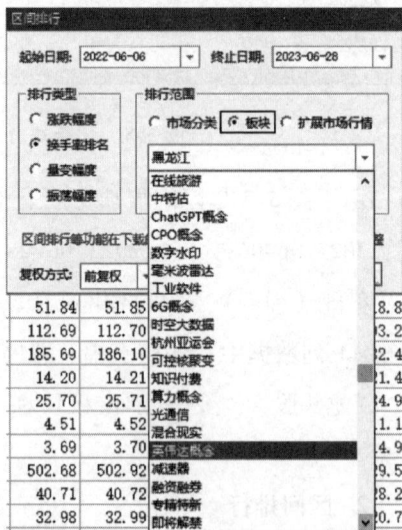

(b)

图 5-7 选择排行范围

在图 5-6 所示的"区间排行"窗口中，进行如下设置：

起始日期设置为 2022-06-06，终止日期设置为 2023-06-28，排行类型为换手率排名。

再在排行范围中，选择"板块"单选框，然后在下拉框中选择知识付费。

可以得到如图 5-8 所示的"区间分析－换手率排名"界面，股票名称后面第一列数据为换手率，默认从大到小排序。

	代码	名称	换手率%↓	前收盘	最高	最低	收盘	涨跌幅度	振荡幅度	最大上涨%	最大回撤%	成交量	总金额	市场比%	5日量
1	300364	中文在线	2559.96	9.96	27.76	6.57	17.38	7.42 74.50%	21.19 322.53%	322.53	-46.72	1.66亿	2658亿	0.11	
2	300010	*ST豆神	2358.82	3.11	6.73	1.74	2.44	-0.67 -21.5%	4.99 286.78%	119.22	-74.15	1.92亿	756.4亿	0.03	
3	301025	读客文化	2154.14	13.30	19.49	8.79	12.15	-1.15 -8.65%	10.70 121.73%	121.73	-39.76	2064万	269.6亿	0.01	
4	300229	拓尔思	1808.49	11.02	35.61	9.63	26.52	15.50 140.65%	25.93 299.78%	269.78	-39.79	1.44亿	3354亿	0.14	
5	002115	三维通信	1624.04	3.95	7.76	3.66	6.35	2.40 60.76%	4.10 112.02%	112.02	-40.43	1.14亿	660.7亿	0.03	
6	300654	世纪天鸿	1150.44	4.98	21.83	4.61	13.25	8.27 166.06%	17.22 373.54%	373.54	-42.24	3674万	499.7亿	0.02	
7	603888	新华网	734.23	16.53	42.90	14.74	30.80	14.27 86.33%	28.16 191.04%	191.04	-40.79	3811万	995.8亿	0.04	
8	601858	中国科传	644.99	7.93	51.07	6.95	32.77	24.84 313.24%	44.12 634.82%	634.82	-37.75	5099万	1137亿	0.05	
9	603533	掌阅科技	620.56	16.55	38.52	12.56	28.39	12.84 71.54%	25.96 206.69%	206.69	-34.03	2724万	657.8亿	0.03	
10	601921	浙版传媒	609.03	7.37	10.95	6.45	8.61	1.24 16.83%	4.93 69.77%	69.77	-27.51	2571万	237.5亿	0.01	
11	601053	中信出版	605.53	19.79	48.88	16.80	32.05	12.26 61.95%	32.08 190.95%	190.95	-36.95	1151万	361.7亿	0.02	
12	000719	中原传媒	577.59	7.05	16.25	6.72	11.54	4.49 63.69%	9.53 141.82%	141.82	-32.44	3853万	397.6亿	0.02	
13	002238	天威视讯	528.85	5.57	10.39	5.08	6.81	1.24 22.26%	5.30 104.53%	104.53	-41.84	4244万	315.5亿	0.01	
14	600576	祥源文旅	500.57	5.29	10.05	4.75	8.03	2.74 51.30%	5.30 111.58%	111.58	-23.88	3101万	223.1亿	0.01	
15	600757	长江传媒	487.20	4.98	12.37	4.60	8.55	3.57 71.69%	7.77 168.91%	168.91	-33.71	5912万	479.6亿	0.02	
16	601999	出版传媒	442.51	4.60	16.93	4.03	11.30	6.70 145.65%	12.90 320.10%	320.10	-35.62	8065万	813.9亿	0.03	
17	603999	读者传媒	434.46	5.34	9.30	4.58	6.83	1.49 27.90%	3.70 103.06%	103.06	-32.15	2503万	168.4亿	0.01	
18	002065	东华软件	420.57	6.00	8.86	5.16	6.99	0.99 16.50%	3.70 71.71%	71.71	-24.04	1.18亿	842.7亿	0.04	
19	601900	南方传媒	352.58	7.79	29.64	7.12	20.40	12.61 161.87%	22.52 316.29%	316.29	-34.01	3159万	560.2亿	0.02	

图 5-8　"区间分析－换手率排名"界面

由于换手率是一个从实际成交角度，分析成交量的观测指标，在实战中具有非常重要的作用。俗话说，新手看价，老手看量。分析成交量除了使用 OBV 能量潮指标外，短线投资者还很看重换手率排名。新股以外的股票如果换手率很高，说明该股交易活跃，流动性好，可以使用价格行为学来分析走势、制订交易计划。

5.3　网页格式的报表——龙虎榜

网页格式是指可以用浏览器打开的文件，如 HTML、PHP 等。它的数据提取自云服务器，同样是在计算机上看到的报表，无须提前下载数据到本地。由于龙虎榜界面是以网页格式生成的，与个股的 K 线图和列表页面不同，龙虎榜界面不支持 3.1 中介绍的数据导出功能。投资者只能通过手动截图的方式保存页面信息。不同炒股软件打开的龙虎榜界面，并不完全相同，但龙虎榜基本都包含以下几个功能：

第一，默认显示最近一个交易日的龙虎榜数据。选择历史交易日，查看龙虎榜数据。

第二，输入交易席位（营业厅）名称，检索其投资的情况。

第三，根据个股代码或者名称，检索个股的投资情况。

1. 创建龙虎榜的盯盘界面

如果投资者希望将龙虎榜界面作为常用的盯盘界面之一，可以创建一个"龙虎榜"版面。无须先做版面布局设计图，整个版面只放龙虎榜一个板块，操作步骤如下：

第一步，新建定制版面，打开"设置工具"窗口。在如图 1-8 所示的版面菜单中，选择"新建定制版面"，进入如图 1-10 所示的新建定制版面。单击"确定"按钮，关闭"版面设置"提示框。然后单击右上角的"设置工具"，打开"设置工具"窗口，如图 5-9 所示。版面的左上角显示"空白单元"。

图 5-9　设置浏览器单元

第二步，使用通用浏览器设置单元。在"设置工具"窗口的"单元区"中，选择"通用浏览器"，单击"设置单元"按钮，如图 5-10 所示。版面左上角的显示从"空白单元"变为"通用浏览器"。

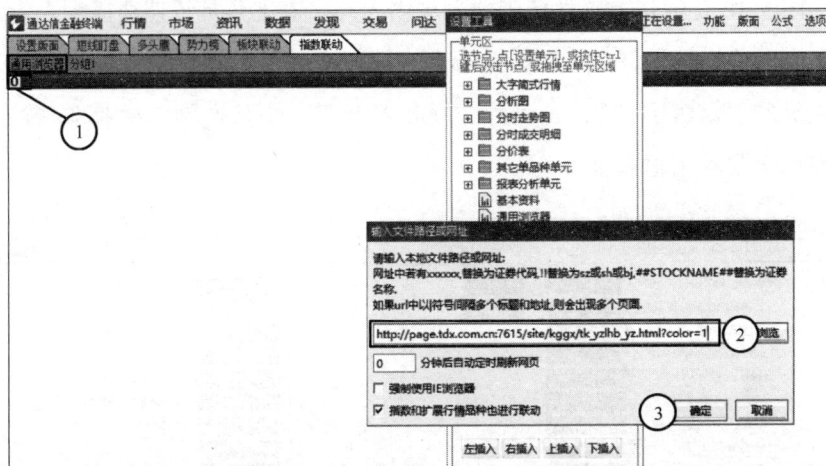

图 5-10　设置浏览器的链接地址

第三步，输入链接地址。单击图 5-10 左上角的"O"图标，弹出"输入文件路径或网址"对话框，在输入框中输入以下路径：

http：//page. tdx. com. cn：7615/site/kggx/tk_ yzlhb_ yz. html？color =1

注意，该路径末尾的参数"color =1"，用于设定网页的背景色，等于 1 是白色。如果设置为等于 0（"color =0"），则显示为黑色背景的龙虎榜界面。

第四步，确认路径输入无误后，单击"确定"按钮关闭对话框，返回"设置工具"窗口。单击"保存并退出设置"按钮，弹出"修改版面信息"对话框，如图 5-11 所示。

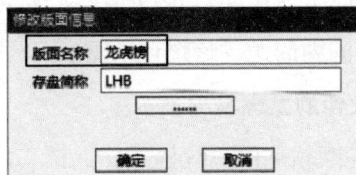

图 5-11　"修改版面信息"对话框

最后，在"版面名称"文本框中输入"龙虎榜"，单击"确定"按钮关闭对话框。自动打开新建的龙虎榜版面。

2. 熟悉常见的龙虎榜界面

图 5-12 是通达信软件自带的龙虎榜界面。左上角是日期选择框，默认的是当前最新数据，还可以选择历史日期。中间是数据切换标签，默认选中左侧的"游资图谱"，右侧为"龙虎榜单"。右上角是"营业部/游资/股票搜索"检索输入框。

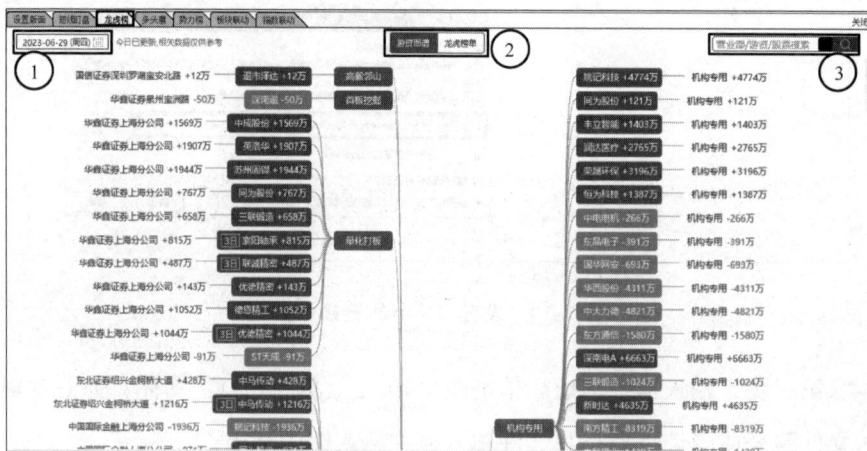

图 5-12　通达信软件自带的龙虎榜界面

选中"龙虎榜单"标签，打开如图 5-13 所示的界面。有"股票搜索"输入框，数据切换标签默认选中"普通"，还能切换为"净买"或"机构"。

界面内分为左右两部分：左侧展示沪主板、科创板、深主板和创业板的龙虎榜单；右侧为个股上榜历史和成交信息。单击"多日龙虎榜统计"按钮，还可查看指定区间内的龙虎榜统计数据。

3. 对比不同炒股软件的龙虎榜界面

图 5-14 所示为同花顺软件的龙虎榜界面，核心的龙虎榜数据与通达信一样，还增加了个股走势图的功能。

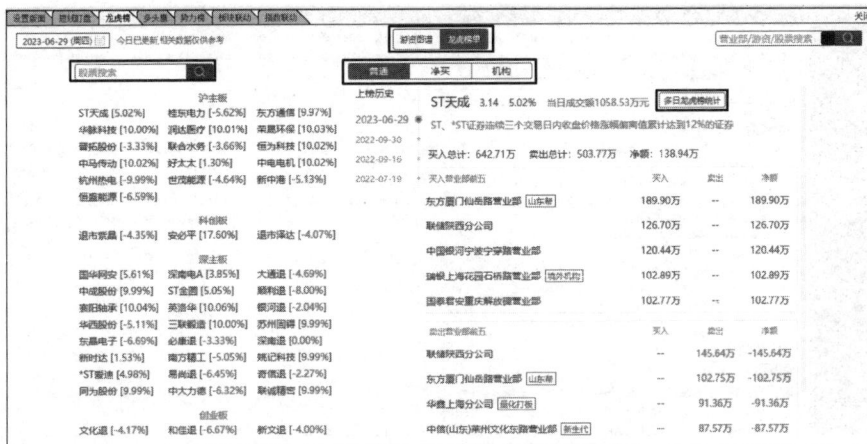

图 5-13　"龙虎榜单"界面

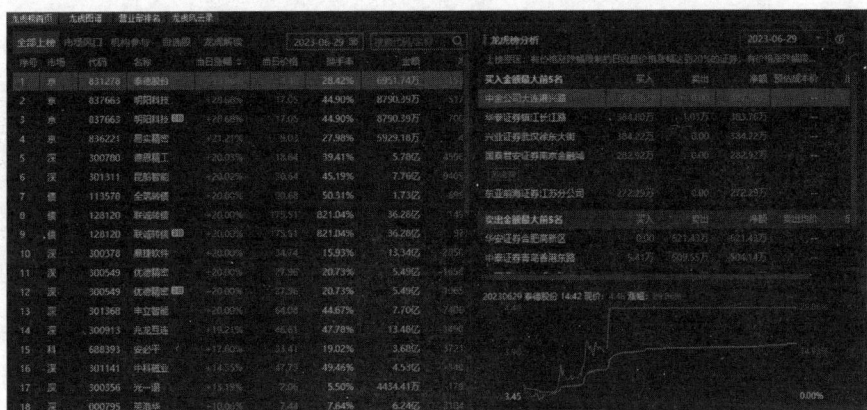

图 5-14　同花顺软件的龙虎榜界面

图 5-15 所示为招商证券软件的龙虎榜界面，核心的龙虎榜数据也与通达信一样。并在席位活跃度分析、股票活跃度分析、机构席位追踪的列表上，增加了快速按一个月、三个月、六个月、一年的统计功能。

龙虎榜是采用"追热点"策略的投资者常常关注的界面。使用时一定要保证计算机处于连网的状态，否则界面提取不到最新数据。

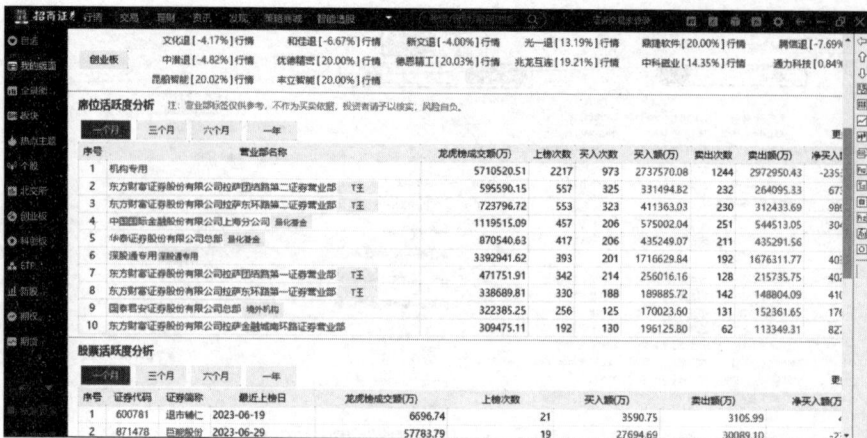

图 5-15　招商证券软件的龙虎榜界面

5.4　应用指标历史分析

报表分析中的"历史行情·指标分析"功能，是非常个性化的报表选股功能。由于在股票列表中可选的栏目有上百个，还可自定义栏目的排列顺序，基本能满足投资者的日常使用。除此之外，对股票列表的其他自定义，可通过编写指标公式设置股票列表的列（栏目）来实现。本节以编写概念板块和风格板块的指标公式为例，介绍个股与板块的数据关系，常用股票列表与组合的关系，绘图函数中常用的 DRAWTEXT_ FIX 函数，以及如何使用历史指标排序功能等内容。

5.4.1　个股与板块的数据关系

在图 5-2 下方的标签页，展示了炒股软件中目前包含的几个板块大类：自定义板块、地区板块、行业板块、概念板块、风格板块、指数板块、组合板块、证监会行业。每一个板块大类包含多个板块。一只股票可同时归属好几个板块大类，也可以同时归属某些板块大类中的多个板块。个股与板块的关系并不是一一对应的，如图 5-16 所示。

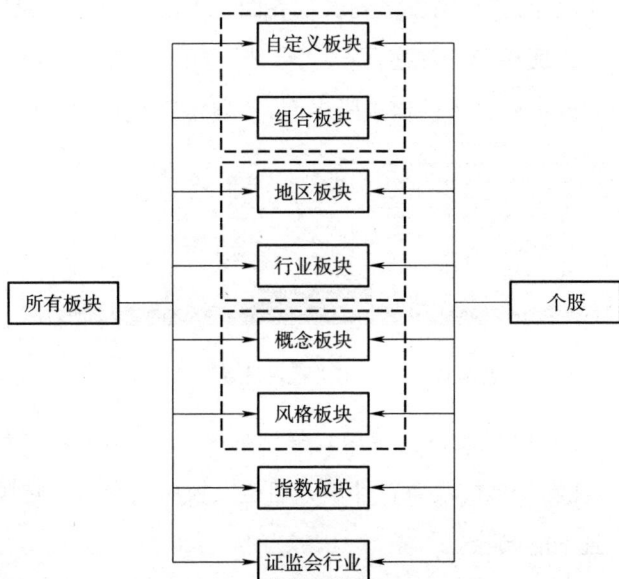

图 5-16 个股与板块的关系

其中，个股所属的自定义板块和组合板块都是由投资者自主设定的；个股所属的地区板块和行业板块，可以在"行情资讯列表"界面通过设置栏目的方式直接查看；概念板块和风格板块是市场炒作的重点，一只股票可以同时归属多个概念板块的子板块，或者多个风格板块的子板块；指数板块和证监会行业板块是由专业机构制作的。

5.4.2 如何定制自定义板块

自定义板块通常用于投资者打造个性化的交易系统，属于交易老手的必会技巧。当投资者熟练使用炒股软件的"自选股"功能（快捷键 06），进入对交易策略的研究阶段后，需要建立自定义板块用于策略分析。

例如，将交易策略分为选股、交易两个阶段，分别建立专门存放选股结果的"选股股票池"，以及准备做交易的"交易股票池"两个板块。主要有以下几个步骤：

第一步，通过"自定义板块设置"菜单进入板块管理窗口。

在图 1-1 所示的"行情资讯列表"界面，单击"自定"菜单，弹出如图 5-17 所示的快捷菜单。注意区分"自选"和"自定"两个菜单，"自选"对应按快捷键 06 进入的自选股界面；"自定"是自定义板块的入口。

0.20	6.52	6.53	97363	39	0.00	12.23	29.59	6.52	6.60
0.50	39.31	39.36	23906	1	-0.12	15.11	75.10	39.81	40.29
0.20	10.94	10.95	18120	1	0.09	--	--	10.76	10.99
0.38	5.25	5.26	63478	6	0.00	27.92	42.21	5.25	5.29
0.13	3.71	3.72	51867	2	-0.53	23.20	--	3.69	3.74
3.25	35.88	35.91	209303	31	0.59	--	10.73	35.93	37.20
1.35	28.18	28.19	74124			2.55	300.39	28.18	28.65

图 5-17 "自定义板块设置"菜单 1

单击"自定义板块设置"菜单，弹出如图 5-18 所示的"自定义板块设置"窗口。在新安装的股票软件中，自定义板块只有"自选股"和"临时条件股"，且不能删除。

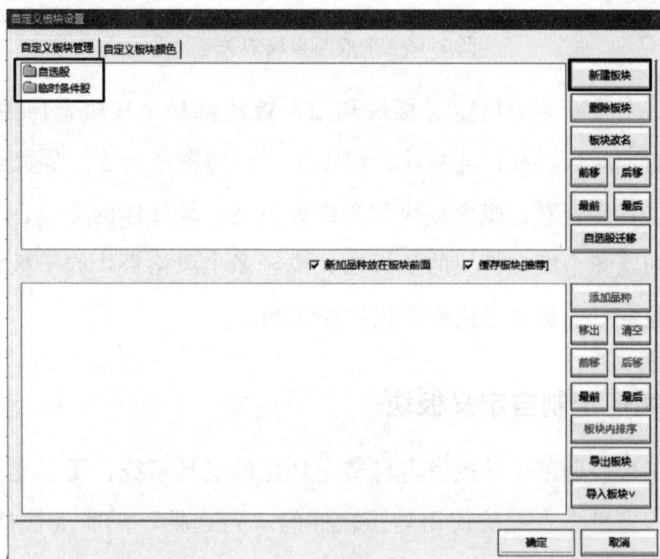

图 5-18 "自定义板块设置"提示框 1

第二步，新建板块。

在图 5-18 中，单击右侧的"新建板块"按钮，弹出"新建板块"对话框，如图 5-19 所示。在"板块名称"输入框中输入"选股股票池"。注意，板块简称是按照输入的板块名称自动生成的英文大写字母，最好不修改。

图 5-19　"新建板块"对话框

单击"确定"按钮，返回图 5-20 所示的"自定义板块设置"窗口。此时在图 5-18 的"临时条件股"下方增加了"选股股票池"板块。并且在窗口中间还提示了"选股股票池"板块当前包含的股票数量为 0。

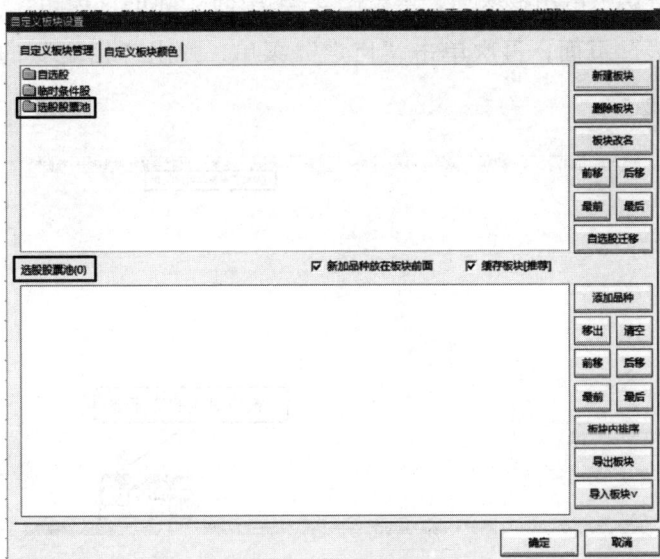

图 5-20　"自定义板块设置"提示框 2

重复新建板块的过程，添加"交易股票池"板块，如图 5-21 所示。

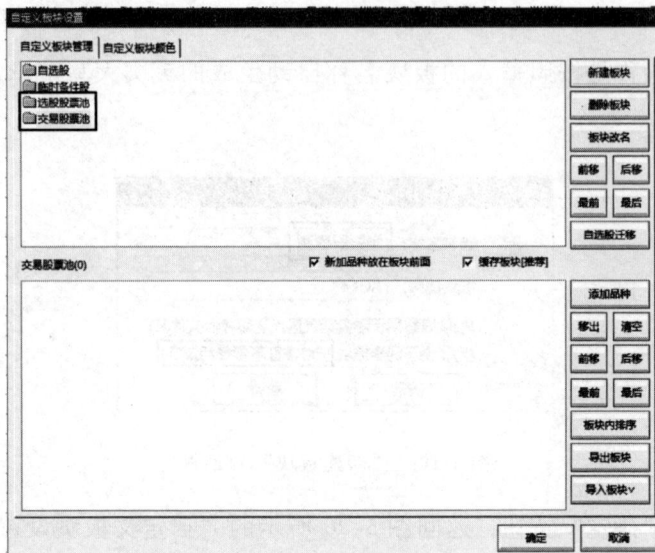

图 5-21　添加交易股票池

创建好两个常用板块后，单击图 5-21 中的"确定"按钮，返回"行情报价列表"页面，再次单击"自定"菜单，弹出"自定"的子菜单，如图 5-22 所示。

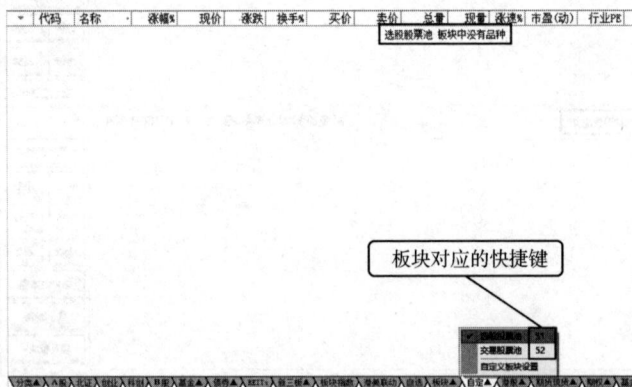

图 5-22　"自定义板块设置"菜单 2

在图 5-22 中"自定义板块设置"菜单上方，比图 5-17 多了两个新板块"选股股票池""交易股票池"。

　　注意，选股股票池后面的"51"，交易股票池后面的"52"，它们不是板块里的股票数量，而是自定义板块的快捷键。通达信系统为自定义板块预留了从 51 到 59 这九个快捷键，更多的自定义板块只能通过"板块简称"的大写字母来编辑快捷键。

　　第三步，将个股加入新建的板块中，查看自定义板块内的股票。

　　例如，将 4.4 选股公式"收盘 60 均和 J 线"选股后的结果放入"选股股票池"，与图 4-14 相比，选股的最后一个操作步骤是不同的。使用"执行选股"按钮时，选股结果默认放入了"临时条件股"板块。

　　这里单击"选股入板块"按钮，如图 5-23 所示。在弹出的"请选择板块"对话框中，选择"选股股票池"选项，然后单击"确定"按钮，等待选股结束。

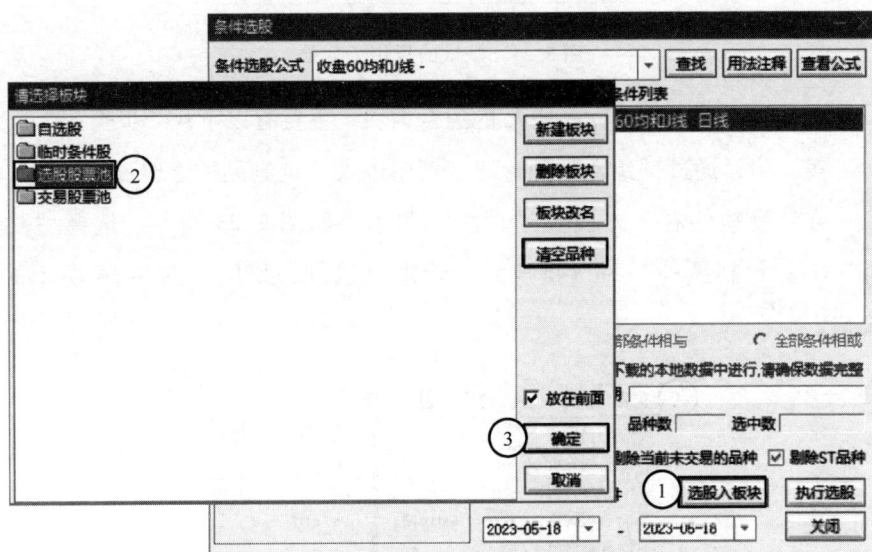

图 5-23　选股入板块

　　选股完成后，选股结果的 59 只股票被自动保存至"选股股票池"板块。注意，下次执行选股时，如果希望清空"选股股票池"，需要在单击"确定"按钮之前，先单击上方的"清空品种"按钮，否则选股结果会在板块中持续累加。

5.4.3　如何定制组合板块

组合板块常用于模拟投资组合，需要投资者具备构造指数相关的基本知识。在新安装的股票软件中，组合板块是空的，没有数据。在图 5-17 的标签页，选择"板块"，如图 5-24 所示，暂无组合板块的入口。

图 5-24　默认的板块子菜单

例如，设置一个"龙头股"的组合板块，主要有以下几个步骤：

第一步，通过"组合品种管理"菜单进入"定制品种管理"窗口。

在炒股软件右上方找到"功能"菜单，如图 5-25 所示，选择"功能"→"定制品种"→"组合品种管理"选项，弹出如图 5-26 所示的窗口。

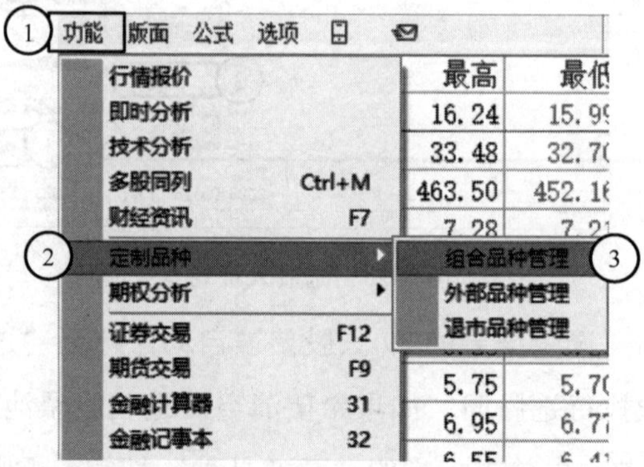

图 5-25　"组合品种管理"菜单

"定制品种管理"窗口默认选中"组合品种"选项卡。使用组合品种功能，注意界面上的提示文字：第一，需要保证数据完整；第二，仅支持日线及以上时间周期。

第二步，新建组合。

单击图 5-26 右侧的"添加品种"按钮，弹出"组合品种设置"窗口，如图 5-27 所示。这是一个自定义投资组合的界面，也就是制作自己的指数。左侧可以设定代码、中文名、计算的基准日和基准点位、包含的交易品种等信息。右侧可以添加组合内包含的交易品种。

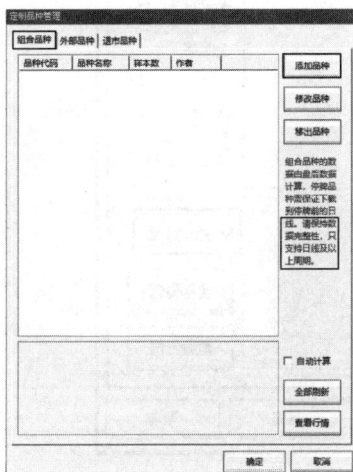

图 5-26　　"定制品种管理"窗口　　　　图 5-27　　"组合品种设置"窗口

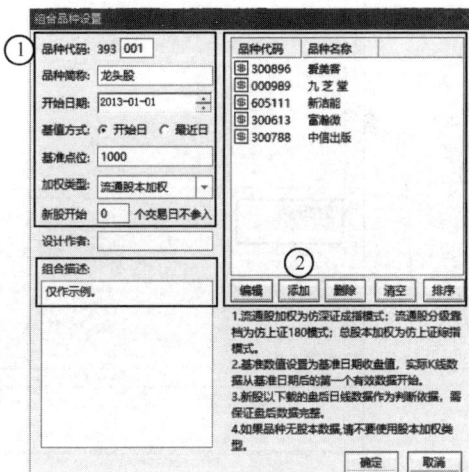

第三步，添加个股，保存品种。

参照图 5-27 分别填写组合信息，并且添加五只股票，最后单击"确定"按钮，关闭"组合品种设置"窗口。

如图 5-28 所示，"定制品种管理"窗口出现了新建的组合"龙头股"。此时，如果要修改组合的信息或者包含的交易品种，可单击右侧的"修改品种"按钮。若想删除"龙头股"组合，选中组合后单击右侧的"移出品种"按钮即可。

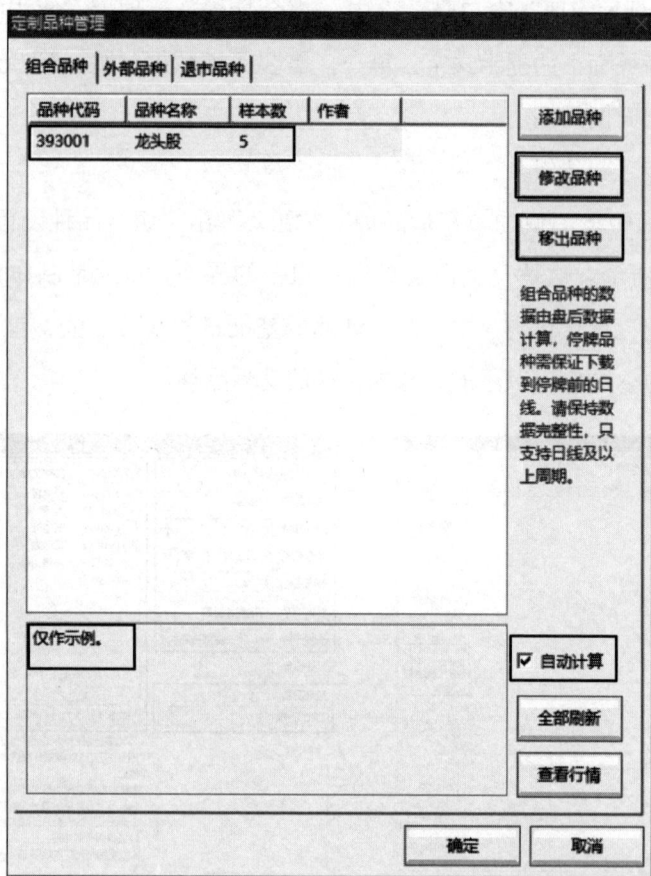

图 5-28　新组合创建成功

第四步，查看新组合。

组合创建成功后，图 5-14 所示的"板块"子菜单变为图 5-29 所示的形式。在指数板块与地区板块之间，出现了"组合板块"菜单，以及"龙头股"子菜单。

选择"板块"→"组合板块"→"龙头股"选项后，股票列表页面展示了在图 5-27 的"组合品种设置"窗口中添加的五只股票。

另外，还能看到在"自选"选项卡左侧，多了一个"定制品种"标签。选择"定制品种"标签，如图 5-30 所示。与其他股票列表页面不同，该页面分为左右两部分，左侧为组合列表，右侧为选中组合所包含的个股列表。

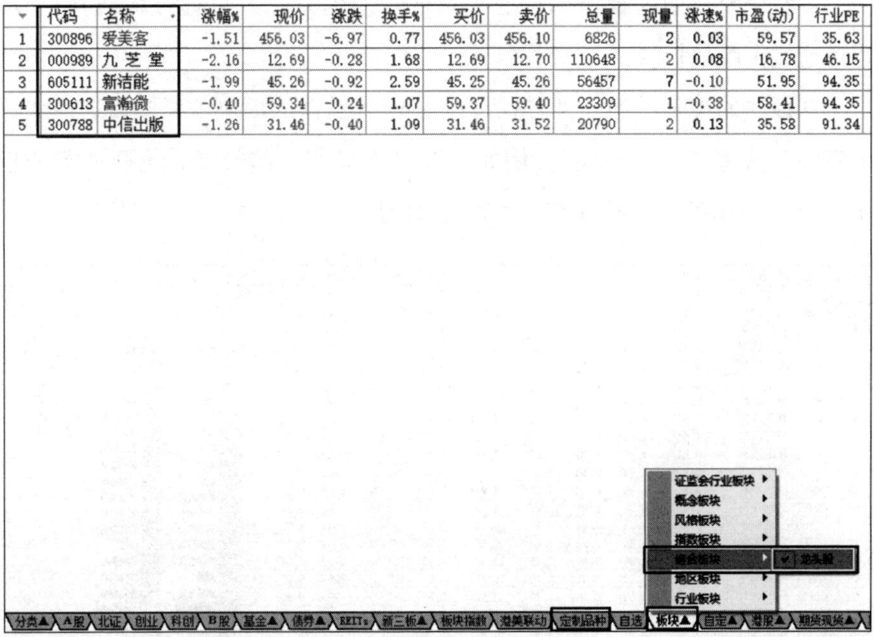

	代码	名称	涨幅%	现价	涨跌	换手%	买价	卖价	总量	现量	涨速%	市盈(动)	行业PE
1	300896	爱美客	-1.51	456.03	-6.97	0.77	456.03	456.10	6826	2	0.03	59.57	35.63
2	000989	九芝堂	-2.16	12.69	-0.28	1.68	12.69	12.70	110648	2	0.08	16.78	46.15
3	605111	新洁能	-1.99	45.26	-0.92	2.59	45.25	45.26	56457	7	-0.10	51.95	94.35
4	300613	富瀚微	-0.40	59.34	-0.24	1.07	59.37	59.40	23309	1	-0.38	58.41	94.35
5	300788	中信出版	-1.26	31.46	-0.40	1.09	31.46	31.52	20790	2	0.13	35.58	91.34

证监会行业板块
概念板块
风格板块
指数板块
组合信息　　龙头股
地区板块
行业板块

分类▲ A股 北证 创业 科创 B股 基金 债券▲ REITs 新三板 板块指数 港美联动 定制品种 自选 板块▲ 自定 港股 期频视频

图 5-29　组合板块的入口

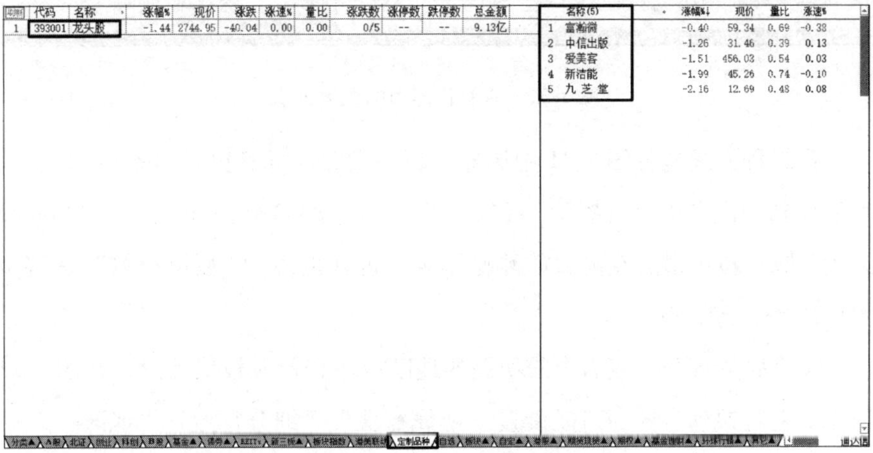

	代码	名称	涨幅%	现价	涨跌	涨速%	量比	涨跌数	涨停数	跌停数	总金额
1	393001	龙头股	-1.44	2746.95	-40.04	0.00	0.00	0/5	--	--	9.13亿

	名称(5)		涨幅↓	现价	量比	涨速%
1	富瀚微		-0.40	59.34	0.69	-0.38
2	中信出版		-1.26	31.46	0.39	0.13
3	爱美客		-1.51	456.03	0.54	0.03
4	新洁能		-1.99	45.26	0.74	-0.10
5	九芝堂		-2.16	12.69	0.48	0.08

分类▲ A股 北证 创业 科创 B股 基金 债券▲ REITs 新三板 板块指数 港美联动 定制品种 自选 板块 自定 港股 期频板块 期权 基金板块 外汇 开�] 外汇▲ 其它▲

图 5-30　定制品种的股票列表

5.4.4 如何设定个股所属的地区板块和行业板块列表栏目

查看个股与地区板块和行业板块的对应信息，既可通过板块找个股，也可通过个股找板块。

从板块的视角，第一种方式是在图 5-24 默认的板块子菜单，选择"地区板块"或者"行业板块"。假如查看"汽车类"的股票，选择"行业板块"→"汽车类"选项即可，如图 5-31 所示。

1	000025	特 力A	1.20	17.78	0.21	1.61	17.78	17.79	63395	1224	0.00	75.81	41.23	17.62	17.82	17.51
2	000030	富奥股份	2.10	5.36	0.11	0.62	5.36	5.37	104983	324	0.00	28.51	41.23	5.22	5.37	5.20
3	000338	潍柴动力	1.02	12.86	0.13	0.73	12.85	12.86	369618	5766	0.16	15.12	41.23	12.72	12.88	12.69
4	000550	江铃汽车	2.89	14.60	0.41	1.19	14.59	14.60	61682	1110	0.00	17.24	41.23	14.13	14.63	14.13
5	000559	万向钱潮	2.17	5.64	0.12	0.82	5.63	5.64	224981	1594	0.18	17				
6	000572	海马汽车	4.21	4.46	0.18	1.87	4.45	4.46	307025	7762	0.45	10				
7	000581	威孚高科	3.22	17.30	0.54	2.36	17.29	17.30	194203	2217	0.00	10				
8	000589	贵州轮胎	9.11	6.71	0.56	13.26	6.70	6.71	147.6万	11336	-0.44	20				
9	000599	青岛双星	2.52	4.48	0.11	1.72	4.47	4.48	140702	542	0.00					
10	000625	长安汽车	4.54	14.29	0.62	3.18	14.28	14.29	243.4万	27034	0.14					
11	000678	襄阳轴承	0.81	7.43	0.06	10.77	7.43	7.44	494882	10679	0.00					
12	000700	模塑科技	3.31	5.93	0.19	2.54	5.93	5.94	201091	3829	0.00					
13	000753	漳州发展	0.40	4.99	0.02	1.52	4.99	5.00	150302	2230	0.20	71				
14	000757	浩物股份	1.40	4.36	0.06	1.25	4.35	4.36	63786	400	0.23					
15	000800	一汽解放	5.26	9.21	0.46	0.77	9.20	9.21	357049	6914	0.22	172				
16	000868	安凯客车	4.09	5.86	0.23	6.56	5.85	5.86	488087	6902	0.17					
17	000887	中鼎股份	3.68	13.80	0.49	2.78	13.80	13.81	364708	2737	-0.13	17				
18	000901	航天科技	2.96	10.80	0.31	2.05	10.79	10.80	163668	3264	0.09	1100				
19	000903	云内动力	2.43	2.53	0.06	1.47	2.52	2.53	283073	997	0.00					
20	000913	钱江摩托	5.30	18.29	0.92	2.17	18.29	18.30	98281	965	0.00					
21	000951	中国重汽	3.32	18.07	0.58	1.42	18.07	18.08	166279							
22	000957	中通客车	9.97	12.79	1.16	16.90	12.79	--	100.2万							
23	000980	众泰汽车	10.00	3.41	0.31	9.75	3.41	--	417.1万							
24	000981	山子股份	1.34	1.51	0.02	0.49	1.50	1.51	273610							
25	000996	*ST中期	5.05	4.78	0.23	0.06	4.78	--	2198							
26	001260	坤泰股份	10.00	24.10	2.19	18.92	24.10	--	54386							
27	001278	一林科技	2.40	24.72	1.60	16.66	24.71	24.72	5152							

图 5-31　查看汽车类的股票列表

第二种方式是在图 5-31 中选择"板块指数"标签页，如图 5-32 所示，然后找到"汽车类"。选择"板块指数"→"880390 汽车类"，右侧的股票列表默认按照最近交易日的涨幅排名。也就是说，"板块指数"标签页对应的是"行业板块"。

从个股的视角，查看个股所属的地区板块和行业板块信息，如图 5-33 所示。在股票列表界面可以设置"所属行业""细分行业""地区"三个栏目。

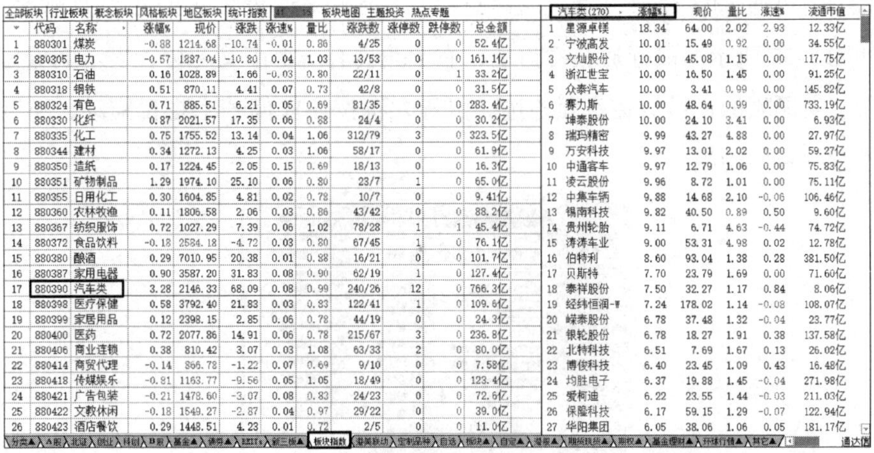

全部板块　行业板块　概念板块　风格板块　地区板块　统计指数　**板块指数**　板块地图　主题投资　热点专题

	代码	名称	涨幅%	现价	涨跌	涨速%	量比	涨跌数	涨停数	跌停数	总金额
1	880301	煤炭	-0.88	1214.68	-10.74	-0.01	0.86	4/25	0		52.4亿
2	880305	电力	-0.57	1887.04	-10.80	0.04	1.03	13/53	0		161.1亿
3	880301	石油	0.16	1028.89	1.66	0.03	0.80	22/11	0		33.2亿
4	880318	钢铁	0.51	870.11	4.41	0.07	0.73	42/8	0		31.5亿
5	880324	有色	0.71	885.51	6.21	0.05	0.69	81/35	0		283.4亿
6	880330	化纤	0.87	2021.57	17.35	0.06	0.88	24/4	0		30.2亿
7	880335	化工	0.75	1755.52	13.14	0.04	0.96	43/27	0		323.5亿
8	880344	建材	0.34	1272.13	4.25	0.03	1.06	58/17	0		61.9亿
9	880350	造纸	0.17	1224.45	2.05	0.15	0.69	18/13	0		16.3亿
10	880351	矿物制品	1.29	1974.10	25.10	0.06	0.80	23/7	1		6.5亿
11	880355	日用化工	0.30	1604.85	4.81	0.02	0.78	31/7	0		9.41亿
12	880367	农林牧渔	0.11	1806.58	2.04	0.03	0.86	43/21	0		74.2亿
13	880367	纺织服饰	0.72	1027.29	7.39	0.06	1.02	78/28	1		45.4亿
14	880380	食品饮料	-0.18	2584.14	-4.72	0.03	0.88	16/21	0		76.1亿
15	880380	酿酒	0.29	7010.95	20.38	0.01	0.98	16/21	0		101.7亿
16	880387	家用电器	0.31	3587.20	11.83	0.08	0.99	62/19	1		90.1亿
17	880390	汽车类	3.28	2146.33	68.00	0.08	0.99	240/26	12		766.3亿
18	880398	医疗保健	0.58	3792.40	21.83	0.03	0.83	122/41	1		109.6亿
19	880399	家居用品	0.12	2398.15	2.85	0.03	0.80	23/15	0		11.9亿
20	880400	医药	0.72	2077.86	14.91	0.06	0.78	215/67	3		236.8亿
21	880406	商业连锁	0.38	810.42	3.07	0.03	1.08	63/23	0		80.0亿
22	880414	商贸代理	-0.14	866.73	-1.22	0.07	0.69	9/10	0		7.58亿
23	880418	传媒娱乐	0.26	1163.77	-9.56	0.05	1.05	18/49	0		123.4亿
24	880421	广告包装	-0.21	1478.60	-3.07	0.08	0.83	24/23	0		72.6亿
25	880428	文教休闲	0.18	1549.27	2.57	0.09	0.97	29/22	0		29.4亿
26	880420	酒店餐饮	0.29	1448.51	4.23	0.01	0.81	2/5	0		11.0亿

汽车类(270)　涨幅%　现价　量比　涨速　流通市值

	名称	涨幅%	现价	量比	涨速	流通市值
1	星源卓镁	18.34	64.00	2.02	2.93	12.33亿
2	宁波高发	10.01	15.49	0.92	0.00	34.55亿
3	文灿股份	10.00	45.08	1.15	0.00	117.75亿
4	浙江世宝	10.00	16.50	1.45	0.00	91.25亿
5	众泰汽车	10.00	3.41	0.99	0.00	145.82亿
6	赛力斯	10.00	48.64	0.99	0.00	733.19亿
7	坤泰股份	10.00	24.10	3.41	0.00	6.93亿
8	瑞玛精密	9.99	43.27	0.00	0.00	27.97亿
9	万安科技	9.97	13.01	2.02	0.00	59.27亿
10	中通客车	9.97	12.79	1.06	0.00	75.83亿
11	云意股份	9.96	8.72	1.01	0.00	75.07亿
12	中集车辆	9.88	14.68	2.10	-0.06	106.46亿
13	锡南科技	9.82	40.50	0.89	0.50	76.02亿
14	贵州轮胎	9.11	6.71	4.63	-0.44	74.72亿
15	涛涛车业	9.00	53.31	4.98	0.02	75.80亿
16	伯特利	8.60	93.04	1.38	0.28	381.50亿
17	贝斯特	7.70	23.79	1.69	0.00	71.60亿
18	泰祥股份	7.50	32.27	1.17	0.84	8.06亿
19	经纬恒润-W	7.24	178.02	1.14	-0.08	108.07亿
20	峰乘股份	6.78	37.48	1.32	-0.04	72.60亿
21	银轮股份	6.78	18.27	1.91	0.38	137.58亿
22	北特科技	6.51	7.69	1.67	0.13	26.02亿
23	博俊科技	6.40	23.45	1.09	0.43	16.48亿
24	均胜电子	6.37	19.88	1.45	-0.04	271.98亿
25	爱柯迪	6.22	23.55	1.44	-0.03	211.00亿
26	豪能股份	6.17	19.15	1.29	-0.07	122.94亿
27	华阳集团	6.05	38.06	1.06	0.05	181.17亿

分类▲　A股▲　B证▲　创业板▲　科创▲　基金▲　债券▲　REITs▲　新三板▲　**板块指数**　港美联动　定制品种　自选▲　板块▲　自定▲　湖股▲　期指板块▲　期权▲　基金理财▲

图 5-32　查看汽车类的指数及股票列表

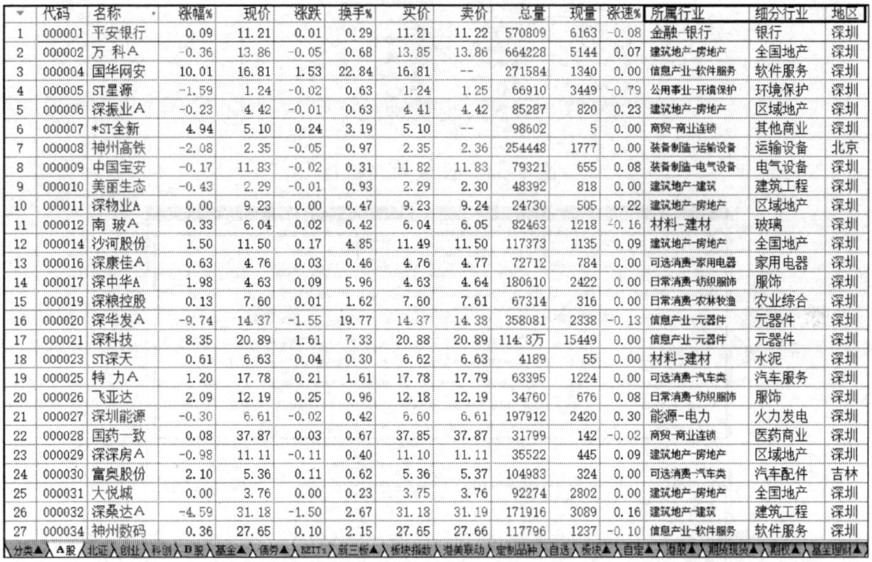

	代码	名称	涨幅%	现价	涨跌	换手%	买价	卖价	总量	现量	涨速%	所属行业	细分行业	地区
1	000001	平安银行	0.09	11.21	0.01	0.29	11.21	11.22	570809	6163	-0.08	金融-银行	银行	深圳
2	000002	万科A	-0.36	13.86	-0.05	0.68	13.85	13.86	664228	5144	0.07	建筑地产-房地产	全国地产	深圳
3	000004	国华网安	10.01	16.81	1.53	22.84	16.81	--	271584	1340	0.00	信息产业-软件服务	软件服务	深圳
4	000005	ST星源	-1.59	1.24	-0.02	0.61	1.24	1.25	66910	3449	-0.79	公用事业-环境保护	环境保护	深圳
5	000006	深振业A	-0.23	4.42	-0.01	0.63	4.41	4.42	85287	820	0.23	建筑地产-房地产	区域地产	深圳
6	000007	*ST全新	4.94	5.10	0.24	3.19	5.10	--	98602	5	0.00	商贸-商业连锁	其他商业	深圳
7	000008	神州高铁	-2.08	2.35	-0.05	2.35	2.35	2.36	254448	1777	0.00	装备制造-运输设备	运输设备	北京
8	000009	中国宝安	-0.17	11.83	-0.02	0.31	11.82	11.83	79031	655	0.08	装备制造-电气设备	电气设备	深圳
9	000010	美国生态	-0.43	2.29	-0.01	0.93	2.29	2.30	48392	818	0.00	建筑地产-建筑	建筑工程	深圳
10	000011	深物业A	0.00	9.23	0.00	0.47	9.23	9.24	24730	505	0.22	建筑地产-房地产	区域地产	深圳
11	000012	南玻A	0.33	6.04	0.02	0.42	6.04	6.05	82463	1218	-0.16	材料-建材	玻璃	深圳
12	000014	沙河股份	1.50	11.50	0.17	4.85	11.49	11.50	117373	1135	0.09	建筑地产-房地产	全国地产	深圳
13	000016	深康佳A	0.63	4.76	0.03	0.46	4.76	4.77	72712	784	0.00	可选消费-家用电器	家用电器	深圳
14	000017	深中华A	1.98	4.63	0.09	5.96	4.63	4.64	180610	2422	0.00	日常消费-纺织服装	服饰	深圳
15	000019	深粮控股	0.13	7.60	0.01	1.62	7.60	7.61	67314	316	0.00	日常消费-农林牧渔	农业综合	深圳
16	000020	深华发A	-9.74	14.39	-1.55	19.77	14.37	14.38	358081	2230	-0.13	信息产业-元器件	元器件	深圳
17	000021	深科技	8.35	20.89	1.61	7.33	20.88	20.89	114.3万	15449	0.00	信息产业-元器件	元器件	深圳
18	000023	ST深天	0.61	6.63	0.04	0.30	6.62	6.63	4189	55	0.04	材料-建材	水泥	深圳
19	000025	特 力A	1.20	17.78	0.21	1.61	17.78	17.79	63395	1224	0.00	可选消费-汽车类	汽车服务	深圳
20	000026	飞亚达	2.09	12.19	0.25	0.96	12.18	12.19	34760	676	0.08	日常消费-纺织服装	服饰	深圳
21	000027	深圳能源	-0.30	6.61	-0.02	0.42	6.60	6.61	197912	2420	0.30	能源-电力	火力发电	深圳
22	000028	国药一致	0.08	37.87	0.03	0.67	37.85	37.87	31799	142	-0.02	医药-商业连锁	医药商业	深圳
23	000029	深深房A	-0.98	11.11	-0.11	0.10	11.10	11.11	35522	445	0.09	建筑地产-房地产	区域地产	深圳
24	000030	富奥股份	2.10	5.36	0.11	0.62	5.36	5.37	104983	324	0.00	可选消费-汽车类	汽车配件	吉林
25	000031	大悦城	0.00	3.75	0.00	0.23	3.75	3.76	92274	2802	0.00	建筑地产-房地产	全国地产	深圳
26	000032	深桑达A	-4.59	31.18	-1.50	2.67	31.18	31.19	171916	3809	0.16	建筑地产-建筑	建筑工程	深圳
27	000034	神州数码	0.36	27.65	0.10	2.15	27.65	27.66	117796	1237	-0.10	信息产业-软件服务	软件服务	深圳

分类▲　A股▲　B证▲　创业板▲　科创▲　基金▲　债券▲　REITs▲　新三板▲　板块指数　港美联动　定制品种　自选▲　板块▲　自定▲　湖股▲　期指板块▲　期权▲　基金理财▲

图 5-33　查看个股对应的地区板块和行业板块

　　以设置"细分行业"为例，在股票列表的第一行"代码"和"栏目"之后的任意栏目右击，选择"基本栏目"→"细分行业"选项，如图 5-34 所示。还可以看到"细分行业"下方的"地区"，而"所属行业"是图 5-34 中"附加栏目"的子菜单。

还可通过图 5-34 中的"编辑栏目"菜单来设置列表的栏目及顺序，如图 5-35 所示。鼠标放在栏目上，右上角会有一个小叉图标，表示删除栏目。被删除的栏目放在下面备选。鼠标左键按住任何一个栏目拖动，可以设置栏目的顺序。

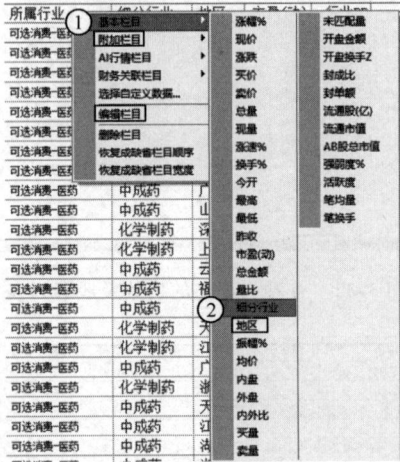

图 5-34　设置列表栏目

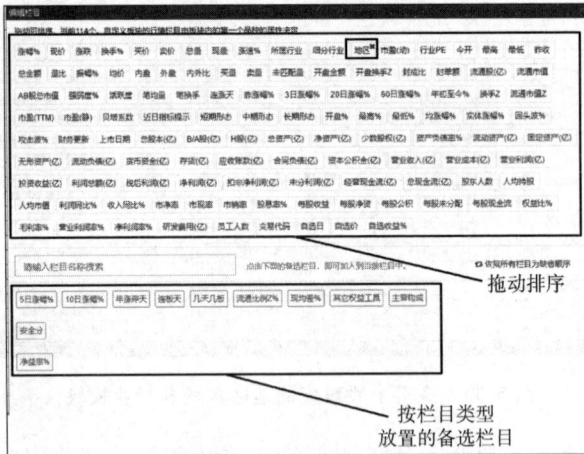

图 5-35　编辑栏目界面

5.4.5　如何编写指标公式展示个股所属的概念板块和风格板块

查看个股与概念板块和风格板块的对应信息，也有两种方式：通过板块找个股，以及通过个股找板块。

从板块的视角，在图 5-31 的菜单中，选择"概念板块"或者"风格板块"。从个股的视角，在图 5-35 的编辑栏目中，没有"概念板块"或者"风格板块"可选。

要想从个股的视角，查看其所属的概念板块或风格板块，可以分别编写指标公式，如图 5-36 和图 5-37 所示。

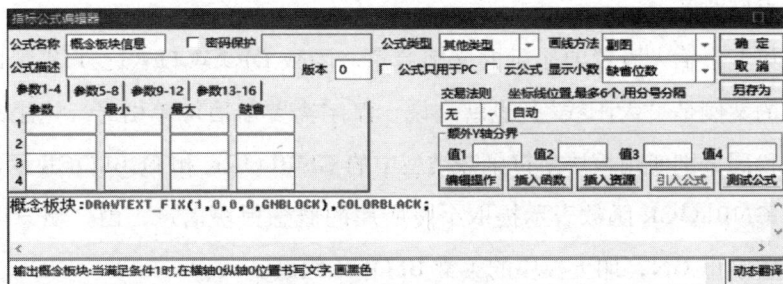

图 5-36　概念板块信息指标公式

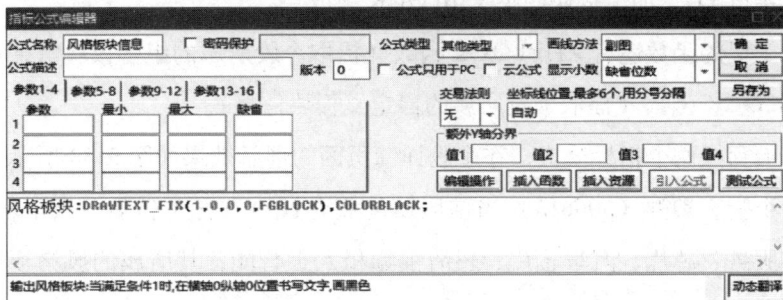

图 5-37　风格板块信息指标公式

公式源代码：

```
概念板块:DRAWTEXT_FIX(1,0,0,0,GNBLOCK),COLORBLACK;
风格板块:DRAWTEXT_FIX(1,0,0,0,FGBLOCK),COLORBLACK;
```

公式解析：

两个公式各有一行语句，输出的指标线名称分别为"概念板块"和"风格板块"。然后分别使用绘图函数 DRAWTEXT_ FIX，在固定位置的画布中显示文字，黑色。

函数 DRAWTEXT_ FIX 共有五个输入。

第一个输入为逻辑判断值，直接输入 1，表示一直显示。

第二个输入表示文字横坐标 x 轴的起始点，第三个输入表示文字纵坐标 y 轴的起始点，即坐标 (x, y)。这里输入 $(0, 0)$，表示画布的左上角。

第四个输入设置文字的对齐方式，0 表示在坐标点左对齐，1 表示在坐标点右对齐。

第五个输入设置要显示的文字信息。函数 DRAWTEXT_ FIX 帮助说明中的案例是'大阳线'，也就是说，汉字需要前后加单引号。这里的公式源代码分别使用板块字符函数类型中的 GNBLOCK 和 FGBLOCK 函数。

GNBLOCK 函数表示提取个股所属的概念板块信息，由"概念"的拼音首字母 GN，加上板块的英文 BLOCK 组成。

FGBLOCK 函数表示提取个股所属的风格板块信息，由"风格"的拼音首字母 FG，加上板块的英文 BLOCK 组成。

类似的函数还有 ZHBLOCK 函数（提取个股所属的组合板块信息）和 ZDBLOCK 函数（提取个股所属的自定义板块信息）。

编写好两个指标公式，在个股详情页面的展示效果如图 5-38 所示。例如，个股富瀚微（300613）当前所属的概念板块有含可转债、汽车电子、安防服务、芯片、汽车芯片、超清视频和人工智能；其所属的风格板块有融资融券、专精特新、定增预案和深股通标的。

按快捷键 .401，进入"历史行情·指标分析"界面。分别将图 5-36 和图 5-37 的两个指标公式设置为排序指标，效果如图 5-39 所示。当个股所属的概念板块或风格板块太多时，列表中仅显示部分文字。

在下方的标签页选择任何板块，列表自动显示对应的股票或者指数列表，并执行计算功能，展示计算结果。

图 5-38　显示在副图的板块信息

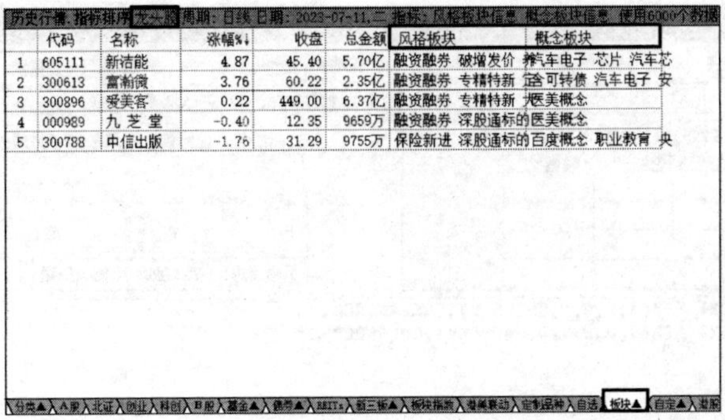

图 5-39　显示在指标排序界面的板块信息

利用右键快捷菜单可以添加多个排序指标，如图 5-39 中的"风格板块"和"概念板块"两列。列表栏目的"风格板块"是在图 5-37 的源代码语句冒号"："前设置的输出；"概念板块"是在图 5-36 的源代码语句冒号"："前设置的输出。

在分析历史行情时，一旦投资者找到感兴趣的个股，再进入个股详情页面查看细节。

还可以把图 5-38 中的两个副图信息显示在主图上，如图 5-40 所示。这样做的好处是在副图留出空间显示常规的成交量等指标。

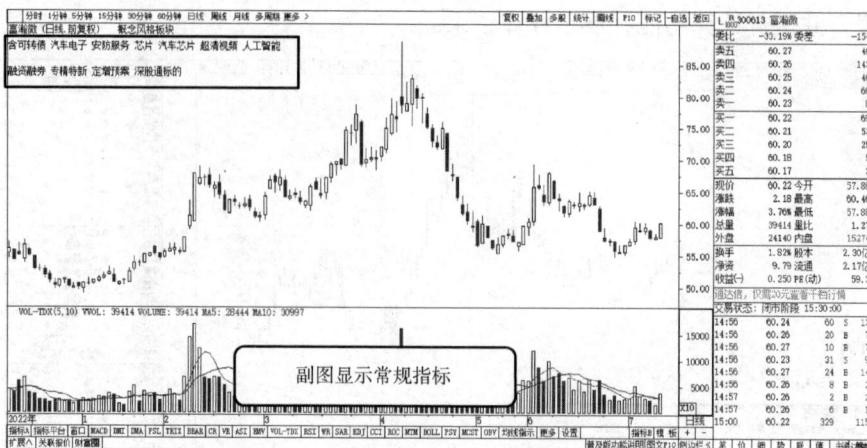

图 5-40　显示在主图的板块信息

图 5-40 的主图指标公式"概念风格板块"，需要单独编写，如图 5-41 所示。

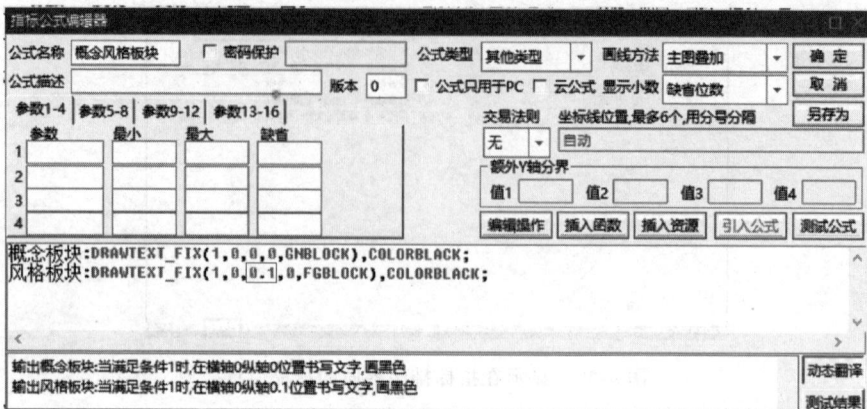

图 5-41　概念风格板块信息指标公式

画线方法设置为"主图叠加"。

公式源代码是将图 5-36 和图 5-37 的两个公式的源代码复制在一个公式中，注意，第二行公式的纵坐标需要从 0 改为 0.1，避免两行信息堆在一起看不清。

若个股详情页面的背景色是黑色的，还要注意将语句最后的颜色函数从 COLORBLACK 改为 COLORWHITE（显示效果弄成白色文字，黑色背景，也可以把文字改为其他亮一点儿的颜色）。

第 6 章

通达信公式编写的
绘图函数

6.1 什么是绘图的画布

在通达信的四大类公式中，指标公式的功能最丰富，可以灵活做出各种显示效果。一个指标公式可以输出成百上千的指标线，虽说是指标线，这里"线"是广义的概念，泛指所有能在主图或副图上的显示结果，以及在指标排序界面的显示结果。

本章围绕指标线在个股详情页面的显示结果，介绍绘图函数的原理，常见的绘图效果及案例。在理解原理之前，需要先弄清楚一个基本概念——什么是绘图的画布。

绘图使用的画布与第 1 章设置盯盘界面的画布不太一样。盯盘界面对应炒股软件的版面功能。设置版面之前最好先在白纸上绘制版面布局设计图，然后在空白的版面中逐个填充。

而绘图使用的画布主要是个股详情页面的主图和副图，无论主图是 K 线图、分时图、宝塔线、收盘价线都可以。

绘图使用的画布依据横坐标是否固定（数据的显示是否与时间有关），分为动态画布和固定画布。绘图的信息随着横坐标变动而变动的画布，可认为是动态画布；而绘图的信息不跟随横坐标变动而变动的画布，可认为是固定画布。

例如，在图 5-40 的个股详情页面，按上箭头"↑"放大图表，如图 6-1 所示。

放大后的图表显示了约 3 个月（2023 年 4—7 月）的日 K 线行情，而图 5-40 显示了半年多（2022 年 12 月—2023 年 7 月）的日 K 线行情。横坐标的时间刻度变小（图表被放大），K 线和成交量柱线都变宽了。

注意，主图左上角个股所属的概念板块和风格板块信息，两行汉字并没有跟着横坐标的放大而变化，它们的显示位置固定在主图的左上方。

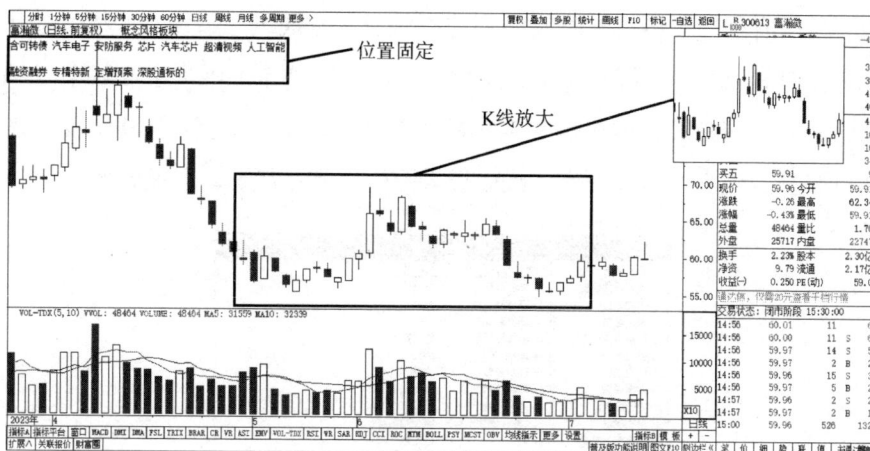

图 6-1　对比动态画布与固定画布

图 6-1 的主图对于绘制的日 K 线图表来说是一张动态画布；对于"概念风格板块"指标公式显示的文字来说却是一张固定画布。这里的显示文字由绘图函数 **DRAWTEXT_ FIX** 实现，显示位置依据横、纵坐标和对齐方式确定。如果改为函数 **DRAWTEXT** 来实现，文字与画布又是动态关系了。

函数 **DRAWTEXT** 的示例语句如下：

```
DRAWTEXT( COND,PRICE,TEXT )
```

第一个输入为逻辑判断，如果不需要判断可以直接输入布尔值 1，表示一直显示。第二个输入为纵坐标，表示文字的位置在某个价格位置。第三个输入设置要显示的文字信息。

6.2　使用绘图函数制作图表并结合趋势进行分析

想要制作个性化的分析图表，除了建立动态画布与固定画布的概念，还要熟悉常用的绘图函数。图 6-2 所示为"插入函数"窗口中绘图函数类型下的所有函数，包括画时间序列的折线段、直线段、斜线、K 线、柱状线，在时间点上画图标、文字、画数字，在固定画布上画文字、数字（编写公式时，绘图的客体包括文字和数字与线、图标等），以及其他绘图功能（设置自定义颜色、画带状线、导入图片、填充背景、画矩形等）。

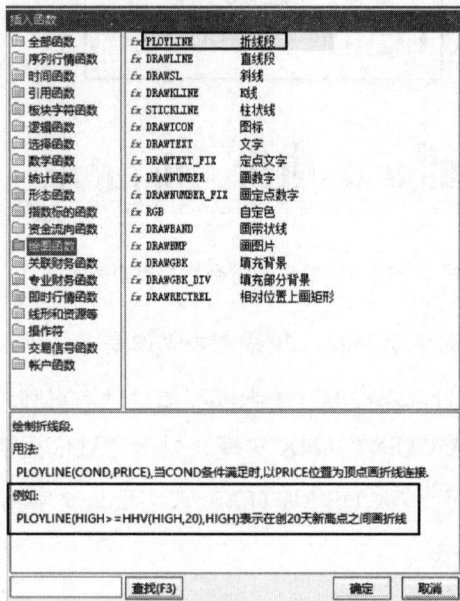

图 6-2 绘图函数类型下的所有函数

若某个绘图函数不太熟悉，使用前需先查看用法举例。以图 6-2 中的函数 **POLYLINE** 画折线段为例，示例的语句如下：

PLOYLINE(HIGH > = HHV(HIGH,20),HIGH)

该函数有两个输入，第一个输入为逻辑判断条件 **COND** ，第二个输入为折线位置 **PRICE** 。用法举例对语句的含义解释为：表示在创 20 天新高点之间画折线。仔细分析示例的两个输入，可以判断出该函数是用于动态画布，画指标线的函数。

新建一个学习绘图函数用的指标公式"函数试验"，把示例语句画出来，研究明白绘图函数的原理后再用于实战。复制示例语句作为公式源代

码，如图 6-3 所示。补充语句名称"折线 ："，以及折线颜色
"，COLORGRAY"。由于折线位置使用最高价 HIGH ，属于主图常用时
间序列，画线方法选择"主图叠加"。

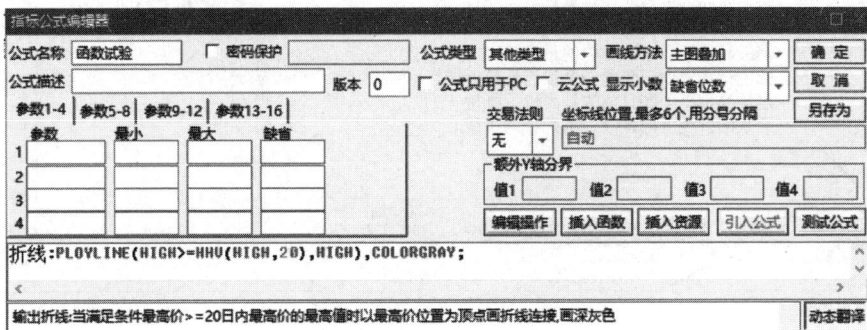

图 6-3　折线函数编写试验

示例语句的第二个输入为最高价 HIGH ，也就是说，折线的每一个顶
点都是某个时间刻度的最高价。哪些最高价需要作为折线的顶点，由判断
条件 HIGH > =HHV（HIGH，20）来决定。这个逻辑判断语句是在每一
个时间刻度上，都要对比最高价与 20 个周期内的最高价，哪个价格更高。
如果在某个时间刻度上最高价小于 20 个周期内的最高价，也就是说，20
个周期内的最高价不是在该时间刻度上出现的，而是在前面 19 个时间刻度
的某个时间点上，那么该时间刻度的最高价不作为折线的顶点。否则该最
高价作为折线的顶点，进行连线。

查看指标公式"函数试验"的绘图效果时，应多找几只股票，常见的
价格走势（如上升趋势、下降趋势、底部和顶部等）都检查一遍，熟悉指
标公式的画线效果。例如，先找一只日 K 线数量不多的次新股丰立智能
（301368），如图 6-4 所示。

每一个折线的顶点在图 6-4 中均用圆圈标出来，从左往右观察。该股
上市当天的最高价 29.37 元持续了 20 多个交易日，直到第二个圆圈标记的
K 线出现（最高价为 21.55 元），将两个最高价连接成一段折线。这期间

市场在折线下方筑底，折线朝右下方倾斜。

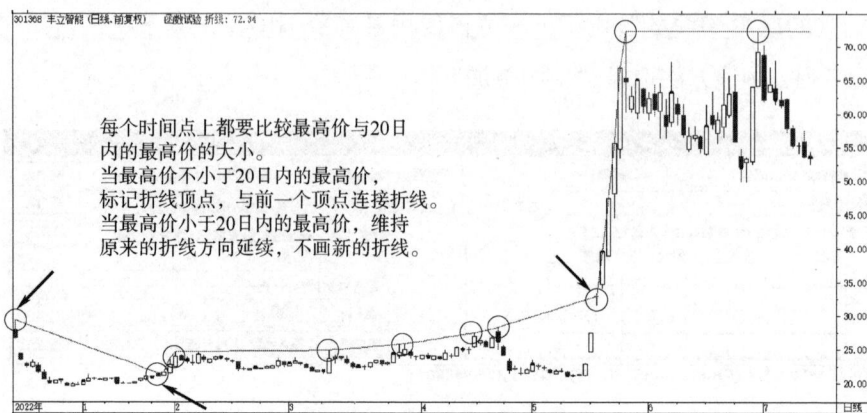

图 6-4　次新股的折线效果

股价在 21.55 元创新高后，第二天的最高价为 21.66 元，第三天的最高价为 23.76 元，第四天的最高价为 24.68 元。股价连续创新高，每天都要重新画折线，把折线方向拉往右上方。

之后一段时期股价做横盘整理，时不时创出的新高仅比前一个最高价高出一点点。这期间折线的方向是接近水平地微微抬高。

紧接着一段陡直上涨，每天创新高，折线朝右上方近 90° 倾斜。

最后一段接近水平的折线，第一个顶点的最高价为 72.37 元，第二个顶点的最高价为 72.35 元。尽管当前折线还是维持水平状态，考虑股价从 20 多元涨到了 70 多元，可以主观视为双重顶成立。

后续若持续 20 天均没有创出高于 72.35 元的价格，那么下一个顶点便低于 72.35 元，折线也将朝右下方倾斜。

通过以上分析，使用函数 **PLOYLINE** 的示例语句作出的折线，可以大致看出股价的运行方向，但最近 20 天内的走势需要采用其他技术辅助分析。总的来说，使用折线观察历史走势，主要看折线的方向是朝右上方倾斜，还是朝右下方倾斜，或接近水平方向。

下面寻找近期折线朝右上方倾斜的股票，进一步观察。如图 6-5 所示的个股中马传动（603767），过去一段时期该股的折线从微微朝右下方倾斜，变为接近水平方向。

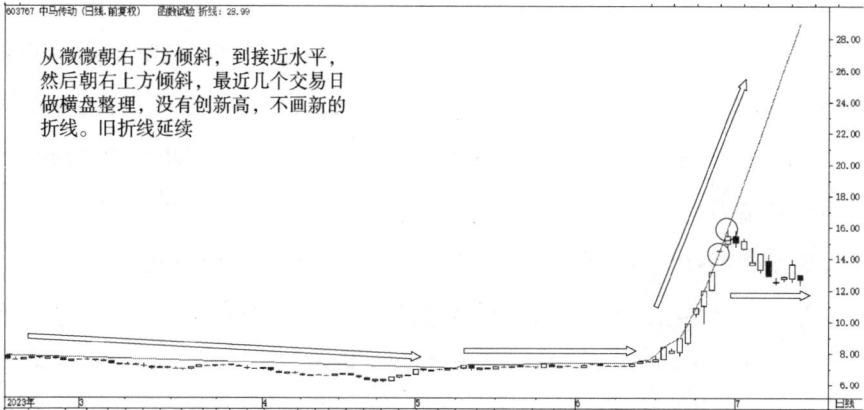

图 6-5　近期折线朝右上方倾斜的折线效果

当前是朝右上方倾斜，这段折线是由图中两个连续的高点连接而成。该股最近几个交易日做横盘整理，并没有创新高，因此不画新的折线。

旧折线朝右上方延续，等到 20 个交易日出现新的高点，再进行连线。

再看一只近期折线朝右下方倾斜的股票，如图 6-6 所示的个股科华生物（002022）。过去一段时期该股的折线从很陡的朝右下方倾斜，变为缓缓朝右下方倾斜。后接一段反弹，继续下跌趋势。

图 6-6　近期折线朝右下方倾斜的折线效果

最后这段下跌的折线是连接了顶部高点 13.70 元，以及反弹高点 10.78 元形成的。反弹高点后没有再创新高，因此，可以看到最后几个交易日的 K 线与折线有重叠。

从实战的角度来说，下跌趋势尚未结束的股票不应参与做交易。即使想做反弹，最好在折线从朝右下方倾斜，变为趋于平缓之后再找机会。

投资者在制作个性化的分析图表之前，可以参考本节以函数 PLOYLINE 示例的方法，先做试验并结合交易策略，分析应用场景。每一种绘图函数都有其适合的场景，使用前最好弄懂以下几个方面：

第一，熟悉绘图函数的语法。掌握每个输入的含义，是要输入逻辑判断条件，还是时间序列，或者固定画布的坐标等。

第二，熟悉绘图函数画出来的效果。例如，是展示文字、数字，或指标线、图标等，颜色是否可以自定义，展示的客体是否与时间刻度有关，是否与画布坐标有关等。

第三，研究绘图函数的实战意义。例如，利用文字或数字展示股票哪方面的基本信息，或者利用图标标记买卖点，或者利用指标线分析趋势，等等。

6.3　应用绘图函数的显示案例

不同的绘图函数具有特定的显示效果，熟悉之后可以灵活应用在不同的实战场景中。制作个性化的分析图表时，需要结合线性和资源函数等，最好能积累一些常用的绘图显示技巧。另外，编写指标公式显示多种信息时，注意保持图表干净。显示信息乱糟糟或者信息太复杂的图表，都不利于实战分析。

6.3.1　自定义指标线的颜色和粗细

自定义指标线主要是利用线性和资源函数,设置颜色、粗细等显示效果。文字和数字也可以利用线性和资源函数设置颜色,但字体大小是在"系统设置"窗口的"外观"选项卡设定的。

系统公式主要保证了常见技术分析的算法无误,基本都使用了系统默认的显示效果。若投资者想要制作个性化的分析图表,可以先把系统指标公式"另存为"新的公式,在新的用户公式中修改指标线的显示效果。

例如,常用的系统指标公式"MA 均线"最多可以输出 8 条指标线,系统指标公式"MA2 均线"最多可以输出 10 条指标线,"MA2"的公式源代码如图 6-7 所示。

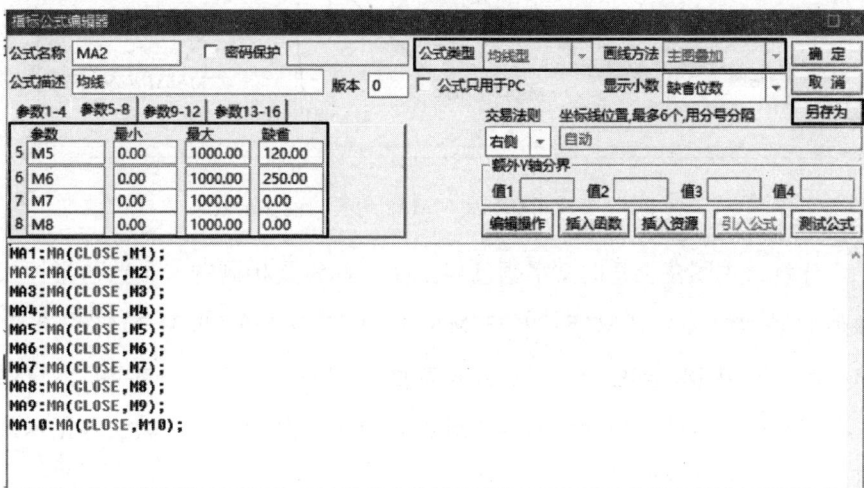

图 6-7　系统指标公式"MA2 均线"的公式源代码

系统公式"均线"是比较特殊的系统公式,公式类型的选项"均线型"和画线方法的选项"主图叠加"都是灰色的,不可更改。在公式源代码中输出 10 条指标线(MA1 、MA2 、…、MA10)。系统公式"均线"会自动识别参数的数值,若参数为 0 则不显示指标线。如果只设置了 3 个参数不为 0，则主图只显示 3 条指标线。如果 10 个参数都不为 0，那么主图会显示 10 条指标线。

以设置 6 条均线指标线为例，将图 6-7 的默认参数 M1 设置为 5，M2 设置为 10，M3 设置为 20，M4 设置为 60，M5 设置为 120，M6 设置为 250。自第 7 个开始均设置为 0，主图中自动显示 6 条指标线，如图 6-8 所示。

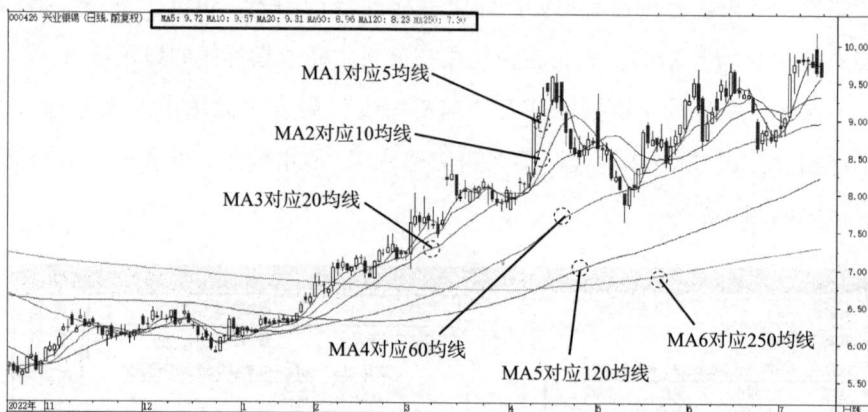

图 6-8　系统指标公式"MA2 均线"的显示效果

注意，主图左上角的文字颜色与主图指标线是相同的。参数与指标线数值的显示组合为"MA5：9.72 MA10：9.57 MA20：9.31 MA60：8.96 MA120：8.23 MA250：7.30"。冒号前面是"指标线名称 + 参数"。冒号之后是指标线数值。指标线的数值对着鼠标左右滑动变化，默认是显示最近一个交易日的数值。

这里的 MA5 对应了公式源代码中的第一行 MA1 ，表示 MA1 指标线 M1 参数为 5，即最近的 5 均线为 9.72 元。

同理，MA10 对应了公式源代码中的第二行 MA2 ，表示 MA2 指标线 M2 参数为 10，即最近的 10 均线为 9.57 元。

MA20 对应了公式源代码中的第三行 MA3 ，表示 MA3 指标线 M3 参数为 20，即最近的 20 均线为 9.31 元。

MA60 对应了公式源代码中的第四行 MA4 ，表示 MA4 指标线 M4 参数为 60，即最近的 60 均线为 8.96 元。

MA120 对应了公式源代码中的第五行 MA5 ，表示 MA5 指标线 M5 参数为 120，即最近的 120 均线为 8.23 元。

MA250 对应了公式源代码中的第六行 MA6 ，表示 MA6 指标线 M6 参数为 250，即最近的 250 均线为 7.30 元。

图 6-8 是一个典型的均线多头发散的上升趋势，长期均线 250 均线拐头向上，中长期均线 120 均线和中期均线 60 均线也抬头向上。

当上升趋势强劲时，20 均线对趋势有支撑作用。当上升趋势变弱后，价格跌破 20 均线，但在 60 均线上可能还有支撑。

系统公式自动将不同的指标线用不同的颜色标识，但是每根指标线的粗细是相同的。以图 6-8 为基础，如果仅使用 5 均线、20 均线、60 均线，并且把 20 均线显示得粗一些。操作步骤如下：

第一步，在图 6-7 的基础上，修改公式名称为"MA3"，单击"另存为"按钮。

第二步，在公式管理器中，找到用户公式"MA3"，修改公式源代码，如图 6-9 所示。

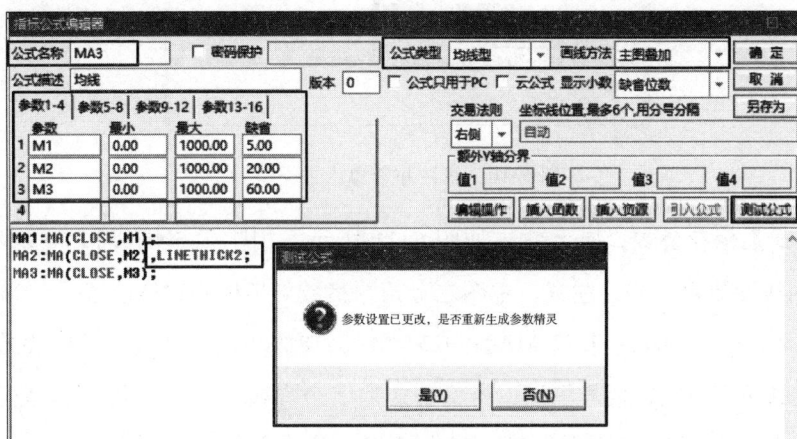

图 6-9　用户公式"MA3"的公式源代码

第三步，删除多余的 7 行公式源代码，只保留 MA1 、MA2 和 MA3 。上面的参数表中也只保留 M1、M2 和 M3，其余参数删除。此时单击"测试公式"按钮，弹出提示框"参数设置已更改，是否重新生成参数精灵"，单击"是"按钮。

第四步，在第二行公式 MA2 后面添加 " ，LINETHICK2 "。函数 LINETHICK 属于线性和资源类型，如图 6-10 所示。使用该函数时，可以添加函数的参数（1 ~ 9 的任意整数）。图 6-8 的系统默认指标线是最细的 LINETHICK1 。要想把 20 均线显示得粗一些，只需在公式后面添加 2 号粗的设置，也可以设置成其他更粗的数值。

图 6-10　线性和资源函数类型

最后保存公式，显示效果如图 6-11 所示。相比于 5 均线和 60 均线，20 均线要更粗一些。注意，主图左上角的参数与指标线数值的显示"MA3（5，20，50）MA1：9.72 MA2：9.31 MA3：8.96"。这是通常指标公式带参数的显示方式，括号里用逗号将公式的多个参数隔开，括号前面是公式名称 MA3，冒号前是公式源代码中的指标线名称（分别为 MA1、MA2、

MA3），冒号后是指标线对应的数值。

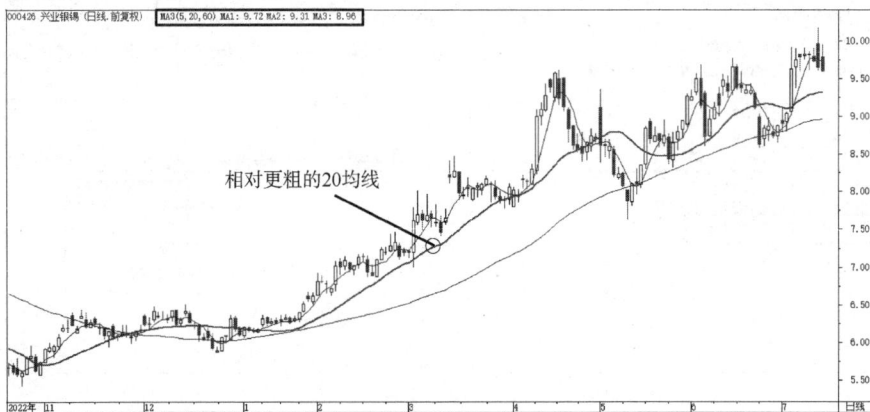

图 6-11　自定义指标线的显示结果

如果不希望使用系统自带的指标线颜色，可以参考设置粗细的方式在公式源代码中添加颜色设置。颜色函数有以下几种设置方式。

第一，直接使用图 6-10 中函数 LINETHICK 上方的自带颜色函数，如 COLORBLACK（黑色）、COLORGRAY（灰色）、COLORMAGENTA（洋红色）、COLORCYANA（青色）等。

第二，使用 RGBX 或者 COLOR 函数自定义。注意，两个函数的参数设置顺序不同，尽管都是通过十六进制设置颜色，函数 RGBX 的设置顺序是红、绿、蓝，而函数 COLOR 的设置顺序是蓝、绿、红。

第三，使用调色板自动生成 COLOR 函数。如图 6-12 所示，先在公式源代码中单击锁定颜色函数的插入位置，然后单击"插入资源"按钮，在弹出的下拉列表中选择"调色板"选项。

在弹出的"调色板"中选择任意颜色，如第三行的第二个颜色，然后单击"确定"按钮，该颜色对应的 COLOR 函数自动填充至公式源代码中，如图 6-13 所示。保存公式后，可以在主图中检查新的指标线颜色是否满足个人偏好及交易习惯。

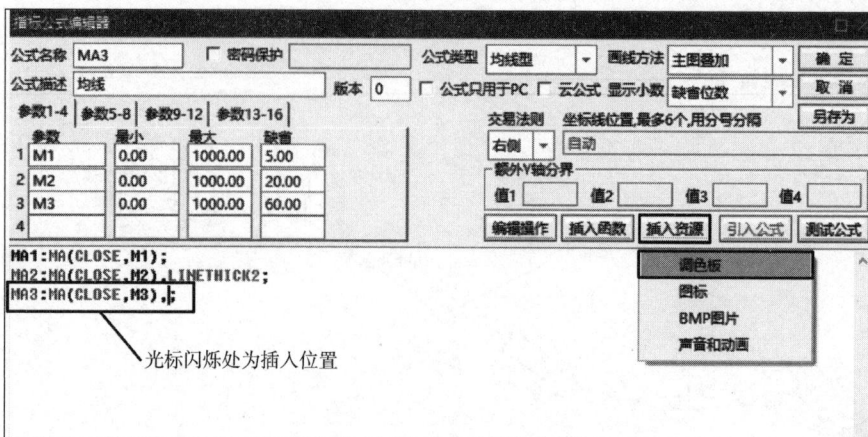

图 6-12　选择调色板

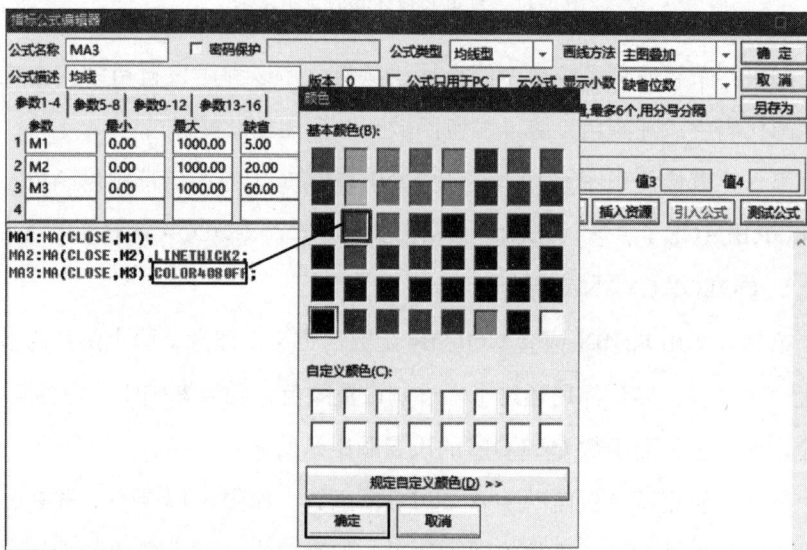

图 6-13　调色板选择颜色

6.3.2　自定义指标线的折线和柱状线

　　常见的指标线除了折线外，还有柱状线。与表现数值变动走势的折线不同，柱状线通常用来表现量能堆积。以系统公式"VOL 成交量"为例，其公式源代码如图 6-14 所示。

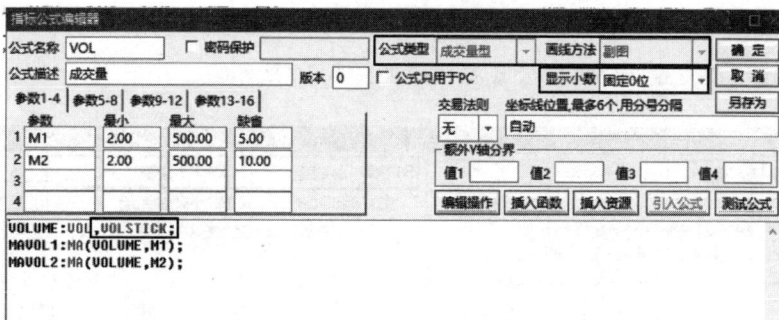

图 6-14 系统指标公式"VOL 成交量"的公式源代码

第一行是使用函数 **VOLSTICK** ，画出成交量柱状线，该函数也属于图 6-10 的线性和资源类型。后面两行分别以参数 M1 和 M2 作出成交量均线。

该系统公式也具有"均线"公式的特殊指标参数显示功能，副图显示效果如图 6-15 所示。副图左上角的参数与指标线数值的显示组合为"MA5：92936 MA10：99405"。由于成交量使用了函数 **VOLSTICK** ，副图中每一天的成交量均用柱状线表示。对应主图的 K 线，阳线的成交量是阳量，阴线的成交量是阴量。

价格的单位是"元"，通常保留两位小数。而成交量数据的单位是"手"，通常是整数。因此，图 6-14 中的"显示小数"下拉框的选项为"固定 0 位"。图 6-15 中的副图指标数值均显示整数。

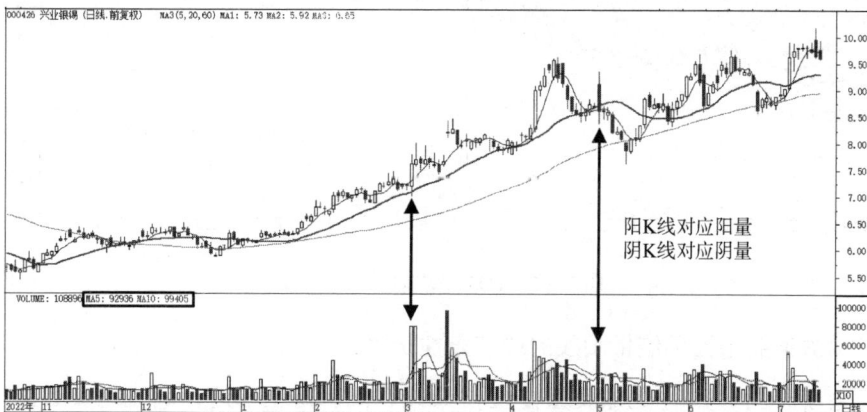

图 6-15 系统指标公式"VOL 成交量"的显示效果

若将图 6-14 公式中的函数 VOLSTICK 和两根均线的公式删除，另存为公式"成交量 VOL"，公式源代码如图 6-16 所示。

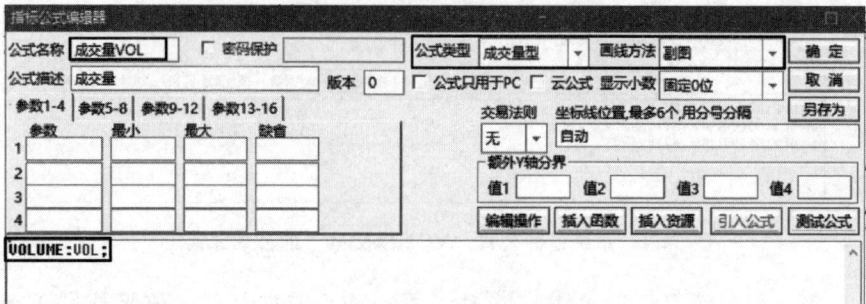

图 6-16　折线形式的成交量公式

在副图调用"成交量 VOL"公式，显示效果如图 6-17 所示。由于成交量本身的定义是每天买卖双方的交易数量，使用折线来表达难以体现当日多空双方较量的感觉。不建议实战时使用图 6-17 的表现形式，这里主要是为了对比显示效果，方便理解函数 VOLSTICK 的含义。

图 6-17　折线形式的成交量显示

如何突出显示倍量阳线的成交量柱状线？

观察图 6-15 中的成交量柱线和 K 线，阳线是空心的，阴线是实心的。有些投资者可能认为用"空心柱"表示阳 K 线或者阳量，主观感觉分量不

够。但若设置成图 6-18 所示的实心柱线（快捷键 KR，设置 K 线实心），
又感觉颜色过重。

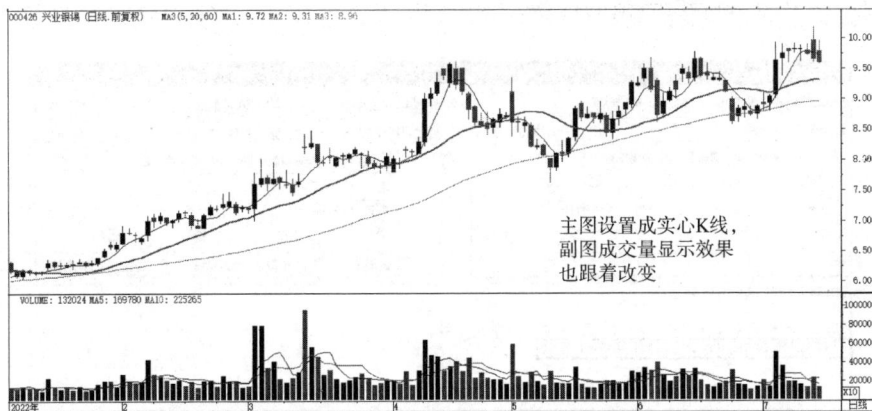

图 6-18　实心 K 线和成交量的显示效果

在图 6-15 的基础上，若仅对倍量阳线的成交量强调，如图 6-19 所示。
保留空心的阳量，而放量的成交量柱线使用了自定义颜色的实心柱，便能
实现强调放量阳线的效果。图 6-19 中框出来的黑色实心柱都是放量阳线的
成交量，它与普通的空心阳柱和实心灰色阴柱的显示效果不同。

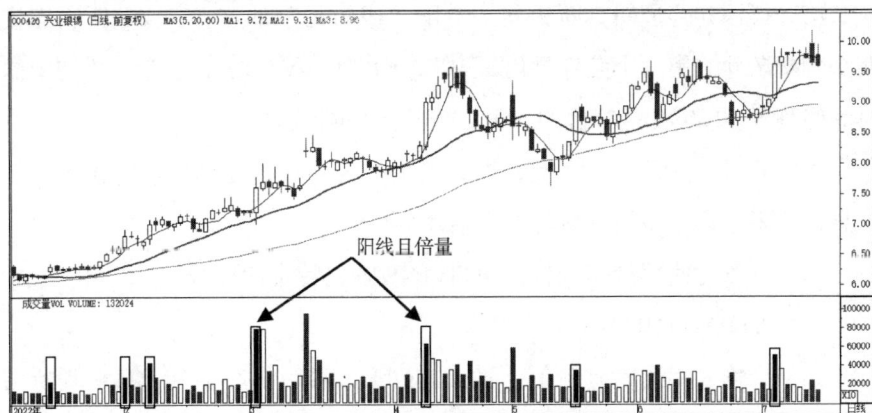

图 6-19　放量阳线的显示效果

要实现图 6-19 的效果，仅需对图 6-17 的自定义公式稍作修改，如图 6-20 所示。先将第一行的折线效果改回成交量柱线。然后编写两行语句，突出显示阳线倍量的柱线。

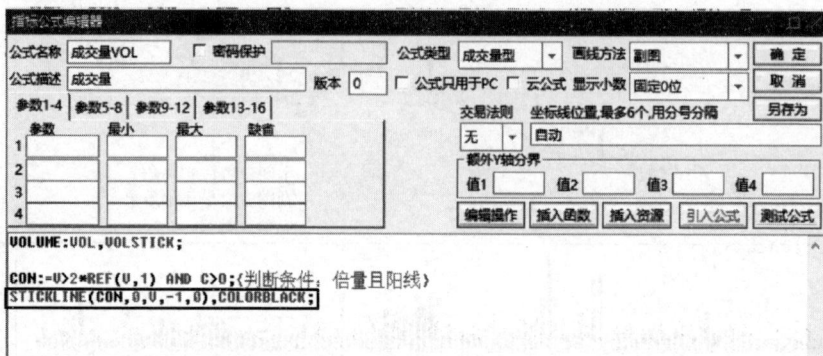

图 6-20　强调阳线倍量的公式

公式源代码：

```
CON：＝V＞2＊REF（V,1）AND C＞O；{判断条件:倍量且阳线}
STICKLINE（CON,0,V,－1,0），COLORBLACK；
```

公式解析：

第一行语句为逻辑判断语句。使用"逻辑与"的连接符 **AND**，连接两个判断条件。第一个条件是倍量 $V > 2 * REF(V, 1)$，注意，语句中的时间序列 **V** 和 **VOL** 是等价的。第二个条件是阳线 $C > O$。

语句分号"；"后面的是注释，用大括号包住，注释里可以输入任何信息，这里记录了逻辑判断的两个条件。

第二行语句使用绘图函数 **STICKLINE** 画出特定的柱线。

函数 **STICKLINE** 共有五个输入。

第一个输入为逻辑判断值，输入 **CON**，表示只在语句 **CON** 判断结果为 1 时画线。

第二个输入设置柱线的下沿。成交量都是从 0 起算，因此这里填 0。

第三个输入设置柱线的上沿。填入当日的成交量，即时间序列 **V**。

第四个输入设置柱线的宽度。填入 −1，表示宽度随图表放大缩小而动态改变。还可填写具体数值，如函数 STICKLINE 帮助说明中的标准宽度 4，画出来的就是一根很宽的柱线。也可输入小数（如 3.5），数值越小，柱线越窄。

第五个输入设置柱线的显示效果。填入 0，表示画实心柱线。在函数 STICKLINE 帮助说明中还介绍了其他可填数值，如 1 表示空心实线柱，−1 表示空心虚线柱等。

注意，语句中在绘图函数 STICKLINE 与颜色函数 COLORBLACK 之间有个逗号 " , "。

6.3.3　利用带状线函数展示 Vegas 隧道

Vegas 隧道交易法是一套用于中短期交易的策略。它结合了斐波那契数列及四倍时间周期，采用了多条均线，是投资者顺趋势操盘的辅助工具之一。为了便于读图，可利用带状线绘图函数 DRAWBAND 将 Vegas 隧道形象地展示出来，如图 6-21 所示。

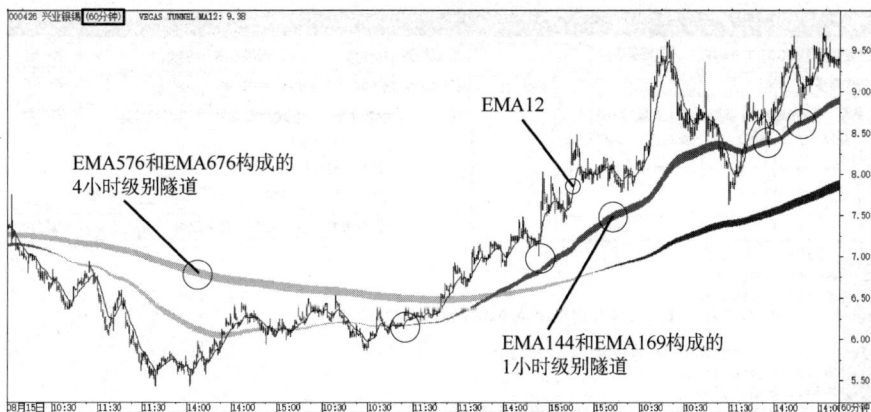

图 6-21　Vegas 隧道指标

Vegas 隧道通常用于 1 小时线，图 6-21 的左上角显示了 "60 分钟"，即当前 K 线是 1 小时周期图表。交易信号主要出自图中 EMA144

和 EMA169 构成的隧道（1 小时级别隧道），当价格同时在 EMA12 指标线和该隧道上方时，可以考虑进场做多。此隧道还能充当支撑线的作用，在上升趋势中，当价格朝着该隧道运动，止跌之后再远离隧道运动时，也可考虑进场做多。

而图中 EMA576 和 EMA676 构成的隧道（4 小时级别隧道），它是用来辅助判断趋势的（576 = 144 × 4，676 = 169 × 4）。观察此隧道的宽窄变化及颜色变化，可以看出，4 小时级别方向上的价格趋势是多头还是空头。当隧道线是浅灰色，并且越来越宽时，说明此时空方力量较强。当隧道线是深灰色，并且越来越宽时，说明此时多方力量较强。当隧道线从浅灰色变为深灰色，说明形成隧道线的两根均线形成了金叉，呈现多头发散。当隧道线从深灰色变为浅灰色，说明形成隧道线的两根均线形成了死叉，呈现空头发散。

Vegas 隧道指标的公式源代码如图 6-22 所示，公式名称设置为"VEGAS TUNNEL"，公式类型设置为"均线型"，画线方法设置为"主图叠加"。由于公式源代码不短，可开启图 2-58 的显示行号功能。

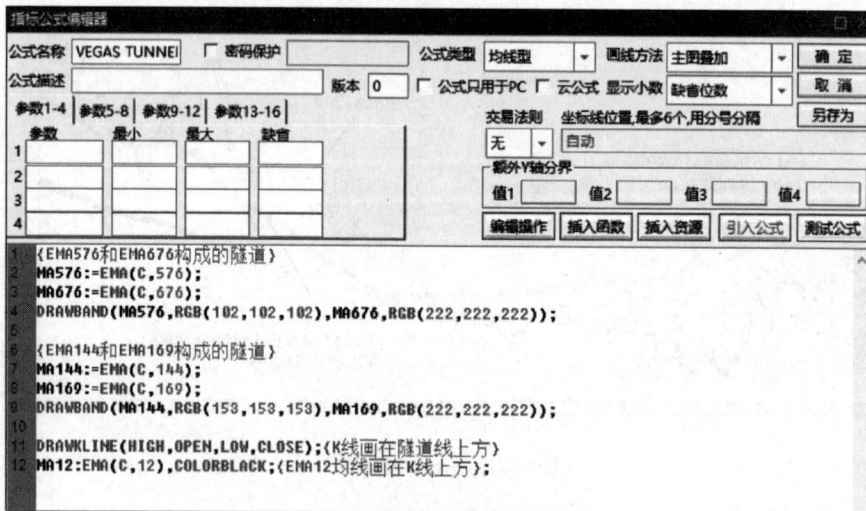

图 6-22　Vegas 隧道指标的公式源代码

公式源代码：

```
{EMA576 和 EMA676 构成的隧道}
MA576:=EMA(C,576);
MA676:=EMA(C,676);
DRAWBAND(MA576,RGB(102,102,102),MA676,RGB(222,222,222));

{EMA144 和 EMA169 构成的隧道}
MA144:=EMA(C,144);
MA169:=EMA(C,169);
DRAWBAND(MA144,RGB(153,153,153),MA169,RGB(222,222,222));

DRAWKLINE(HIGH,OPEN,LOW,CLOSE);{K 线画在隧道线上方}
MA12:EMA(C,12),COLORBLACK;{EMA12 均线画在 K 线上方};
```

公式解析：

首先，看公式中四个带大括号的注释语句。

第一句 {EMA576 和 EMA676 构成的隧道} ，用于提示后面 3 行语句用于绘制 4 小时级别的隧道。

第二句 {EMA144 和 EMA169 构成的隧道} ，用于提示后面 3 行语句用于绘制 1 小时级别的隧道。

第三句用来提示第 11 行的语句的功能：画完隧道线后，重新画一遍 K 线，可避免隧道线遮挡 K 线。

第四句用来提示第 12 行的语句的功能：最后在 K 线上方画 EMA12 指标线。

然后，分析语句中使用的两个函数 EMA 和 DRAWBAND 。

函数 EMA 指数移动平均线，即图 3-12 中的灰色细虚线。

绘图函数 DRAWBAND 能够在两根指标线之间的区域，填充颜色形成带状线。

函数 DRAWBAND 共有四个输入。

第一个输入为第一根指标线，第二个输入为"颜色 1"，第三个输入为第二根指标线，第四个输入为"颜色2"。

当第一根指标线的数值大于第二根指标线的数值，两根指标线之间填充"颜色1"；当第一根指标线的数值小于第二根指标线的数值，两根指标线之间填充"颜色2"。

此处的"颜色1"和"颜色2"并不是 RGBX 或者 COLOR 函数，而是 RGB 函数。RGB 函数的颜色设置顺序是红、绿、蓝，该函数的语法为：

RGB(Red , Green , Blue)

它的三个输入可以输入 0 ～ 255 的数值。第一个输入是红色的分量，第二个输入是绿色的分量，第三个输入是蓝色的分量。

RGB 函数的输出是以"0X"开头的十六进制数值。

图 6-21 中的空头浅色对应了 RGB（222，222，222）。而图 6-21 中的1 小时级别隧道的多头深色对应了 RGB（153，153，153），4 小时级别隧道的多头深色对应了 RGB（102，102，102）。投资者也可以根据个人交易习惯，修改 RGB 函数输入的三个数值，设置成其他颜色。注意修改颜色后，要保存公式并在主图中检查。

第 7 章

通达信公式编写的
基本面函数

7.1 基本面数据的展现形式——列表和图表

本章介绍的使用基本面函数编写公式，主要是为中长期投资者提供的分析工具。与采用"追热点"的中短期投资策略不同，中长期投资需要考虑投资标的的业绩和稳定性。例如，巴菲特经典的选股三原则（高毛利率、高净利率和高净资产收益率），挑选的股票适合投资者长期持有。在分析个股时，使用的图表不是小时图或者日线图，而是周线图、月线图或者季线图表。

尽管炒股软件有无财务数据，并不影响公式编写的语法正确与否。但编写的很多基本面公式需要财务数据做验证，因此，一定要先打开图 2-63 的专业财务数据下载提示框，提前下载财务数据。

此外，使用基本面选股公式时，为便于从选股结果中手工二次挑选，可以参考如图 5-33 所示的查看个股对应的地区板块和行业板块，先准备好选股结果的列表栏目。

例如，制作一个巴菲特选股结果的列表，如图 7-1 所示。表格的栏目对应了巴菲特选股三原则的基本面数据及财务报告期，方便在执行选股后查看。利用右键快捷菜单，分别设置栏目"财务关联栏目"→"财务更新"，"财务关联栏目"→"毛利率%"，"财务关联栏目"→"净利润率%"和"财务关联栏目"→"净益率%"（净资产收益率的简称）。观察"财务更新"这一列，可以看到个股公布财务数据的时间并不统一。"净益率%"栏目的数据还标注了对应季度的信息。例如，第一行 000001 平安银行的净益率为"3.27（一）"，表示该股 2023 年第一季度的净资产收益率为 3.27%。由于股票列表页面展示的是最新财报数据，遇到上市公司陆续公布财报的时期，列表就会展示不同报告期的数据，有的是"（一）"表示第一季度，有的是"（二）"表示第二季度等。

	代码	名称	涨幅%	现价	涨跌	涨速%	换手%	买价	卖价	总量	现量	财务更新	毛利率%	净利润率%	净益率%
1	000001	平安银行	-1.57	11.28	-0.18	0.00	0.21	11.27	11.28	408255	47	20230425	40.73	32.38	3.27㈠
2	000002	万 科A	-0.80	13.67	-0.11	-0.14	0.23	13.67	13.68	219204	92	20230429	15.45	4.14	0.59㈠
3	000004	国华网安	10.00	21.01	1.91	0.00	1.21	21.01	--	14446	10	20230711	60.87	-36.02	-2.15㈠
4	000005	ST星源	-0.83	1.20	-0.01	0.00	0.55	1.19	1.20	58698	2	20230609	5.63	-14.36	-0.23㈠
5	000006	深振业A	-1.59	4.32	-0.07	0.00	0.39	4.31	4.32	52474	40	20230429	37.57	-4.91	-0.15㈠
6	000007	*ST全新	-0.78	5.10	-0.04	0.00	0.63	5.08	5.10	19326	6	20230429	21.91	-1.29	-0.26㈠
7	000008	神州高铁	-0.85	2.33	-0.02	0.00	0.33	2.32	2.33	87925	100	20230705	36.76	-7.13	-0.76㈠
8	000009	中国宝安	0.00	11.67	0.00	0.00	0.21	11.66	11.67	53562	9	20230613	18.53	5.67	2.54㈠
9	000010	美丽生态	2.17	2.35	0.05	-0.83	3.01	2.35	2.37	156974	1	20230517	7.05	-28.34	-4.05㈠
10	000011	深物业A	-1.09	9.07	-0.10	-0.10	0.25	9.07	9.08	13379	53	20230428	24.59	2.37	0.30㈠
11	000012	南 玻A	-1.02	5.82	-0.06	0.00	0.28	5.82	5.83	54512	6	20230704	22.24	9.64	2.99㈠
12	000014	沙河股份	-2.20	12.03	-0.27	0.00	4.54	12.03	12.04	109984	79	20230428	67.21	41.49	12.16㈠
13	000016	深康佳A	-3.79	4.57	-0.18	0.22	1.03	4.56	4.57	164354	4	20230629	3.24	1.98	1.96㈠
14	000017	深中华A	-0.43	4.60	-0.02	0.22	0.72	4.59	4.60	21918	1	20230428	5.51	2.35	0.97㈠
15	000019	深粮控股	-2.06	7.62	-0.16	-0.12	1.44	7.62	7.63	60126	26	20230712	18.52	7.87	2.17㈠
16	000020	深华发A	0.53	13.30	0.07	-0.29	6.38	13.29	13.30	115658	11	20230425	13.83	3.66	1.79㈠
17	000021	深科技	-0.73	21.73	-0.16	0.23	2.55	21.72	21.73	397280	5	20230711	10.75	3.12	0.97㈠
18	000023	ST深天	-0.76	6.52	-0.05	0.31	0.28	6.50	6.52	3950	1	20230504	-2.59	-49.28	-15.37㈠
19	000025	特 力A	-1.93	17.30	-0.34	0.06	0.95	17.29	17.30	37248	2	20230427	14.09	7.47	1.65㈠
20	000026	飞亚达	-0.82	12.06	-0.10	0.00	0.47	12.04	12.07	16985	2	20230708	36.03	8.60	3.17㈠
21	000027	深圳能源	-0.58	6.82	-0.04	-0.14	0.36	6.82	6.83	169611	5	20230711	22.15	9.45	1.35㈠
22	000028	国药一致	-0.27	37.04	-0.10	0.00	0.21	37.04	37.05	10051	2	20230703	11.42	2.47	2.20㈠
23	000029	深深房A	-1.64	10.82	-0.18	0.09	0.11	10.82	10.83	9660	12	20230429	7.40	-33.39	-0.90㈠
24	000030	富奥股份	-0.56	5.34	-0.03	-0.18	0.39	5.33	5.34	65617	13	20230714	8.29	2.48	1.08㈠
25	000031	大悦城	0.00	3.73	0.00	0.00	0.11	3.73	3.74	44433	154	20230429	30.29	10.06	1.09㈠
26	000032	深桑达A	0.34	32.60	0.11	-0.30	2.24	32.60	32.64	144591	4	20230426	10.32	0.78	-0.91㈠
27	000034	神州数码	0.26	26.81	0.07	0.19	0.97	26.80	26.81	53179	1	20230703	3.68	0.81	2.67㈠

分类▲ A股 北证 创业 科创 B股 基金▲ 债券▲ REITs 新三板▲ 板块指数 港美联动 定制品种 自选 板块▲ 自定▲ 港股▲ 期货现货▲ 期权▲ 基金理财▲ 环球行情

图 7-1　巴菲特选股结果的列表

图 7-1 是以列表的形式展示下方标签页包含的个股最新财务数据。如果想要查看个股历史的财务数据，需要进入个股详情页。仍以第一行平安银行（000001）的净益率为例，双击第一行进入该股的图表分析页面，再按快捷键 F10，打开如图 7-2 所示的界面。

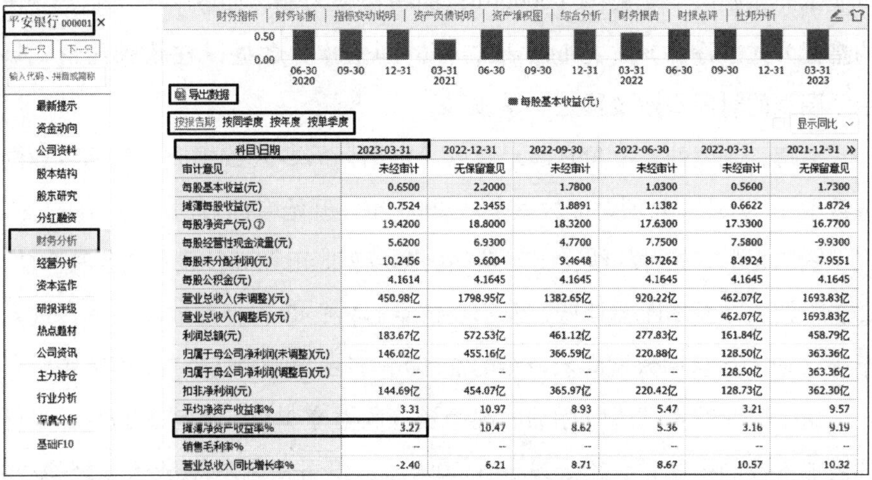
平安银行 000001
上一只
下一只
输入代码、拼音或简称
最新提示
资金动向
公司资料
股本结构
股东研究
分红融资
财务分析
经营分析
资本运作
研报评级
热点题材
公司资讯
主力持仓
行业分析
深度分析
基础F10
财务指标 | 财务诊断 | 指标变动说明 | 资产负债说明 | 资产堆积图 | 综合分析 | 财务报告 | 财报点评 | 杜邦分析
0.50
0.00
06-30 2020
09-30
12-31
03-31 2021
06-30
09-30
12-31
03-31 2022
06-30
09-30
12-31
03-31 2023
导出数据
每股基本收益(元)
按报告期 按同季度 按年度 按单季度
显示同比

科目\日期	2023-03-31	2022-12-31	2022-09-30	2022-06-30	2022-03-31	2021-12-31 »
审计意见	未经审计	无保留意见	未经审计	未经审计	未经审计	无保留意见
每股基本收益(元)	0.6500	2.2000	1.7800	1.0300	0.5600	1.7300
摊薄每股收益(元)	0.7524	2.3455	1.8891	1.1382	0.6622	1.8724
每股净资产(元) ②	19.4200	18.8000	18.3200	17.6300	17.3300	16.7700
每股经营性现金流量(元)	5.6200	6.9300	4.7700	7.7500	7.5800	-9.9300
每股未分配利润(元)	10.2456	9.6004	9.4648	8.7262	8.4924	7.9551
每股公积金(元)	4.1614	4.1645	4.1645	4.1645	4.1645	4.1645
营业总收入(未调整)(元)	450.98亿	1798.95亿	1382.65亿	920.22亿	462.07亿	1693.83亿
营业总收入(调整后)(元)	--	--	--	--	462.07亿	1693.83亿
利润总额(元)	183.67亿	572.53亿	461.12亿	277.83亿	161.84亿	458.79亿
归属于母公司净利润(未调整)(元)	146.02亿	455.16亿	366.59亿	220.88亿	128.50亿	363.36亿
归属于母公司净利润(调整后)(元)	--	--	--	--	128.50亿	363.36亿
扣非净利润(元)	144.69亿	454.07亿	365.97亿	220.42亿	128.73亿	362.30亿
平均净资产收益率%	3.31	10.97	8.93	5.47	3.21	9.57
摊薄净资产收益率%	3.27	10.47	8.62	5.36	3.16	9.19
销售毛利率%	--	--	--	--	--	--
营业总收入同比增长率%	-2.40	6.21	8.71	8.67	10.57	10.32

图 7-2　个股的财务数据报表

图 7-2 的左上角是股票名称和代码，在左侧选择"财务分析"，右侧向下滚动鼠标可以找到"摊薄净资产收益率%"一行。报告期 2023-03-31 的数据为 3.27，与图 7-1 的数据一致。

对比图 7-1 和图 7-2 的两种展示方式，基本面数据与个股的侧重点有所不同。图 7-1 的列表可以同时查看多只股票的数据，属于时间点的横向比较。图 7-2 可以查看一只股票多个报告期的数据，除了默认的"按报告期"外，还可选择按同季度、按年度、按单季度查看财报数据，属于按时间纵向比较。此外，图 7-2 中还有"导出数据"功能，表格上方还有柱状图形式展示各报告期的每股基本收益（元）。

7.2 使用基本面函数制作分析图

能够提取基本面数据的函数大部分属于关联财务函数类型和专业财务函数类型。在制作分析图之前，注意查阅函数字典，确认想要使用的特定函数。

通过编写公式，可以将图 7-2 的柱状图在个股详情页面，与 K 线图同时显示。还是以平安银行（000001）的净益率为例，如图 7-3 所示，副图的指标公式"净益率"为每个报告期的净益率，数据以柱状图的形式展示，图表的时间周期设置为"季线"。

注意，副图的左下角有提示信息"本指标需要云数据或下载的专业财务数据"。另外，此项财报数据是从 2004 年才开始有的。

图 7-3 中有三种柱线：①若当期的净益率比前期高，显示黑色实体柱；②若当期的净益率比前期低，显示灰色空心柱；③若当期的净益率与前期相等（通常是当期数据尚未公布的情形），显示窄窄的灰色虚线空心柱。

由于巴菲特常把选股标准的高净资产收益率 ROE 设定在 15%，当筛选更加优秀的企业时，还会设定在 20%。这里可在副图纵坐标为 15 和 20 的位置增加虚线。

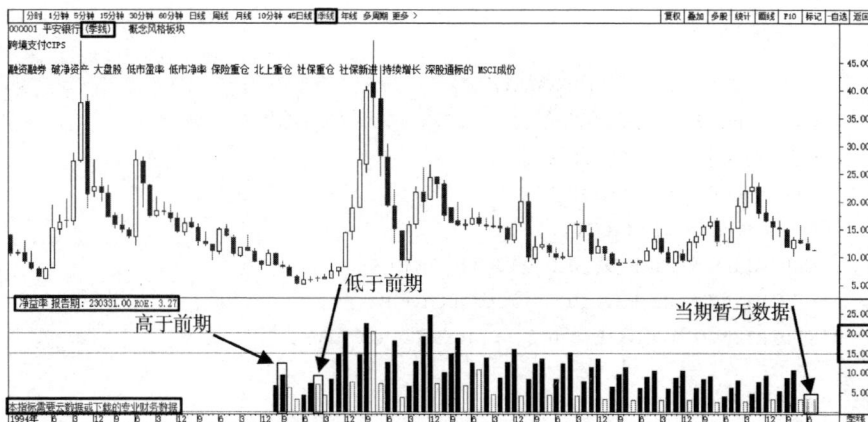

图 7-3　个股的净资产收益率柱线图（季线）

左上角的指标数值显示为"报告期：230331.00 ROE：3.27"，但副图中并没有为这两个输出画指标线。

副图指标"净益率"的公式源代码如图 7-4 所示。

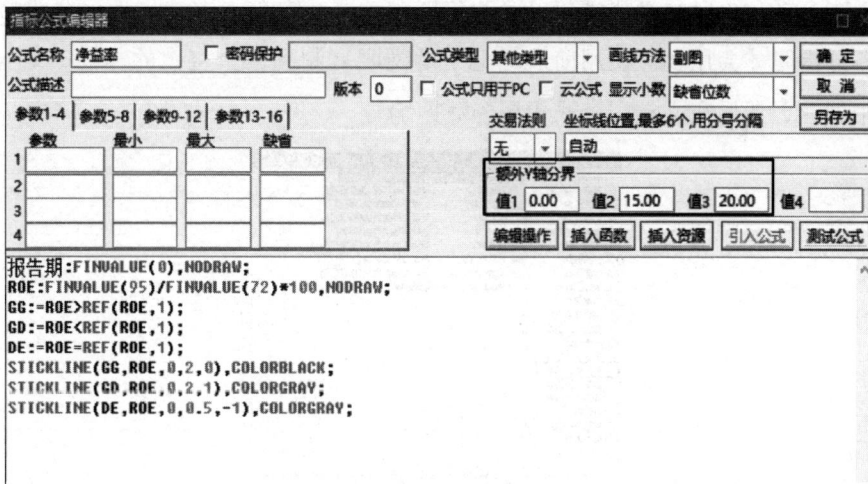

图 7-4　副图指标净益率的公式源代码

公式名称设置为"净益率"，公式类型设置为"其他类型"，画线方法设置为"副图"。额外 Y 轴分界，分别增加数值：0.00、15.00、20.00。

公式源代码：

```
报告期:FINVALUE(0),NODRAW;
ROE:FINVALUE(95)/FINVALUE(72)*100,NODRAW;
GG:=ROE>REF(ROE,1);
GD:=ROE<REF(ROE,1);
DE:=ROE=REF(ROE,1);
STICKLINE(GG,ROE,0,2,0),COLORBLACK;
STICKLINE(GD,ROE,0,2,1),COLORGRAY;
STICKLINE(DE,ROE,0,0.5,-1),COLORGRAY;
```

公式解析：

该公式一共 8 行语句，前两行语句用于左上角的显示数值，后面 6 行语句用于画柱状图。

第一行语句使用专业财务函数类型中的 FINVALUE 函数，提取编号为 0 的数据（报告期），并显示在副图左上角。

打开函数字典，查看函数 FINVALUE 的帮助说明，如图 7-5 所示。拖动说明文字，可以看到该函数可选的数据编号有几百个，大都是进行专业财务分析时才会用到。使用前最好把帮助说明复制到一个空白的 Word 文档中保存，然后在文档中查找想用的数据编号。

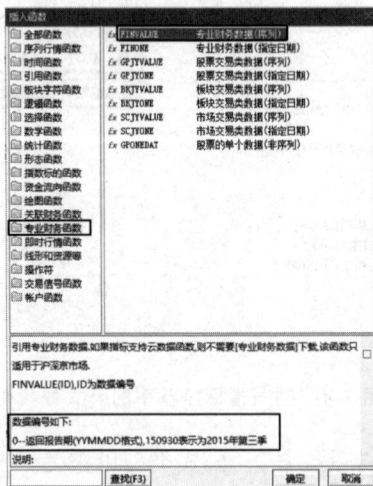

图 7-5 函数 FINVALUE 的帮助说明

注意，公式源代码的第一句" FINVALUE（0）"后面的
"，NODRAW"，NODRAW 是图 6-10 线性和资源函数类型中的空线条
函数。使用方式与颜色函数相同，前面要加逗号"，"，使其与提取数据
的语句" FINVALUE（0）"分隔开。该函数的效果是提取数据后，只在
图表的左上角显示数值，不在图表中画线。

第二行语句计算净益率（ROE，净资产收益率），并显示在副图左上角，
也使用了空线条函数 NODRAW 不画线。由于净资产收益率的计算公式为：

$$净资产收益率 = \frac{净利润}{股东权益（净资产）} \times 100\%$$

要计算净资产收益率，需要先提取净利润和净资产的数据，返回图 7-5
的函数字典。找到 72 号数据为股东权益（净资产），95 号数据为净利润，因
此，第二个语句的计算公式对应写为（为便于显示，处理成百分比数值）：

$$ROE = \frac{FINVALUE 函数的第 95 号数据}{FINVALUE 函数的第 72 号数据} \times 100$$

改写为公式即：

```
FINVALUE(95)/FINVALUE(72) * 100,NODRAW;
```

最后在前面加上数据名称"ROE"和冒号，便完成了第二个语句的编写。

注意，图 7-5 的函数字典中，FINVALUE 函数的中文意思是"专业财
务数据（序列）"。也就是说，使用该函数提取出来的数据是"序列"形
式的，参考表 3-1 分析折线图的时间序列数据表。以图 7-2 中的数据
（2021 年第四季度至 2023 年第一季度共 6 个报告期）为例，净资产收益率
的序列数据表见表 7-1。

表 7-1　净资产收益率的序列数据表

报 告 期	ROE，净资产收益率（%）
2021-12-31	9.19
2022-03-31	3.16
2022-06-30	5.36
2022-09-30	8.62
2022-12-31	10.47
2023-03-31	3.27

后面 6 行语句分为两组，前 3 句先使用 REF 函数，对当期净资产收益率与前一期的净资产收益率比较大小，并记录比较结果；后 3 句使用 STICKLINE 函数，分别对不同的比较结果画不同的柱线。

中间数据 GG 表示当期数据比前期更高，使用逻辑判断语句 ROE >REF（ROE，1），中间使用"：="赋值。中间数据 GG 既不会在副图左上角显示数值，也不会在副图中画线。

同理，中间数据 GD 表示当期数据比前期更低，使用逻辑判断语句 ROE <REF（ROE，1）；中间数据 DE 表示当期数据与前期相等，使用逻辑判断语句 ROE =REF（ROE，1）。

最后使用图 6-20 公式中的函数 STICKLINE 画柱线。

柱线高度为 0 到 ROE 之间的距离。柱线宽度由比较结果决定。

当中间数据 GG 和 GD 为 1 时，画宽一点儿的柱线，这里第四个输入设置为 2；当中间数据 DE 为 1 时，画窄一点儿的柱线，所以，最后一行语句的第四个输入设置为 0.5。

若当期的净益率比前期高，显示黑色实体柱，对应了倒数第三行语句。即函数 STICKLINE 的第五个输入为 0，并在最后加上颜色函数"，COLORBLACK"（黑色）。

若当期的净益率比前期低，显示灰色空心柱，对应了倒数第二行语句。即函数 STICKLINE 的第五个输入为 1，并在最后加上颜色函数"，COLORGRAY"（灰色）。

若当期的净益率与前期相等，显示灰色虚线空心柱，对应了倒数第一行语句。即函数 STICKLINE 的第五个输入为 -1，并在最后加上颜色函数"，COLORGRAY"（灰色）。

公式的最后一行实际上是对比较结果相等时，设置了相对弱化的显示效果。若把图表的时间周期从季线改为周线，可以明显看到历史数据中的弱化效果，如图 7-6 所示。

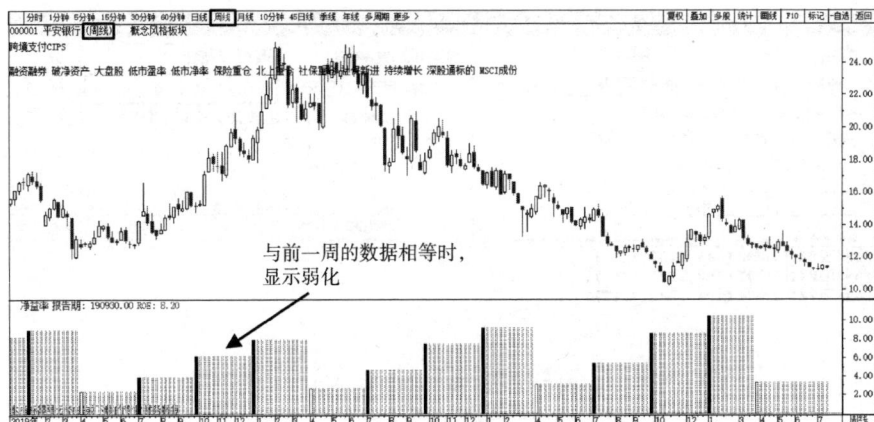

图 7-6　个股的净资产收益率柱线图（周线）

7.3　应用基本面函数编写指标公式与选股公式

使用基本面函数编写的公式，既可制作自定义基本面数据列表，也可编写选股公式和指标公式。基本面选股通常是用来挑选优质个股，建立基础的股票池，而买卖点指示主要还是利用技术指标来实现。

7.3.1　同期财报数据比较

在威廉·奥奈尔的《笑傲股市》一书中提及的 CANSLIM 法则是常用的基本面选股法之一。CANSLIM 法则的每个字母代表了一种基本面选股方法。其中，A 表示年度收益增长率，即寻找收益大牛。本节以 2020 年、2021 年、2022 年财报中的净利润增长率为例，编写指标公式并查看数据列表。

1. 编写指标公式

如图 7-7 所示，指标公式"净利润率"，公式描述设置为"显示2020—2022 三年净利润增长率"。

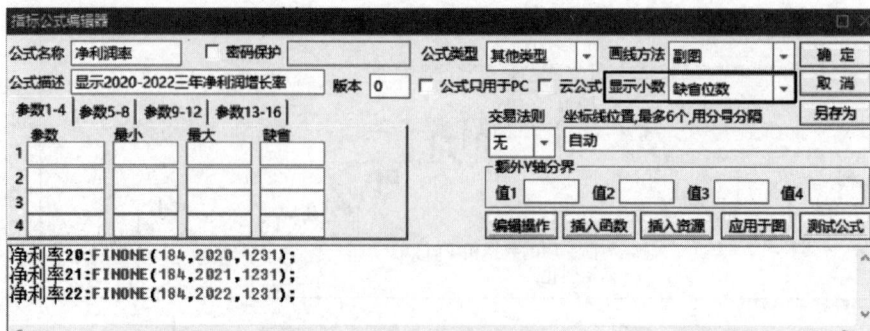

图 7-7　净利润率指标公式

公式源代码：

净利率 20：FINONE（184，2020，1231）；

净利率 21：FINONE（184，2021，1231）；

净利率 22：FINONE（184，2022，1231）；

公式解析：

该公式一共三行语句，分别输出净利率 20、净利率 21 和净利率 22 这三个财务数据。

每个语句均使用了图 7-5 专业财务函数类型中的 FINONE 函数，该函数的中文意思是"专业财务数据（指定日期）"。与"序列"类型的数据不同，使用该函数仅输出指定报告期的一个数据，即提取表 7-1 的某一行数据（不考虑数据编号，仅分析函数逻辑）。

FINONE 函数有三个输入。第一个输入是数据编号，如图 7-7 中 184 号数据为"净利润增长率（%）"。

第二个输入设置报告期的年份，第三个输入设置报告期的季度，将"2020"和"1231"两个输入组合起来，如"20201231"表示 2020 年的年报。同理，"20211231"表示 2021 年的年报；"20221231"表示 2022 年的年报。

2. 查看数据列表

按快捷键 .401，进入"历史行情·指标分析"界面，将图 7-7 的指标公式“净利润率”，设置为排序指标，效果如图 7-8 所示，上方显示“指标：净利润率”。

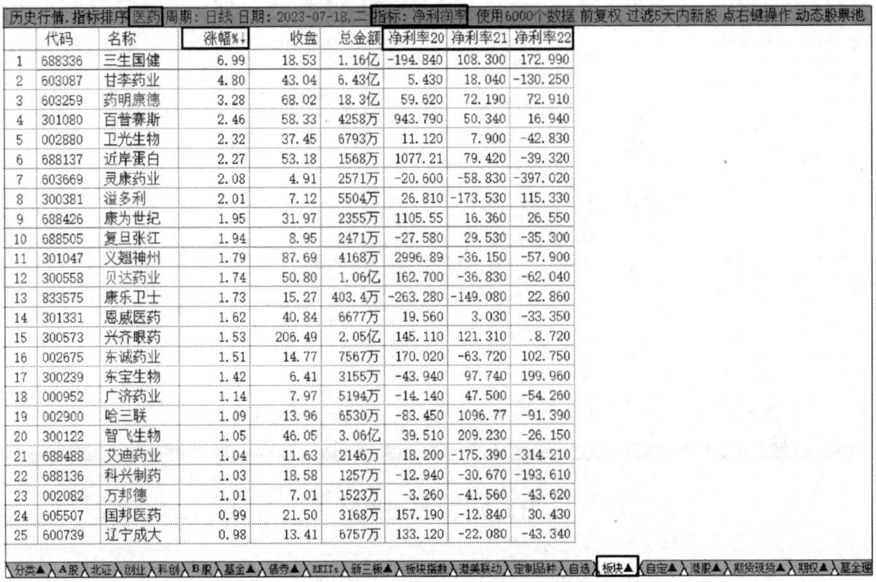

历史行情.指标排序 医药 周期：日线 日期：2023-07-18，二 指标：净利润率 使用6000个数据 前复权 过滤5天内新股 点右键操作 动态股票池

	代码	名称	涨幅%↓	收盘	总金额	净利率20	净利率21	净利率22
1	688336	三生国健	6.99	18.53	1.16亿	-194.840	108.300	172.990
2	603087	甘李药业	4.80	43.04	6.43亿	5.430	18.040	-130.250
3	603259	药明康德	3.28	68.02	18.3亿	59.620	72.190	72.910
4	301080	百普赛斯	2.46	58.33	4258万	943.790	50.340	16.940
5	002880	卫光生物	2.32	37.45	6793万	11.120	7.900	-42.830
6	688137	近岸蛋白	2.27	53.18	1568万	1077.21	79.420	-39.320
7	603669	灵康药业	2.08	4.91	2571万	-20.600	-58.830	-397.020
8	300381	溢多利	2.01	7.12	5504万	26.810	-173.530	115.330
9	688426	康为世纪	1.95	31.97	2355万	1105.55	16.360	26.550
10	688505	复旦张江	1.94	8.95	2471万	-27.580	29.530	-35.300
11	301047	义翘神州	1.79	87.69	4168万	2996.89	-36.150	-57.900
12	300558	贝达药业	1.74	50.80	1.06亿	162.700	-36.830	-62.040
13	833575	康乐卫士	1.73	15.27	403.4万	-263.280	-149.080	22.860
14	301331	恩威医药	1.62	40.84	6677万	19.560	3.030	-33.350
15	300573	兴齐眼药	1.53	206.49	2.05亿	145.110	121.310	8.720
16	002675	东诚药业	1.51	14.77	7567万	170.020	-63.720	102.750
17	300239	东宝生物	1.42	6.41	3155万	-43.940	97.740	199.960
18	000952	广济药业	1.14	7.97	5194万	-14.140	47.500	-54.260
19	002900	哈三联	1.09	13.96	6530万	-83.450	1096.77	-91.390
20	300122	智飞生物	1.05	46.05	3.06亿	39.510	209.230	-26.150
21	688488	艾迪药业	1.04	11.63	2146万	18.200	-175.390	-314.210
22	688136	科兴制药	1.03	18.58	1257万	-12.940	-30.670	-193.610
23	002082	万邦德	1.01	7.01	1523万	-3.260	-41.560	-43.620
24	605507	国邦医药	0.99	21.50	3168万	157.190	-12.840	30.430
25	600739	辽宁成大	0.98	13.41	6757万	133.120	-22.080	-43.340

图 7-8　显示在指标排序界面的三年净利润率

在表格的默认栏目（序号、代码、名称、涨幅%、收盘和总金额）后，显示“净利率 20”“净利率 21”“净利率 22”三个栏目。

在下方的标签页选择“板块”→“行业板块”→“医药”选项，列表自动按最近交易日的涨幅对医药板块中的股票进行排序。

对比图 7-8 和图 5-39，列表中的数据类型是不同的。图 5-39 显示的是汉字，属于字符串类型的数据，需要用绘图函数 DRAWTEXT_FIX 才能显示正确；而图 7-8 显示的是数字，它是用 FINONE 函数提取，并直接显示的。另外，还可在图 7-7 的指标公式编辑器中，将“显示小数”从“缺省位数”改为“固定 2 位”，令列表数据更符合使用习惯，如图 7-9 所示。

单击图 7-8 的“净利率 22”，列表自动按照该列的数据从大到小排列。通过对不同的栏目进行排序，实现了自定义财报数据的同期比较功能。

	代码	名称	涨幅%	收盘	总金额	净利率20	净利率21	净利率22
1	688091	上海谊众	0.16	75.93	5002万	93.07	81.70	3674.01
2	002198	嘉应制药	0.66	7.65	5162万	116.24	-92.55	2874.05
3	002562	兄弟科技	0.47	4.30	2226万	-36.04	1.08	978.35
4	688578	艾力斯	-0.49	28.55	5238万	21.88	105.89	614.22
5	300534	陇神戎发	-7.14	9.49	2.10亿	-85.67	-597.30	383.62
6	002102	冠福股份	-0.31	3.19	3056万	-81.79	-19.46	339.70
7	301089	拓新药业	-3.88	62.51	2.45亿	84.16	-41.75	336.05
8	603998	方盛制药	-3.47	10.85	9218万	-19.16	9.79	308.12
9	600080	金花股份	0.27	7.56	1490万	45.69	-148.12	284.24
10	300363	博腾股份	-0.36	27.46	1.81亿	74.84	61.49	282.78
11	301301	川宁生物	0.69	8.81	3810万	150.58	-51.38	269.58
12	000597	东北制药	-0.19	5.17	1699万	-92.95	707.93	253.58
13	300009	安科生物	0.00	10.05	5134万	188.40	-42.44	240.38
14	300434	金石亚药	-2.40	12.58	6776万	-671.46	109.67	229.10
15	002821	凯莱英	-0.24	118.32	2.88亿	30.37	48.08	208.77
16	002399	海普瑞	0.00	11.37	1763万	-3.32	-76.49	201.96
17	300239	东宝生物	1.42	6.41	3155万	-43.94	97.74	199.96
18	300149	睿智医药	-0.38	7.79	1240万	11.25	-360.27	194.12
19	688336	三生国健	6.99	18.53	1.16亿	-194.84	108.30	172.99
20	300194	福安药业	-0.51	3.91	24627万	-28.50	-241.81	168.91
21	600129	太极集团	-2.31	52.36	3.51亿	193.28	-891.88	166.84
22	300233	金城医药	-4.05	19.20	1.54亿	-340.47	122.09	153.15
23	002693	双成药业	0.00	6.00	1835万	-316.29	61.89	144.34
24	600521	华海药业	-0.33	18.20	7781万	63.24	-47.57	139.52
25	603538	美诺华	-0.17	17.16	3496万	10.91	-8.62	137.67

图 7-9 选择列排序

7.3.2 业绩预告排雷

上市公司通常会在某季度结束后，通过业绩预告的形式，告知投资者当期的净利润预估值等数据。尤其是可能出现重大变化的特殊情况〔如净利润为负值（预亏）、扭亏为盈、净利润同比涨跌超过50%〕，更需进行预披露。

1. 业绩排雷选股

以业绩预告排雷为例，排除最新业绩可能亏损的股票，编写选股公式。如图 7-10 所示，选股公式"业绩预亏排雷"，公式类型设置为"基本面"。

公式源代码：

```
GPONEDAT(36) > =0;
```

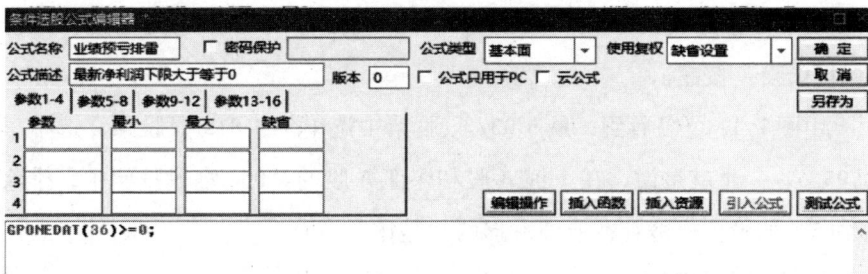

图 7-10　"业绩预亏排雷"选股公式

公式解析：

该公式仅一行语句，判断最新业绩预告中的净利润下限数值是否大于等于 0。当个股的此数值小于 0 时，业绩可能有亏损。

语句使用了图 7-5 专业财务函数类型中的 GPONEDAT 函数，该函数的中文意思是"股票的单个数据（非序列）"。函数仅有一个输入，指定数据编号。这里引用第 36 号数据，提取个股的本期归母净利润下限（万元）。

在编写了 GPONEDAT（36）后，增加" > =0"，完成选股公式必要的逻辑判断。

保存公式后，按快捷键 Ctrl +T，打开"条件选股"窗口，如图 7-11 所示。找到"业绩预亏排雷"选股公式，单击"加入条件"按钮。

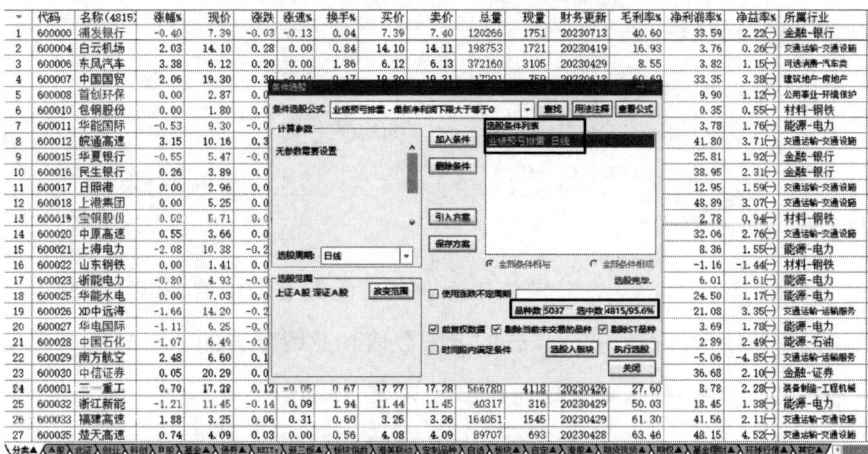

图 7-11　业绩预亏排雷选股

选中"剔除当前未交易的品种"和"剔除 ST 品种"复选框，单击"执行选股"按钮。

由图 7-11 可以看到，从 5 037 只股票中选出了 4 815 只股票，选中率为 95.6%。也就是说，在上证 A 股和深证 A 股的 5 000 多只股票中，排除了约 5% 的股票可能存在业绩亏损的"地雷"。

2. 业绩预告列表

编写列表排序用的指标公式"业绩预告"，公式源代码如图 7-12 所示。

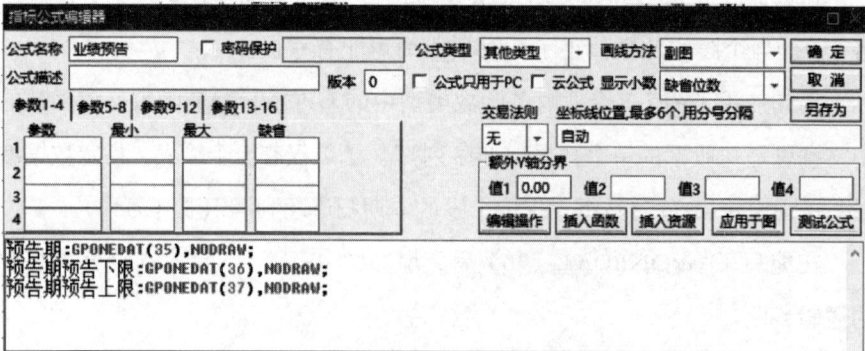

图 7-12　业绩预告指标公式

公式源代码：

```
预告期:GPONEDAT(35),NODRAW;
预告期预告下限:GPONEDAT(36),NODRAW;
预告期预告上限:GPONEDAT(37),NODRAW;
```

公式解析：

该公式有三行语句，分别使用专业财务函数类型中的 GPONEDAT 函数，提取业绩预告期、业绩预告的上限数值和业绩预告的下限数值（单位是万元）。对应的数据编号分别为 35、36 和 37 号。

公式编写后一定要保存。然后按快捷键 .401，进入"历史行情·指标分析"界面，将图 7-12 的指标公式"业绩预告"，设置为排序指标。在下方的标签页选择“板块”→“行业板块”→“酿酒”选项，列表自动按最近交易日的涨幅对酿酒板块中的股票进行排序。然后单击“预告期预告下限”一栏两次，直到右侧出现向上的小箭头（从小到大排序），效果如图 7-13 所示。

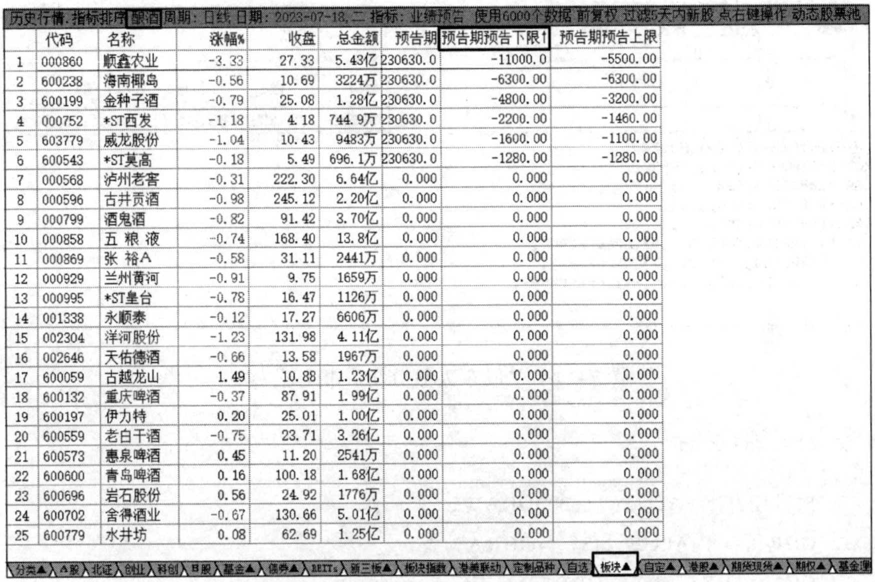
历史行情.指标排序 酿酒 周期：日线 日期：2023-07-18,二 指标：业绩预告 使用6000个数据 前复权 过滤5天内新股 点右键操作 动态股票池

	代码	名称	涨幅%	收盘	总金额	预告期	预告期预告下限↑	预告期预告上限
1	000860	顺鑫农业	-3.33	27.33	5.43亿	230630.0	-11000.0	-5500.00
2	600238	海南椰岛	-0.56	10.69	3224万	230630.0	-6300.00	-6300.00
3	600199	金种子酒	-0.79	25.08	1.28亿	230630.0	-4800.00	-3200.00
4	000752	*ST西发	-1.18	4.18	744.9万	230630.0	-2200.00	-1460.00
5	603779	威龙股份	-1.04	10.43	9483万	230630.0	-1600.00	-1100.00
6	600543	*ST莫高	-0.18	5.49	696.1万	230630.0	-1280.00	-1280.00
7	000568	泸州老窖	-0.31	222.30	6.64亿	0.000	0.000	0.000
8	000596	古井贡酒	-0.98	245.12	2.20亿	0.000	0.000	0.000
9	000799	酒鬼酒	-0.82	91.42	3.70亿	0.000	0.000	0.000
10	000858	五 粮 液	-0.74	168.40	13.8亿	0.000	0.000	0.000
11	000869	张 裕A	-0.58	31.11	2441万	0.000	0.000	0.000
12	000929	兰州黄河	-0.91	9.75	1659万	0.000	0.000	0.000
13	000995	*ST皇台	-0.78	16.47	1126万	0.000	0.000	0.000
14	001338	永顺泰	-0.12	17.27	6606万	0.000	0.000	0.000
15	002304	洋河股份	-1.23	131.98	4.11亿	0.000	0.000	0.000
16	002646	天佑德酒	-0.66	13.58	1967万	0.000	0.000	0.000
17	600059	古越龙山	1.49	10.88	1.23亿	0.000	0.000	0.000
18	600132	重庆啤酒	-0.37	87.91	1.99亿	0.000	0.000	0.000
19	600197	伊力特	0.20	25.01	1.00亿	0.000	0.000	0.000
20	600559	老白干酒	-0.75	23.71	3.26亿	0.000	0.000	0.000
21	600573	惠泉啤酒	0.45	11.20	2541万	0.000	0.000	0.000
22	600600	青岛啤酒	0.16	100.18	1.68亿	0.000	0.000	0.000
23	600696	岩石股份	0.56	24.92	1776万	0.000	0.000	0.000
24	600702	舍得酒业	-0.67	130.66	5.01亿	0.000	0.000	0.000
25	600779	水井坊	0.08	62.69	1.25亿	0.000	0.000	0.000

分类▲ A股 北证 创业 科创 B股 基金▲ 债券▲ REITs 新三板▲ 板块指数 港美联动 定制品种 自选 板块▲ 自定▲ 港股▲ 期货现货▲ 期权▲ 基金理

图 7-13　业绩预告下限排序

图 7-13 的列表前几行，展示了酿酒板块最新业绩预亏的股票，即图 7-11 执行选股不会选中的个股。在不同的季度使用此选股公式，排除的个股是不同的。与财务报表公布类似，上市公司的业绩预告也是陆续公布的。而业绩预告只有特殊情况需要预披露，其中包含了预亏的情形。

7.3.3　股东人数变化

个股的股东人数多少，在某种程度上反映了个股的筹码分散程度。当股东人数变少时，说明筹码变得集中；当股东人数变多时，说明筹码变得分散。通常情况下，股东人数由少变多，体现了主力的派发过程，股价也可能随着派发大幅运动。

分析股价运动是否与股东人数有关系，可以参考图 7-3 所示的个股净资产收益率柱线图，编写指标公式"股东人数分析"，如图 7-14 所示。

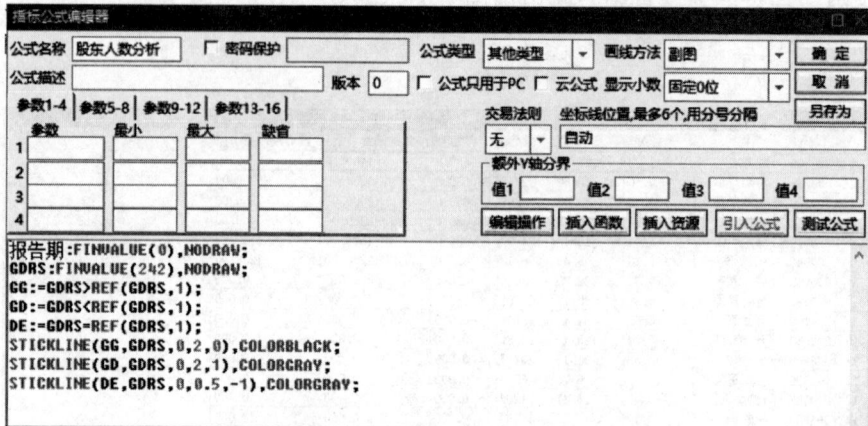

图 7-14　"股东人数分析"指标公式

公式源代码：

```
报告期:FINVALUE(0),NODRAW;
GDRS:FINVALUE(242),NODRAW;
GG:=GDRS>REF(GDRS,1);
GD:=GDRS<REF(GDRS,1);
DE:=GDRS=REF(GDRS,1);
STICKLINE(GG,GDRS,0,2,0),COLORBLACK;
STICKLINE(GD,GDRS,0,2,1),COLORGRAY;
STICKLINE(DE,GDRS,0,0.5,-1),COLORGRAY;
```

公式解析：

该公式一共八行语句，只需在图 7-4 的公式源代码基础上，稍作修改即可完成。

关键是修改第二行语句，提取股东人数 "GDRS"。该数据无须数学公式计算，只需在函数字典中查找，即 FINVALUE 函数的第 242 号数据。

指标公式编写完成后，保存公式，然后在副图显示，K 线图表周期设置为季线。

如图 7-15 所示，个股特力 A（000025）的最近数据是 2023 年第一季报，最新股东人数为 64 114 户。通过图表可以直观看出，该股曾于 2015 年第三季度和第四季度出现股东人数与股价同时大幅上涨的情形。

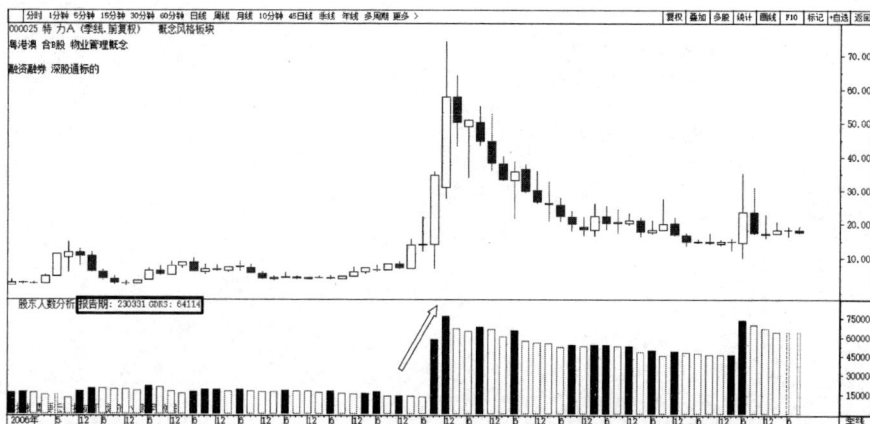

图 7-15　股东人数分析指标 1

如图 7-16 所示，个股中集集团（000039）的最近数据是 2023 年第一季报，最新股东人数为 118 808 户。该股曾于 2021 年第三季度开始持续一年多的时间里，股东人数稳步上涨，同时股价逐渐降低。

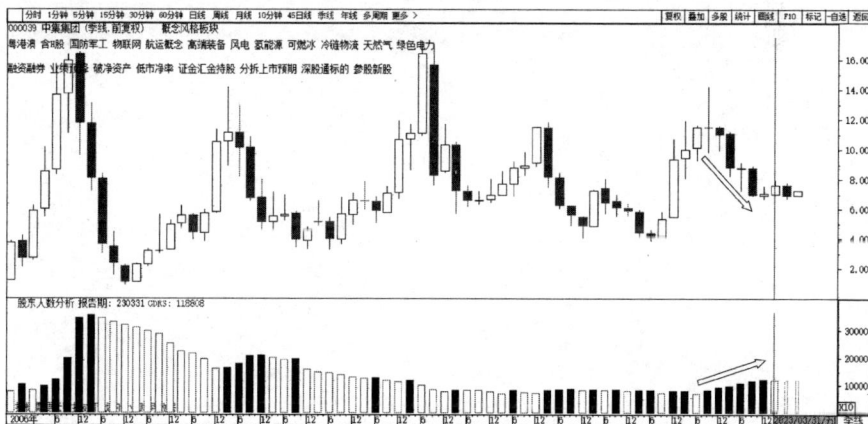

图 7-16　股东人数分析指标 2

　　通过分析以上两个案例可以看到，股东人数与股价的变化，并不呈现数学上的正比或者反比关系。但是股东人数持续上涨的情况，可以反映出散户"跟风追买"的心理特征。

第 8 章

通达信公式编写的
技术指标

8.1 技术指标的核心是算法

众所周知，K 线图与道氏理论是东西方各具代表性的分析技术。随着 20 世纪下半叶计算机和互联网在技术分析领域的应用扩大，技术分析大师使用的数学工具在几何作图的基础上，增加了技术指标。

技术指标延续了"股市晴雨表"的哲学原理，它针对某个品种，使用不同的数值表现出市场对该品种的某种评价，如超买、超卖等。常见的技术指标展现形式有折线、柱线等。要作出指标线，首先需准备技术指标的时间序列数据，然后才能绘制相应的图表。

在计算机出现之前，技术分析大师们都是在纸上创建表格，记录数据，并在坐标纸上画图。技术指标的算法一方面受到工具限制，另一方面需要大量数学相关专业的人才来计算。

现在的投资者只要安装了炒股软件，打开"指标公式编辑器"都可以编写公式，验证量化交易策略。但是，若不了解数据的基本格式及展现形式，公式的基本语法，公式的核心算法等基础知识，难以将自己的交易思想转换成量化的公式。在前面章节已就数据的格式和展示、公式的语法等知识有过详细的说明及举例，本节主要围绕算法展开。

什么是公式的算法？

这里的算法特指使用通达信编写指标公式时，技术指标的算法。算法通常用数学公式的形式表现，最简单的算法就是只提取数据，不做数学运算。例如图 3-11 的收盘价线，仅将每个交易日的收盘价数据提取出来，并用折线形式展现。而图 3-11 的 20 均线是日常手工计算可以实现的简单算法。

使用计算机工具能实现的算法是否比手工计算更高级呢？

实际上，使用计算机实现的算法只是提高了手工计算的速度，节省了计算时间。通常情况下，同一个算法可以手工计算，就能用计算机实现出来。对于自创的指标公式，如果没有手工计算的数据作为"标准答案"，即便用通达信编写公式，画出来一条线，也难以论断"公式编对了"。因此，从广义上说，公式的算法是数学层面对数据进行计算。公式的算法决定了指标线在每个时点上计算数据的方法，是用加减乘除，还是逻辑判断，或要统计学分析，等等。

通常编写指标公式是按照图 8-1 的流程完成。

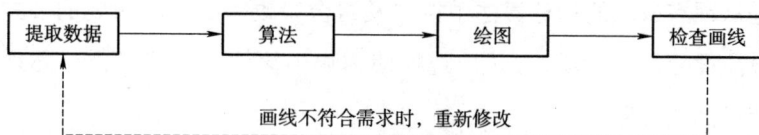

图 8-1　指标公式的编写流程

首先，提取数据。既包含使用时间序列函数提取需要的数据，也包含设置手工输入的参数等。

其次，编写算法公式，对数据进行计算。

再次，对计算结果绘制指标线。

最后，检查画线的结果是否符合公式编写需求。

如果对画线结果不满意，需重回第一步，对公式语句适当做修改。这个过程也可称为调试公式，直到将公式调试到投资者满意的程度。公式是否算作编写完成，这个标准是主观的，但需遵循数学公式、软件原理、使用习惯等规律。

8.2　指标的原理决定算法

指标公式与算法并不是标准意义上的一一对应关系。一个指标公式可以使用多种算法实现。一个算法也可以用于不同的指标公式。

如何确定应采用哪种算法编写指标公式？

通常编写一个指标公式，都是从某个实际需求出发，如编写体现量价关系的指标、市场超买超卖的指标、价格趋势的指标等。

需求初步定下来，就大致确定了要使用的数据。比如，量价关系就需要准备成交量及价格的时间序列数据，而超买超卖和价格趋势主要使用某个或某几个价格的时间序列数据。

下一步就是选择算法。对于非数学相关专业的投资者而言，选择算法主要是从现有成熟的指标算法中挑选及组合，改写成个人想要的公式，无须在算法层面做"发明创造"。选择使用哪个算法来完成需求，必须理解算法背后的指标原理。

以系统自带的指标公式"MFI 资金流量指标"为例，公式源代码如图 8-2 所示。

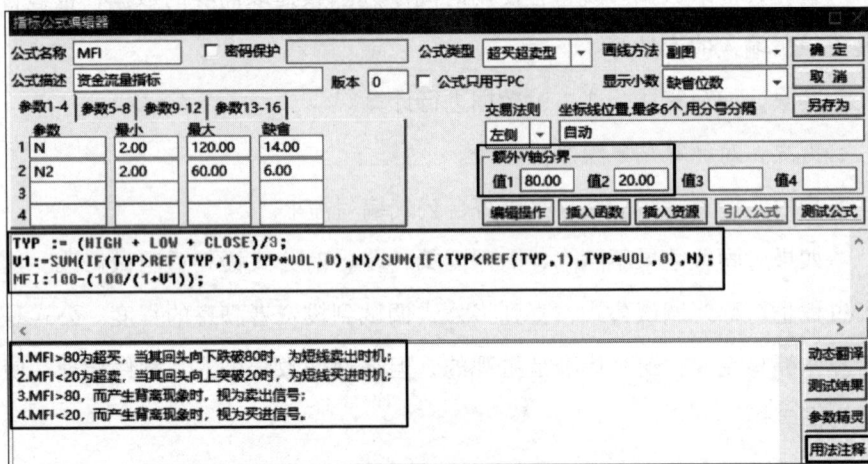

图 8-2　MFI 资金流量指标的公式源代码

该公式包含三行语句，前两行都是中间变量，最后一行输出 MFI 指标线。

1. 如何使用 MFI 指标线

单击"用法注释"按钮，可以看到四条用法说明。总结一下，该指标有两个关键数值：一个 20，一个 80。MFI 指标低于 20，说明市场处于超卖阶段，可以考虑买入；MFI 指标高于 80，说明市场处于超买阶段，可以考虑卖出。

为了便于在副图中更好地判断 MFI 指标与关键数值的距离，在"额外 Y 轴分界"分别增加数值 20 和 80，显示效果如图 8-3 所示。

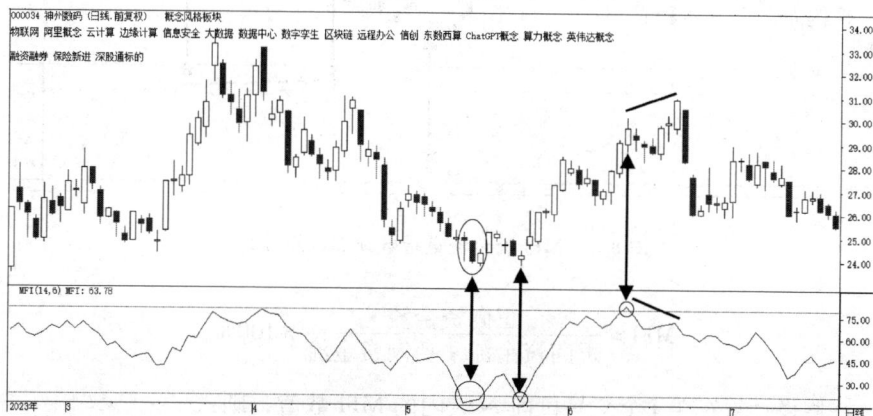

图 8-3　关键数值带水平虚线的 MFI 资金流量指标

图 8-3 是一段区间震荡行情，从左往右看：双底的 MFI 指标都跌破了关键数值 20，这段上涨在第三个箭头突破了关键数值 80，尽管后面还在创新高，但与 MFI 指标呈现顶背离。

再看图 8-4 所示的个股中兴通讯（000063），这段上升趋势的起点（阶段最低价）比 MFI 指标的底部早了 2 天，MFI 指标的最低数值为 20.40（接近关键数值 20）。在随后的上涨趋势中，MFI 指标于第二个箭头突破了关键数值 80。之后价格再次大幅上涨，但 MFI 指标在关键数值 80 上下波动，指标线在顶部区间（80 位置附近）呈现钝化。

总的来说，MFI 指标在价量齐升方面的指示效果是很明显的，但遇到量价背离时，指标线就会出现背离或者钝化等现象。

2. 如何理解 MFI 指标线的原理以及读懂三行公式源代码

资金流量指标（money flow index，MFI）是由技术分析大师威尔斯·威尔德（Wells Wilder）发明的技术分析工具之一，其计算公式为：

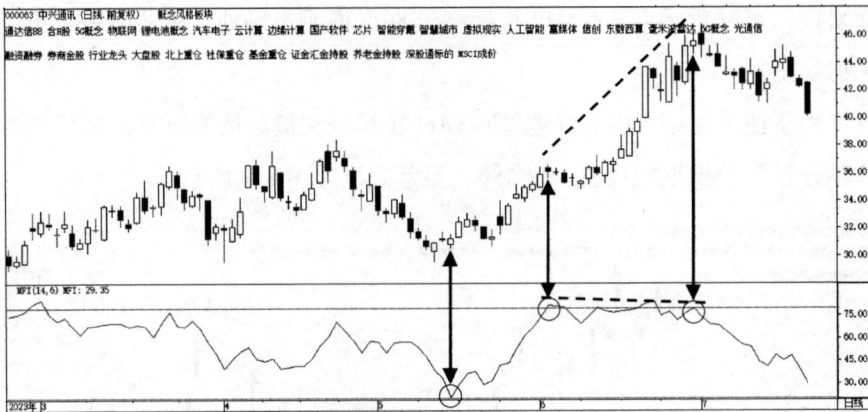

图 8-4　MFI 资金流量指数顶部区间钝化

$$MFI = \frac{正向资金流}{正向资金流 + 负向资金流} \times 100\%$$

假设计算在第 i 个交易日前 N 天内的 MFI 数值，则：

$$正向资金流_i = \sum 正向典型价格_n \times V_n$$

$$负向资金流_i = \sum 负向典型价格_n \times V_n$$

对比图 3-19 的 OBV 能量潮指标公式，MFI 指标的计算过程与其有以下几个不同之处：

第一，定义"正向"和"负向"的基准数据不同。

OBV 指标是以第一天收盘价作为基准价格，"正向"和"负向"记录的是比较当天收盘价与前一天收盘价大小的结果。当天收盘价大于前一天收盘价，记为正向；当天收盘价小于前一天收盘价，记为负向；当天收盘价等于前一天收盘价，记为无方向。

而 MFI 指标的基准价格是最高价、最低价与收盘价三个价格的均价，又称为典型价格（Typical Price），即图 8-2 公式的第一行语句：

```
TYP: = ( HIGH + LOW + CLOSE )/3;
```

该公式描述的数学公式为：

$$典型价格 = \frac{最高价 + 最低价 + 收盘价}{3}$$

MFI 指标的"正向"是指当天典型价格大于前一天的典型价格，即逻辑判断语句：

```
TYP > REF( TYP, 1)
```

MFI 指标的"负向"是指当天典型价格小于前一天的典型价格，即逻辑判断语句：

```
TYP < REF( TYP, 1)
```

第二，资金流的算法不同。

OBV 指标在计算资金流时，要对成交量 **VOL**（或 **V**）记录方向。也就是说，"正向"的成交量记为正数，函数 **VOL** 提取的数值不变。"负向"的成交量记为负数，在函数 **VOL** 提取的数值前面要加负号"–"，即公式：

```
– VOL
```

MFI 指标的资金流是用典型价格乘以成交量，都是正数，即公式：

```
TYP * VOL
```

也就是说，MFI 指标每天的数据要看正负方向，但累加数据时无负数。

第三，计算指标线的时间跨度不同。

OBV 指标计算了股票自上市之日起，所有带方向的成交量。

MFI 指标仅计算参数设置范围内的资金流。例如，图 8-2 的参数 N，默认值为 14，也就是仅对 14 天内的资金流求和。

第四，指标线的数据单位不同。

OBV 指标是对带方向的成交量求和，数据单位是手。

MFI 指标是计算正向资金流占总的带方向资金流的比例，数据是百分比数值，无单位。

分子的正向资金流公式可以编写为：

$$SUM(IF(TYP>REF(TYP,1),TYP*VOL,0),N)$$

分母的总向资金流既包含正向资金流，也包含负向资金流，也就是说，仅排除了无方向的，公式可以编写为：

$$SUM(IF(TYP=REF(TYP,1),0,TYP*VOL),N)$$

将分子的公式与分母的公式组合起来，乘以100，并将该指标命名为MFI2，即：

$$MFI2:SUM(IF(TYP>REF(TYP,1),TYP*VOL,0),N)/SUM(IF(TYP=REF(TYP,1),0,TYP*VOL),N)*100;$$

指标线 MFI2 与图8-2公式源代码的后两行语句不同，但指标的原理是相同的。编写指标公式"MFI2"，如图8-5所示。为了与系统公式稍作区分，将该指标线设置为2号粗。

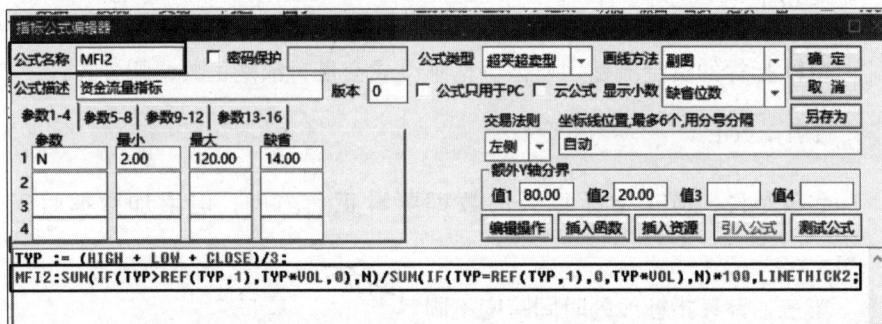

图 8-5 自编 MFI2 的公式源代码

3. 对比 MFI 指标线与 MFI2 指标线

保存图8-5的公式后，打开个股详情页面，设置"1个主图+2个副图"。仍以图8-4所示的个股中兴通讯（000063）为例，如图8-6所示。副图1是系统公式"MFI资金流量指数"，副图2是自编公式"MFI2"。

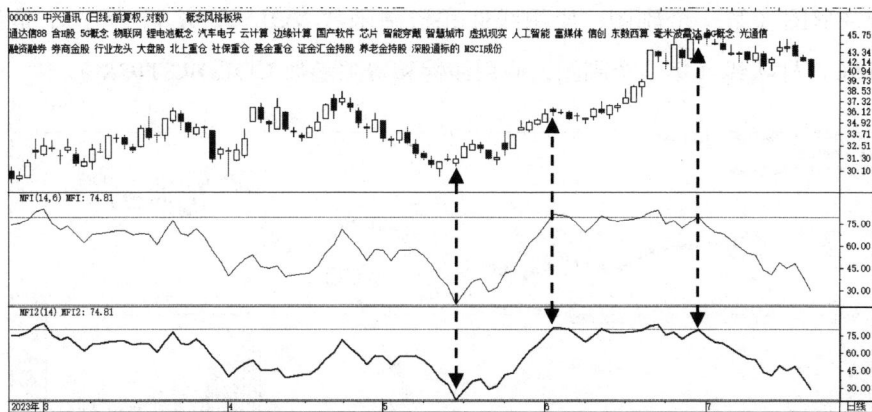

图 8-6 1 主 2 副的个股详情页面

两个指标公式显示走势一致，在同一时间点的数值也完全相同。

同样的指标线既可用图 8-2 的三行语句实现，也可用图 8-5 的语句实现。表面上看，两个公式的源代码不同，实际可以画出完全相同的指标线。这个例子充分说明，决定指标线的不仅仅是公式源代码，更是指标原理的算法。

图 8-5 的自编公式实际上借鉴了第 3 章讲解过的 OBV 指标的原理与公式，再通过理解 MFI 指标的原理，最后才编写出来。对指标线加粗，并叠加关键数值的水平虚线，令读图更直观。

8.3 应用公式实现技术指标的个性化显示

对指标线的个性化显示，除了加粗、修改颜色外，还有一些常用的指示形式。例如，使用柱线图指示量能效果，使用小图标指示买卖点等。

8.3.1 柱形图与柱状线

副图指标有两个经典的柱形绘图效果，如图 8-7 所示，一个是成交量

的柱形图（第一个副图，使用线性和资源函数 VOLSTICK ），另一个是
MACD 柱状线（第二个副图，使用线性和资源函数 COLORSTICK ）。

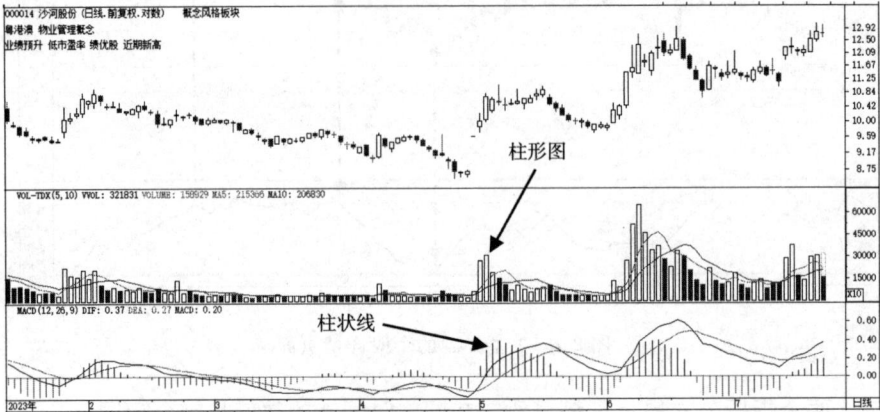

图 8-7　两种柱形显示效果

函数 COLORSTICK 的使用方式与颜色函数类似，在计算数据的语句
后增加逗号，再加上函数 COLORSTICK 即可。系统公式"MACD 平滑异
同平均线"的公式源代码如图 8-8 所示。

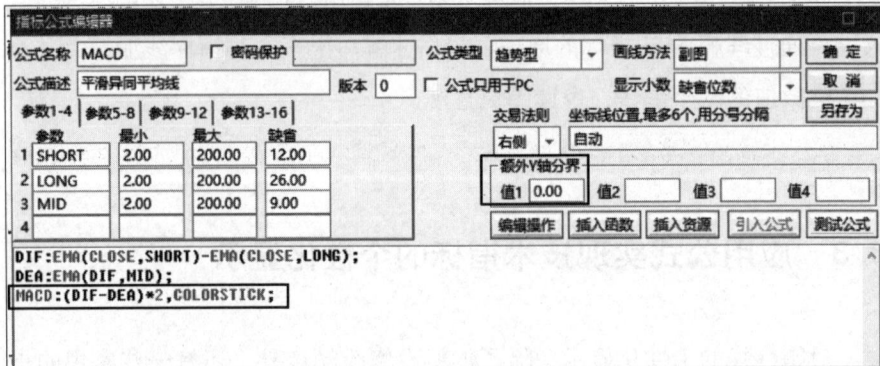

图 8-8　系统指标公式"MACD 平滑异同平均线"的公式源代码

公式解析：

该公式有三行语句，分别输出三条指标线。第一行是快线，第二行是

慢线，第三行是 MACD 柱状线。

注意，不能调换这三行语句的顺序。

第一行语句是分别计算短期 EMA 均线和长期 EMA 均线，并用短期数值减去长期，求得差值。

第二行语句是对第一行的计算结果 DIF，使用 EMA 均线进行平滑处理，得到慢线 DEA。

第三行语句是用快线 DIF 减去慢线 DEA，再把差值乘以 2，放大差值便于在同一个图表中显示明显。由于公式带有"，COLORSTICK"的画线设置，所以，MACD 指标线不是折线，而是柱状线。函数 COLORSTICK 的显示是细细的竖线，以零轴分界，颜色也与系统设置有关，上方为阳线的颜色，下方为阴线的颜色。

实战中可以通过 MACD 柱状线的长短，研判多空双方的力量对比。将细细的竖线改为类似于成交量的柱形图，更容易识别。操作流程如下：

（1）先将图 8-8 的公式名称从"MACD"改为"MACD 柱"，然后单击"另存为"按钮。

（2）按快捷键 Ctrl + F，打开"公式管理器"，找到刚创建的新公式"MACD 柱"，然后单击"修改"按钮，打开如图 8-9 所示的公式编辑器。

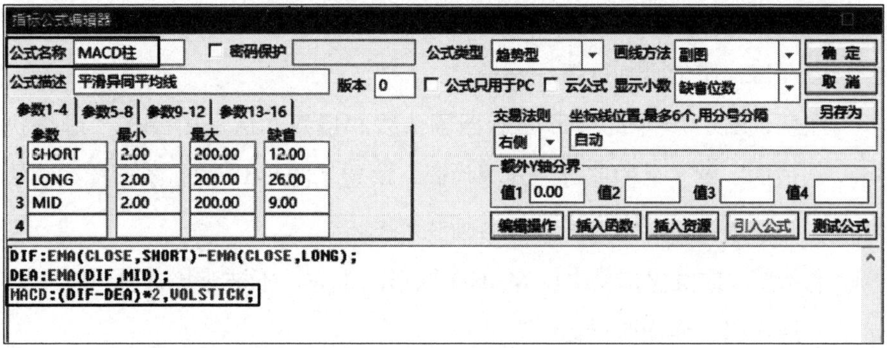

图 8-9　修改"MACD 柱"的公式源代码 1

（3）参照图8-9，将第三行语句的画线设置从"COLORSTICK"改为"VOLSTICK"，单击"确定"按钮保存公式。

（4）将图8-7的第二个副图设置为"MACD柱"，显示效果如图8-10所示。

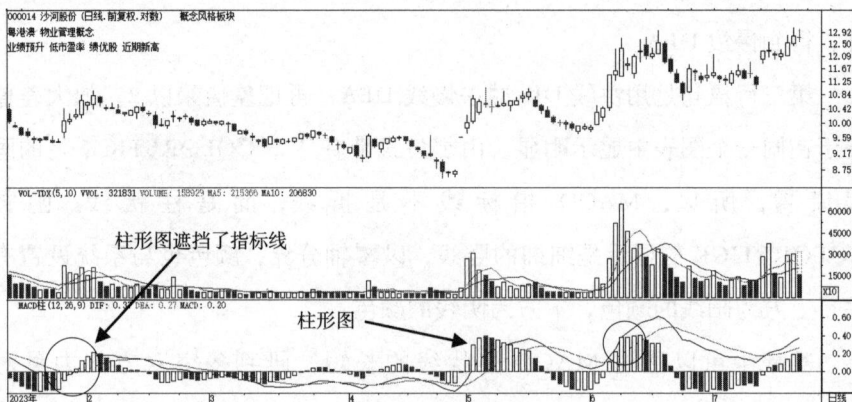

图 8-10　与成交量类似的 MACD 柱形图

图8-10的MACD从细线变为更宽的柱形图后，柱子的涨跌看起来更明显。零轴有虚线，该图可以清晰地看到MACD在零轴上方（或下方）是缓慢变化，还是快速变化。

此外，柱子的颜色不再是零轴上方一个颜色，零轴下方一个颜色，而是与K线的阴阳一致。在读图时，保持从主图到副图的视觉习惯，对部分投资者而言，便于研判行情。

注意，图8-10中的柱形图遮挡了快线和慢线，这是由公式"顺序执行"造成的。图8-9的三行公式源代码，决定了图8-10的三条指标线画线顺序：先画快线，再画慢线，最后画柱形图。

若希望改成快线和慢线在MACD柱形图上方，不被遮挡，参照图8-11的公式源代码，增加两行语句。

最后两行语句尽管只有语句名称，但代表了分别重新画快线和慢线。

保存图 8-11 的公式后，显示效果如图 8-12 所示。MACD 柱形图不再遮挡快线和慢线了。

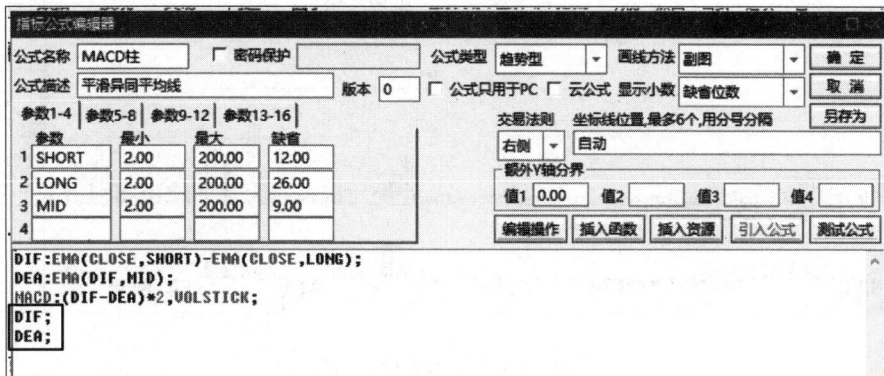

图 8-11　修改公式"MACD 柱"的公式源代码 2

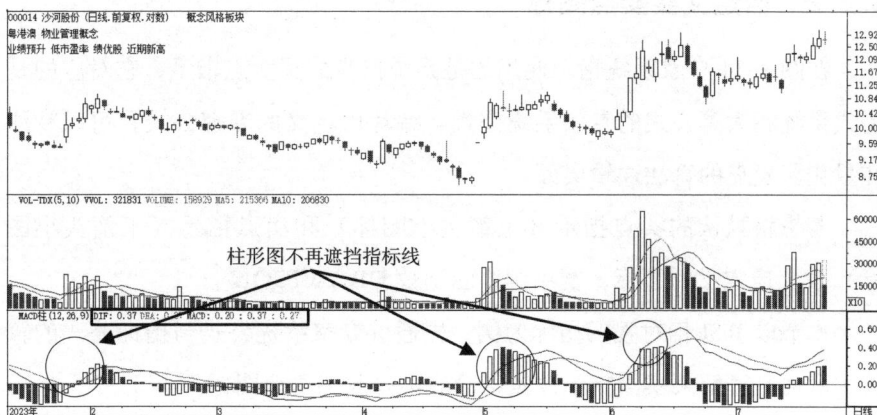

图 8-12　不遮挡指标线的 MACD 柱形图

如果希望副图左上角不显示多个的 DIF 和 DEA 数据，可以把图 8-11 前两行语句的"："改为"： ＝"，并把最后两行改为：

```
快线:DIF;
慢线:DEA;
```

修改后的显示效果如图 8-13 所示，MACD 指标输出的三个指标数值更清晰。

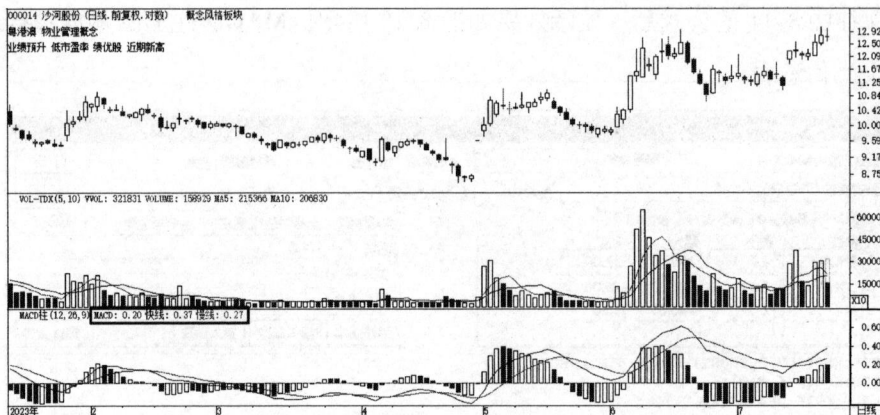

图 8-13　指标的数据值清晰

8.3.2　自定义买卖点图标

在图 2-34 专家系统指示使用的是系统自带的买卖点指示，它对应的是公式系统四大类公式的专家系统公式。编写自定义的专家公式，可以专注在量化买卖点的算法逻辑层面。

若想将默认的买点指示（上箭头小图标）和卖点指示（下箭头小图标）改为自定义的图标，要用到绘图函数 DRAWICON 。

本节以 RSI 相对强弱指标为例，先通过专家系统公式与指标公式的算法关联性，理解买卖点指示逻辑，然后再修改买卖点图标。

专家指示公式"RSI 相对强弱专家系统"的公式源代码如图 8-14 所示。

副图指标公式"RSI 相对强弱指标"的公式源代码如图 8-15 所示。

两个公式源代码中框出来的语句，就是 RSI 指标的公式，算法是相同的，仅数据名称和参数名不同。在专家公式中输出的数据名定义为" WRSI "，在指标公式中被定义为" RSI1 "。

专家公式以数据 WRSI 为基础，分别通过函数 CROSS 定义买卖点的逻辑判断条件，然后使用买点函数 ENTERLONG （多头买入）和卖点函数

EXITLONG（多头卖出）输出。下面的语句实现了在买点信号，画出上箭头小图标。

```
ENTERLONG:CROSS(WRSI,LL);
```

下面的语句实现了在卖点信号，画出下箭头小图标。

```
EXITLONG:CROSS(LH,WRSI);
```

在公式编辑器中可以看到 ENTERLONG 和 EXITLONG 与其他语句的输出颜色不同，而是与函数的颜色相同。说明二者在公式系统中具有特殊的功能，千万不能写错了。

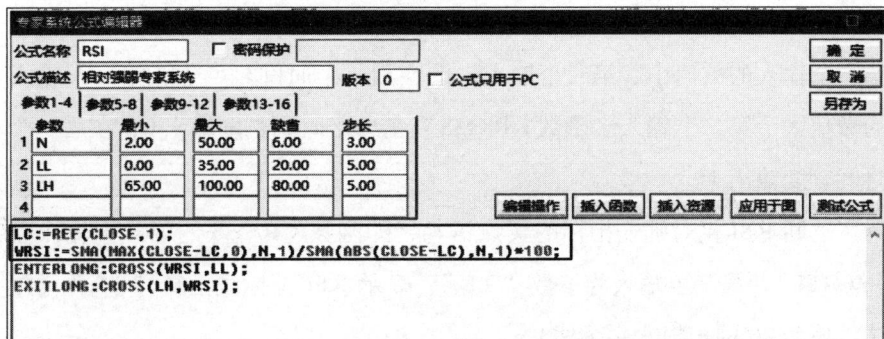

图 8-14　专家指示公式"RSI 相对强弱专家系统"的公式源代码

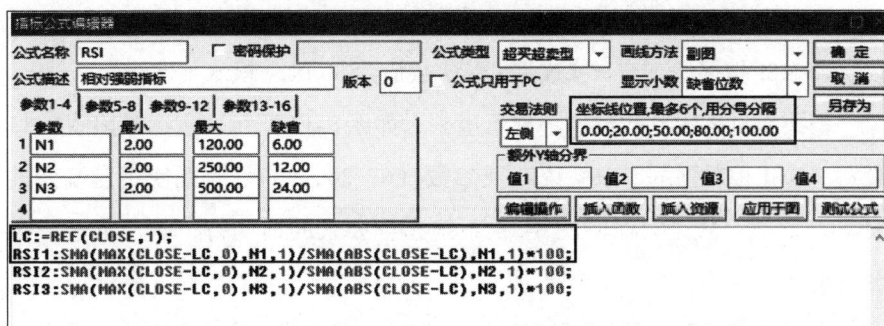

图 8-15　系统指标公式"RSI 相对强弱指标"的公式源代码

此外，函数 CROSS 的两个输入有严格的顺序要求。如图 8-16 所示，函数 CROSS 输出的是两根指标线形成的交叉点所对应的纵坐标（时间刻

度），这里的交叉也称为"上穿"，特指第一个输入的指标线上穿第二个输
入的指标线。

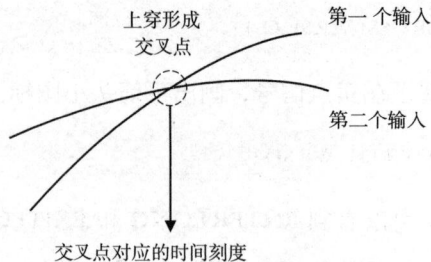

图 8-16 函数 CROSS 的判断逻辑

遇到交叉点处于两个时间刻度之间的情况，即在前一个时间刻度上，
第一个输入的数值小于第二个输入，而在后一个时间刻度上，第一个输入
的数值大于第二个输入。函数 CROSS 在前一个时间刻度输出 0，在后一个
时间刻度输出 1。

返回 RSI 相对强弱指标的买点语句，即函数 CROSS 的第一个输入为
"WRSI"，第二个输入为参数"LL"，表示 RSI 指标线上穿"LL"（默
认数值为 20 的一根水平虚线）。

同理，RSI 相对强弱指标的卖点语句，即函数 CROSS 的第一个输入
为"LH"，第二个输入为参数"WRSI"，表示"LH"上穿 RSI 指标
线，即 RSI 指标线下穿"LH"（默认数值为 80 的一根水平虚线）。

把买卖点逻辑判断形象地展示出来，如图 8-17 所示。主图参照图 2-33
设置"RSI 相对强弱专家系统"及参数（6，20，80）。副图使用自编公式
"RSI2"，该公式是只保留图 8-14 系统指标公式的前两行，以及第一个参
数（6）。

由图 8-17 可以明显看到，副图中每次 RSI 指标线上穿 20，主图都会
有上箭头小图标；每次 RSI 指标线下穿 80，主图都会有下箭头小图标。要
使主图的买卖点指示与副图的指标线保持一致，参数必须一致。主图和副
图都是计算 6 天的 RSI 指标。

指标公式"RSI2"的公式源代码如图 8-18 所示。由于公式编辑器中对关键数据 20、50、80 都设置了"坐标线位置"和"额外 Y 轴分界",所以副图的可读性得到提高。

如何修改图 8-17 的买卖点图标?

图 8-17 的主图采用专家指示公式进行的买卖点标记,要改成其他图标,需将主图的专家公式改用指标公式。

将图 8-18 的指标公式名称修改为"RSI3",然后单击"另存为"按钮。

打开"RSI3"的指标公式编辑器,如图 8-19 所示,将画线方法改为"主图叠加"。

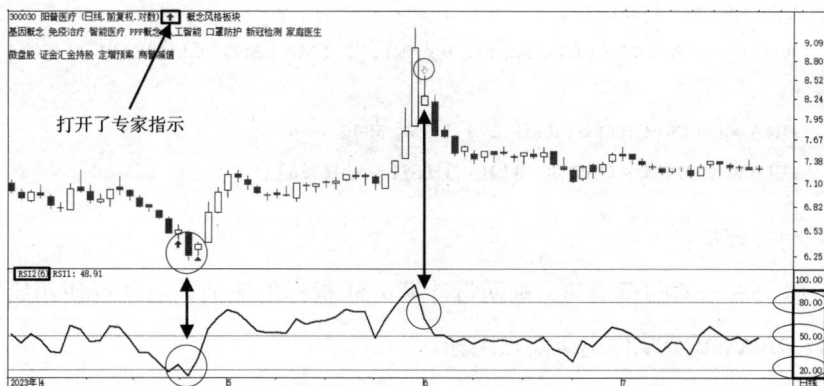

图 8-17　RSI 相对强弱指标的指标线与买卖点指示

图 8-18　修改公式"RSI2"的公式源代码

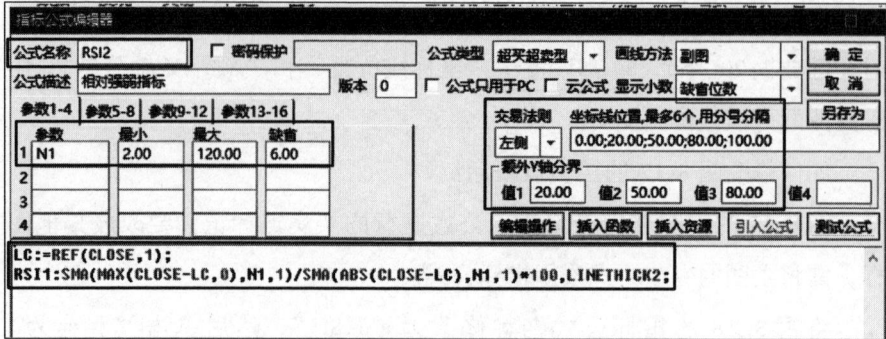

图 8-19　修改公式 "RSI3" 的公式源代码

公式源代码：

```
LC：=REF(CLOSE,1);
RSI1：=SMA(MAX(CLOSE-LC,0),N1,1)/SMA(ABS(CLOSE-LC),N1,1)
*100;
DRAWICON(CROSS(RSI1,20),LOW,38);
DRAWICON(CROSS(80,RSI1),HIGH*1.02,28);
```

公式解析：

该公式一共四行语句，前两行计算 RSI 指标的数值，后两行使用绘图函数 DRAWICON.作出买卖点图标。

第一行语句定义中间变量 LC ，使用函数 REF 提取前一天的收盘价。

第二行语句是 RSI 指标线的计算公式，将冒号 " ： " 改为 " ： = " ，变成赋值语句，不画线。

第三行语句在买点的时间刻度自定义图标，第四行语句在卖点的时间刻度自定义图标。

绘图函数 DRAWICON 有三个输入，语法为：

```
DRAWICON( COND,PRICE,TYPE)
```

第一个输入为逻辑判断条件 COND 。参考图 8-14 专家指示公式的买卖点逻辑判断，假设关键数值 20 和 80 固定，买点的逻辑判断语句为：

CROSS(RSI1,20)

卖点的逻辑判断语句为：

CROSS(80,RSI1)

第二个输入为图标的显示位置 PRICE 。买点的图标显示在最低价下方，因此，第三行语句的输入为" LOW "。

卖点的图标显示在最高价稍高一点的位置，因此，第四行语句的输入为" HIGH * 1.02 "。此处是 1.02 可以根据个人读图偏好调整数值大小，但数值必须大于 1。

第三个输入为图标的编号 TYPE 。输入不同的数值编号，可以画出不同的图标。编号与图标的对应方式可以参考图 6-12 和图 6-13 设置颜色的过程。

把光标放在公式第三个输入的位置，单击"插入资源"按钮，选择"图标"。如图 8-20 所示，在弹出的"设置图标"选择框中选择任意图标，单击"确定"按钮，该图标对应的编号自动填充至公式源代码中。

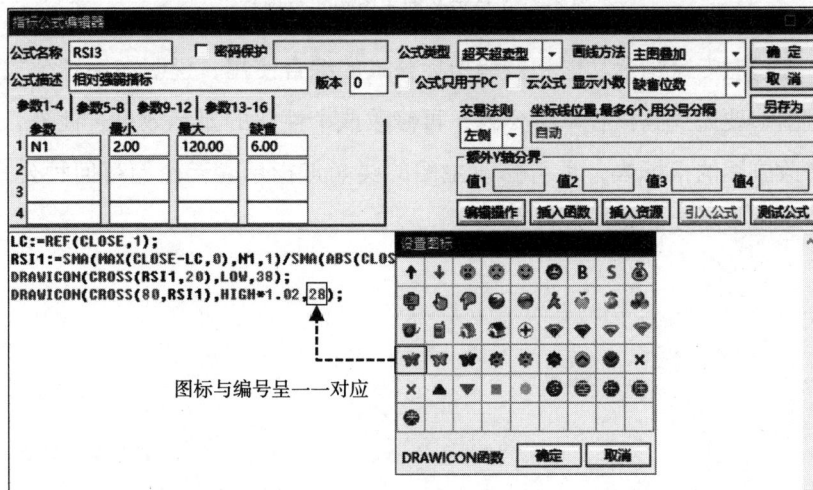

图 8-20　"设置图标"选择框

参照图 8-20，将买点信号的图标设置为"38"号，将卖点信号的图标设置为"28"号，保存公式后返回主图。在主图按快捷键 Ctrl＋H，删除前面的"RSI 相对强弱专家系统"指示效果。

设置主图的指标公式为"RSI3"，如图 8-21 所示，可以看到 38 号图标是一个向上的三角形，28 号图标是一只小蝴蝶。买卖点的指示位置与图 8-17 相同。投资者还可根据个人偏好修改编号数值。

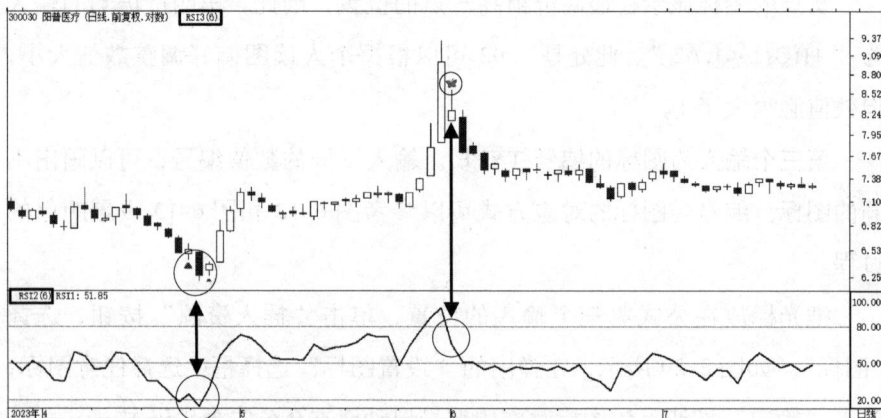

图 8-21　自定义的主图买卖点图标

通过对专家指示功能和自编指标公式的综合使用，说明在系统公式的基础上，要先找到核心算法公式，再修改成个性化的显示效果。此外，既可修改副图的指标线，也可修改主图的买卖点指示。无论编写何种公式，首先要确定公式的算法无误。

第9章

利用通达信公式编写个股分析图表和选股策略的综合案例

9.1 从笨学、笨练到巧学、巧练

众所周知，交易没有捷径。通达信公式编写也不是捷径，它是辅助投资者做交易决策的工具。在计算机和互联网时代做交易，投资者是需要会点儿公式，懂点儿量化的。这样才能快速从几千只股票中剔除一些不适合交易的个股，也不容易被图表上的假信号骗了。

公式编写是一门技术，要掌握它不仅需要足够的训练量，还需要适当的技巧和读图的经验。

（1）第一个阶段笨学、笨练。

学习的第一个阶段就是笨学、笨练。目的是熟悉整个公式系统的工作原理，了解各项功能。例如，界面用哪个快捷键打开，界面上的各个按钮点了之后会有什么结果，各类公式都能实现什么功能，该改哪行语句，该用什么函数，使用某个函数时每个输入、输出的意义及数据格式等。

只有下了笨功夫，才能掌握公式系统内的各个"零部件"，点开公式编辑器才不会感觉懵圈。此阶段属于学用工具。

（2）第二个阶段巧学、巧练。

学习的第二个阶段才是巧学、巧练。目的是将交易思想融入公式中，对公式画出来的指标线寻找适合交易的进场点规则，专注于交易策略的优化与改进。此阶段属于善用工具。

笨学、笨练是巧学、巧练的基础，基础打好了，巧学、巧练才能游刃有余。对于有交易经验的投资者而言，更需要花时间在笨学、笨练阶段。由于交易经验丰富，很多读图心得讲起来头头是道，想量化却无从下手。

通过笨学、笨练阶段的训练，投资者可以感知"随机交易者"与"自律交易者"之间的差异，既包括市场感知，也包括交易习惯的层面等。

进入巧学巧练阶段后，大部分情况下不会"卡"在找不到某个按钮，或是惊讶于某个函数的执行结果。

这个阶段可能遇到的问题是这样的：听说某个交易大师的策略是……但该大师将此策略用在"××期货"，或"××货币对"等交易品种上。我想把这个策略用在"××股票"上，研究一下此想法是否可行，或者还需要在某些方面稍作完善。

很多投资者认为公式编写就是巧学、巧练阶段，测试各种交易策略，寻找适合自己的交易策略。从实战角度来说，确实是这样。不同的市场环境，适合不同的交易策略。如果把强势股交易策略用在熊市环境中，投资者大概率会赔钱。在巧学、巧练阶段，投资者通过对各种公式反复做试验，去找到适合自己的市场感知策略、区间交易策略、牛市交易策略等。

9.2　制作个股 K 线分析图表

假定我们来研究一个跟随上升趋势的交易策略，就需要趋势指标和买卖点指标相配合。考虑上升趋势之前通常有一个筑底阶段，从底部开始启动，通常会表现出量价齐升的市场行为。如图 9-1 所示，制作一张实战中可以用到的个股 K 线分析图表，以朗科科技（300042）为示例：设置为"1 个主图 +2 个副图"的分析图表，主图设置一个"个股分析试验"的指标，第一个副图为常用的"VOL-TDX 成交量（虚拟）"指标，第二个副图为图 8-13 用到的 MACD 指标。

从左往右观察图 9-1，主要有以下几个关键时点：

位置①，筑底阶段出现买点信号。

位置②，吸筹区结束后，放量拉升。

位置③，上升趋势快结束时，同时出现量价背离和 MACD 顶背离。

位置④，调整结束后，再次放量上涨。

位置⑤，在阶段性高点出现卖点信号。

主图指标公式"个股分析试验"的源代码如图 9-2 所示。

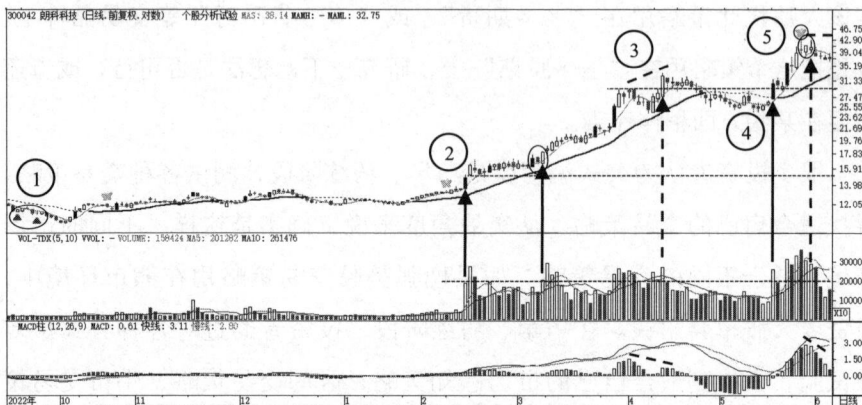

图 9-1　个股 K 线分析图表

图 9-2　指标公式"个股分析试验"的公式源代码

公式源代码：

```
DYX:=(C-REF(C,1))/REF(C,1)*100 >4 AND V >1.5 * REF(V,1)AND
C >O;
STICKLINE(DYX,O,C,-1,0),COLORBLACK;{涨幅 4 个点以上,同时放量
50% 以上的阳线}


{分段显示 20 均,5 均在上黑实线,5 均在下灰虚线}
MAS:MA(CLOSE,5),COLORGRAY;
MAM:=MA(CLOSE,20);
MAMH:IF(MAM >MAS,MAM,DRAWNULL),COLORBLACK,DOTLINE;
MAML:IF(MAM < =MAS,MAM,DRAWNULL),COLORBLACK,LINETHICK2;


LC:=REF(CLOSE,1);
RSI:=SMA(MAX(CLOSE-LC,0),6,1)/SMA(ABS(CLOSE-LC),6,1)*100;
DRAWICON(CROSS(RSI,20),LOW,38);{RSI 上穿 20,画买点图标}


RSV:=(CLOSE-LLV(LOW,9))/(HHV(HIGH,9)-LLV(LOW,9))*100;
K:=SMA(RSV,3,1);
D:=SMA(K,3,1);
J:=3 * K-2 * D;
DRAWICON(CROSS(100,J),HIGH * 1.1,28);{J 线下穿 100,画卖点图标};
```

公式解析：

该公式的语句大部分在前面都有详细说明，功能是在主图进行以下四种标记：

第一，放量大阳线，重点强调。

第二，均线作为趋势线，分段显示。

第三，RSI 指标的买点信号。

第四，KDJ 指标的 J 线卖出信号。

注意，此公式给出的四种标记仅作为示例，用于演示如何结合自定义指标线进行读图分析。对于大部分投资者而言，通常习惯使用一张陌生图表需要花 1～2 周的时间盯盘，才会深入理解图表背后的交易思想，以及

对设置个人量化关键数值产生实战方面的心得体会。

下面来分析图 9-1 中的五个关键时点构成了四个阶段：

①→②，底部吸筹。20 均基本呈水平方向，略微向上倾。

②→③，上升趋势（三浪），量价齐升。价格远离 20 均向上运动。每次拉升都会放大量，后面的横盘整理明显缩量。

③→④，大型整理结构，牛旗双底。

④→⑤，上升趋势（五浪），顶部量价背离。

从实战的角度来说，①→②尽管价格有上涨，但耗时很长，可以埋伏一个小单提前感知市场热度。而最具有交易价值的是区间是②→③和④→⑤这两段，在短时间里能获取可观的收益。

将位置②的大阳线（2023 年 2 月 14 日，周二）视为趋势的启动点，主要考虑以下几点：

首先，该日的阳线符合放量大阳线的指示标记。

其次，该日涨幅超过了九个点，同时成交量远远超过前一天的 50%，大约创出近一年来成交量的最高值（将该日的成交量作为趋势启动的参考，在副图作一根水平辅助线）。

最后，在大阳线出现之前，5 均与 20 均已形成金叉，且价格在 20 均上方运动了两周时间。

随后半个月价格维持在大阳线收盘价上方横盘整理，并将 20 均从水平方向拉升至朝右上方倾斜。

注意，从成交量图表指示 K 线的第二个向上箭头，用虚线圈起来三根 K 线，这是经典的"两阳夹一阴"起爆点形态。并且第二根阳线的成交量超过副图中的水平辅助线，这是"上车"的好时机。若以该日收盘价 18.00 元买入，止损可设置在第一根阳线的最低价附近。

以 20 均线作为跟随趋势的工具，直到在位置③出现明显的背离。

（1）量价背离：位置③的第一个顶点（2023 年 4 月 3 日，周一）最高价为 29.45 元，第二个顶点（2023 年 4 月 13 日，周四）最高价为 33.22

元（将该日的最高价作为趋势结束的参考，在主图作一根水平辅助线）。第二个顶点比第一个顶点涨幅约 12.8%，但成交量却很接近，说明可能上涨的量能不足。

（2）MACD 顶背离：尽管价格在位置③的第二个顶点创新高，但 MACD 柱线比前一个顶点更低。

使用两种不同技术同时观测到背离时，可考虑在第二个高点出现后主动离场。

主动离场的方式有很多。例如，使用四日法则，三天不出新高，于第二个顶点后的第三个交易日（2023 年 4 月 17 日，周一）主动离场。若以该日收盘价 30.86 元卖出，这笔交易共 27 个交易日，收益约 71%。

还可使用 MACD 柱线缩小的技术。位置③的第二个顶点 MACD 柱线的数值为 0.68，下一个交易日的 MACD 柱线的数值为 0.69，再下一个交易日的 MACD 柱线的数值为 0.62。该技术的离场日与四日法则的离场日相同。注意，这是两种不同的主动离场技术，不同的交易技术在图表上的离场时机不一定相同。

将位置③的第一个高点作的水平辅助线视为颈线，可以看到，③→④这个阶段颈线的阻力作用明显。

将位置④的大阳线视为趋势的再次启动点，主要考虑了以下几点：

首先，该日的阳线符合放量大阳线的指示标记。

其次，该日涨幅超过了 15 个点，同时成交量远远超过了前一天的 50%，也突破了成交量副图的水平辅助线。

最后，该日的收盘价位于主图的水平辅助线上方。若以该日收盘价 30.63 元买入，止损可设置在前方摆动低点（三个交易日前的最低价）附近。

注意，这轮趋势 MACD 柱线比前一轮的柱线更高，说明价格变动更剧烈。

位置⑤的顶部，可以视为双重顶。位置⑤的第一个顶点（2023 年 5 月

29 日，周一）最高价为 43.38 元，随后的第二个顶点（2023 年 5 月 31 日，周三）最高价为 43.21 元。

这里的卖出技术可以采用以下几种：

（1）根据卖出信号指示。在第一个顶点出现了 KDJ 指标卖出信号，若以该日收盘价 39.68 元卖出，这笔交易共六个交易日，收益约 29.5%。

（2）根据 MACD 柱线缩小的技术。位置⑤的第一个顶点 MACD 柱线的数值为 2.55，下一个交易日的 MACD 柱线的数值为 2.81，再下一个交易日（2023 年 5 月 31 日，周三）的 MACD 柱线的数值为 2.70。若以该日收盘价 40.51 元卖出，这笔交易共八个交易日，收益约 32%。

（3）根据分时图找卖点。图 9-3 所示为位置⑤连续三个交易日的分时图。图中的位置①是第一个顶点附近的一分钟收盘价 43.39 元，位置②是第二个顶点附近的一分钟收盘价 43.13 元。

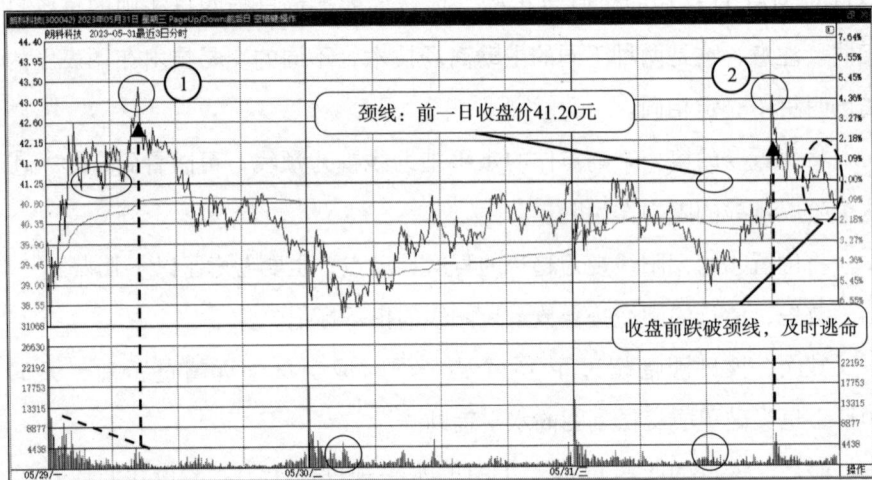

图 9-3　双重顶的分时图

由图 9-3 可以看出，第二个顶点的价格低于第一个顶点；第一个顶点已经出现了量价背离；双重顶的颈线位置在 41.20 元附近；尽管横盘整理时价格缩量，但价格下跌会伴随放量。

第一个交易日，价格在颈线位置得到支撑后，创出新高。

第二个交易日，价格放量下挫后，逐渐涨回至颈线。

第三个交易日，早盘继续冲击颈线，遇阻回落。下午在创出低于前高的高点后，跌破颈线。激进的投资者可以在尾盘前半小时，发现价格跌破颈线后，择机主动离场。

通过本节的示范，读者可对如何在自编指标公式基础上，综合使用交易技术有进一步的理解。主图既有趋势指标线，又有买卖点指示。但买卖点并不是一一对应的关系，既可搭配不同指标的买点和卖点使用，还可结合典型的 K 线形态一起分析。另外，离场也可使用多种交易技术进行综合分析。投资者使用公式编写做交易，并不是简单的、傻瓜式的"机械交易"，而是综合研判的主观交易。

9.3　依据指标公式研究选股策略和交易

投资者采用何种交易策略，做哪一张标准图，决定了要使用什么样的量化选股公式以及手工选股的主观标准。利用公式进行选股，也需客观与主观相结合。由于选股公式的输出是逻辑，并不像指标公式具有所见即所得的特征，下面先从选股公式的源代码进行介绍。

1. 依据指标公式的指示编写选股公式

返回图 9-1 的个股 K 线分析图表，若以位置②的大阳线（2023 年 2 月 14 日，周二）作为选股目标，编写选股公式，如图 9-4 所示。

公式源代码：

```
DYX：=(C-REF(C,1))/REF(C,1)*100 >4 AND V >1.5*REF(V,1)AND
C >O;
    MAS：=MA(CLOSE,5);
```

```
MAM：= MA（CLOSE,20）；
JXFS：= C > MAS AND MAS > MAM；
DYX AND JXFS；
```

公式解析：

该公式是在图 9-2 的指标公式基础上改写的。使用两个选股条件，DYX 表示放量大线，JXFS 表示收盘价站上短期均线，且当前均线发散。

该选股公式并未采用指标公式的买卖点信号作为选股逻辑，而是使用读图分析找到的关键位置②。位置②除了有大阳线的特殊标记，与均线的关系是：收盘价高于短期均线，短期均线高于中期均线。

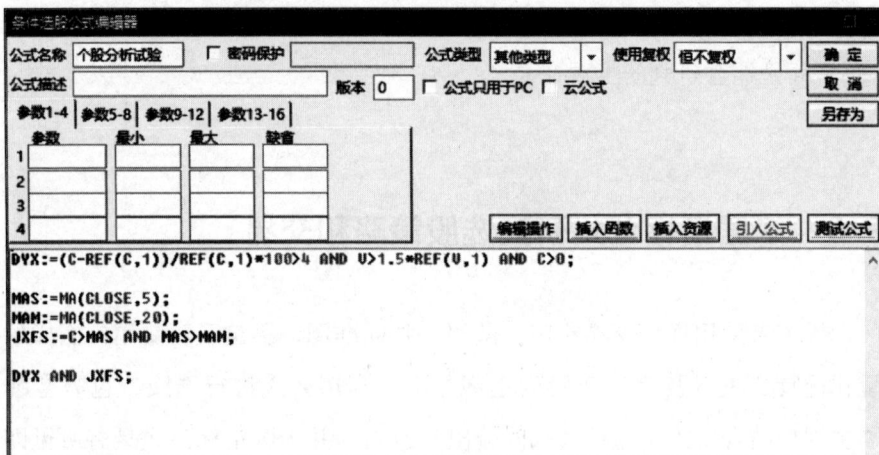

图 9-4 位置②的选股公式源代码

2. 验证选股公式

选股公式编写完成后，以图 9-1 的个股朗科科技（300042）在 2023 年 2 月 14 日出现信号为标准，检查选股结果。

按快捷键 Ctrl + T，打开"条件选股"窗口，选择条件选股公式"个股分析试验"，如图 9-5 所示。单击"加入条件"按钮，选中"剔除当前未交易的品种"和"剔除 ST 品种"复选框。选中"时间段内满足条件"复选框，并在开始日期和结束日期都填入 2023-02-14。最后单击"执行选股"按钮，等待选股结束。

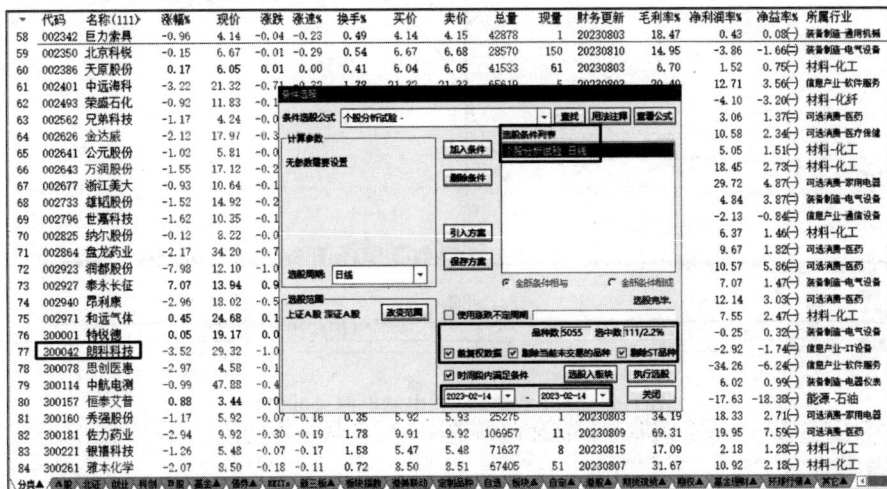

图 9-5　执行选股个股分析试验

由图 9-5 可以看到，本次从 5 055 只股票中选出了 111 只，选中率为 2.2%。界面自动展示为选中股票的列表，在列表中可以找到朗科科技（300042），说明公式的选股逻辑编写无误。

3. 从选股结果中，多分析几只股票

图 9-5 中的选中率不超过 5%，对于初选来说，结果较好。下面从选股结果中，任意挑选几只股票进行分析。

如图 9-6 所示，个股中航电测（300114）在选股日（2023 年 2 月 14 日，周二）是一根涨幅 13.80% 的大阳线。由于前面走势是接近水平方向横盘两个多月，再接连续八个涨停板，主观判断后续难以持续大涨，手动选股时应不予考虑。

再看次新股华夏眼科（301267），在选股日（2023 年 2 月 14 日，周二）是一根涨幅 12.58% 的大阳线。尽管该日与前一交易日相比确实放量了，但该股从底部大阳线（2022 年 11 月 29 日，周二）开始的这一段上升趋势长期量价背离。主观不看好这段趋势还会延续，手动选股时应不予

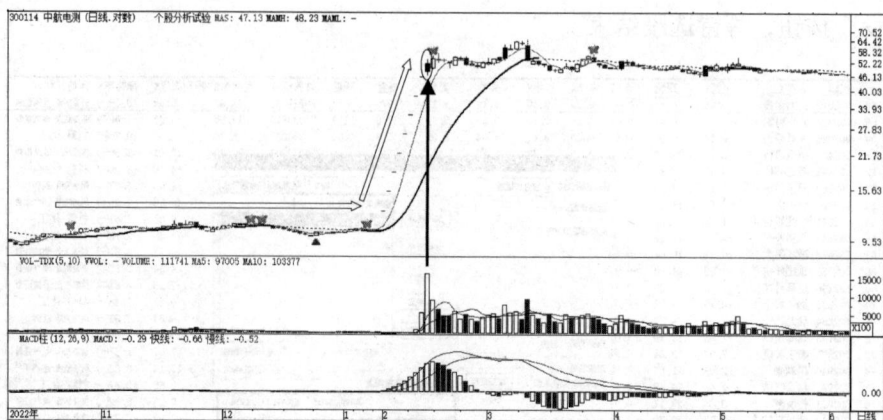

图 9-6 分析个股 1——中航电测（300114）

考虑。

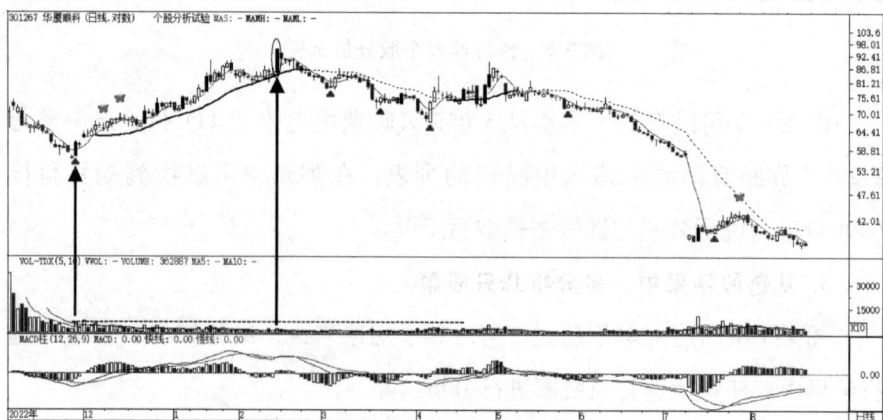

图 9-7 分析个股 2——华夏眼科（301267）

再看个股双杰电气（300444），在选股日（2023 年 2 月 14 日，周二）是一根涨幅 12.55% 的大阳线。在第一个副图上，以该日的成交量作一根水平的辅助线。

从左往右观察图 9-8，主要有以下几个关键时点：

位置①，选股日与前几个交易日形成小型上升趋势。

位置②，吸筹区间横盘整理。

位置③，上升趋势快速拉升。

位置④，三重顶形态。

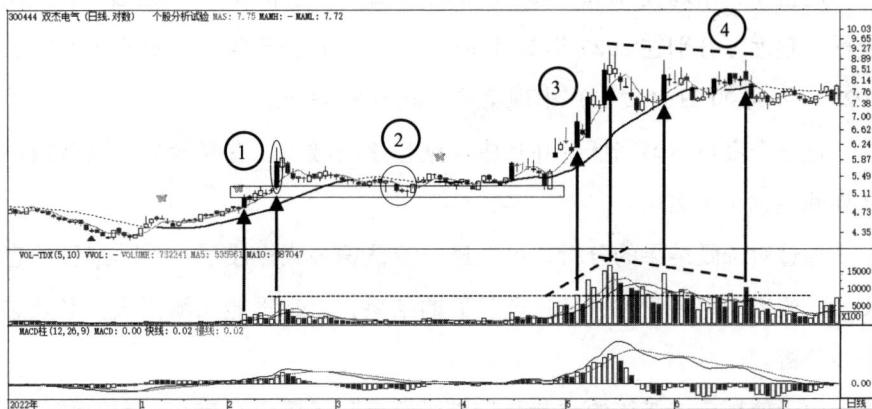

图 9-8　分析个股 3——华夏眼科（301267）

下面对这几个位置进行进一步分析。

位置①：在选股日前第六个交易日（2023 年 2 月 6 日，周一），也是一根指示了的大阳线。两根大阳线之前由一堆小线组成，且这堆小线沿着 5 均线向上爬升。以前一根大阳线的收盘价和后一根大阳线的开盘价之间的价格空间，作一个矩形辅助线，作为目标打击区间。

位置②：后续观察市场进入此价格区间后的价格走势。注意，自 2023 年 3 月 14 日（周二）至 2023 年 3 月 21 日（周二）这一段走势，可以看到市场表现出强烈的价格拒绝。每次市场跌至此目标打击区间，均会被买方力量将价格推高。

对投资者来说，每次价格跌至此目标打击区间，应积极买入，并将止损设置在目标打击区间的下沿附近。

位置③：市场在 2023 年 4 月 27 日（周四）跳空高开，开启一段新的上升趋势。这段趋势比位置①更强，一共出现四根指示了的大阳线。第二根大阳线（2023 年 5 月 8 日，周一）后的回调时间仅 1 ～ 2 天，此期间成交量也随着上升趋势逐步增加。

对投资者来说，位置③这一段是最有交易价值的，应仔细研究，好好把握。

位置④：市场在2023年5月16日（周二）创新高9.23元后，开始高位横盘整理。分别在2023年5月30日（周二）出现第二个高点8.87元，2023年6月20日（周二）出现第三个高点8.83元。

这三个高点逐渐降低，并且成交量也逐渐减少。有经验的投资者应在此期间主动止盈离场。

通过对选股结果的分析，可以进一步认识公式选股后，手动选股的意义。投资者一定要记住：公式选股后的结果，一定不能无脑买入，必须进一步分析。

由于使用公式描述的"趋势""买卖点"等概念，存在一定的量化边界。手动选股可以帮助投资者更好地研判趋势是否可能终结，或趋势正在持续。

对于可能存在交易机会的个股，投资者还应在图表中作辅助线进行标记，包括标志性成交量、目标打击区、目标止盈价等。

尽管选股公式并不是万能的，但有了选股公式与指标公式辅助交易，可以帮助投资者研判行情时，事半功倍。